AF283440

P.l

10 Dtc.- 13,50 €

Los Llano, dos hijos ilustres de Betxí

Vivencias en la guerra de Marruecos y de España.
Su estancia en México

Los Llano, dos hijos ilustres de Betxí

Vivencias en la guerra de Marruecos y de España.
Su estancia en México

José Francisco Blasco Cobeño

Diputació
de Castelló

2025

©
Del texto: José Francisco Blasco Cobeño
De las imágenes: Las entitades citadas
De la foto de la cubierta: Arxiu Municipal de Betxí. *Bendición de la bandera del Somatén de Betxí en 1926*
Del diseño de la cubierta: Imprenta Sichet, SL
De la presente edición: Servicio de Publicaciones,
Diputación de Castellón, 2025

Edita: Servicio de Publicaciones,
Diputación de Castellón
Av. La Vall d'Uixó, 25. 12004 Castelló de la Plana

Imprime: Imprenta Sichet, SL

ISBN papel: 978-84-17465-99-5
ISBN pdf: 979-13-87760-00-7
DL: CS 580-2025

A mis nietas Julia, Carmen y Paola

Un general español nunca levanta las manos.

(General Francisco Llano de la Encomienda)

*La guerra es un lugar donde jóvenes que no
se conocen y no se odian se matan entre si,
por la decisión de viejos que se conocen
y se odian, pero no se matan.*

Erich Hartmann (fotógrafo)

*Dicen que alquilan un rincón de luna,
donde la renta pagas con amor;
nada que hacer
nadie que ver,
que tal si juntos nos mudamos hoy.*

(Benny Ibarra de Llano)

*Un militar español nunca muere acostado,
siempre muere parado.*

(Luis de Llano Palmer)

ÍNDICE GENERAL

PRÓLOGO

Toda guerra, sea la lejana del Peloponeso o la actual de Ucrania, es un fracaso social. Más aún si es una encarnizada guerra civil, como fue la española padecida entre 1936 y 1939, y cuyas desgracias permanecieron durante una larga y triste posguerra. Pero las razones de un fracaso no se pueden distribuir igualitariamente entre todos los miembros de la sociedad, y el historiador es el máximo responsable de realizarlo con equidad.

En la guerra civil española, iniciada en julio de 1936 con un intento de golpe de estado realizado chapuceramente por sectores militares y civiles, la gran mayoría de la población española no tuvo culpa en el desastre, y sólo jugó el papel de víctima.

La mayoría de los 2200 betxinenses de aquella época eran ajenos a los enfrentamientos y odios, muchos de ellos incluso proclives a la ayuda humanitaria. Por ejemplo, los que acogieron a los numerosos niños y niñas que en los últimos meses de 1936 fueron desplazados desde sus hogares a zonas alejadas del frente de combate, para apartarlos lo más posible de los peligros y penalidades de la guerra. Así fue como el maestro de Betxí, Joaquín Ferrandis, recogió y cuidó a René Cobeño Iglesias, una niña de ocho años que había llegado desde Madrid como refugiada, junto a cuatro de sus doce hermanos.

Incluso entre los protagonistas que tuvieron una implicación más directa e influyente en aquella contienda, como fue el caso de Francisco Llano de la Encomienda desde su destacado cargo y responsabilidad militar, primero en Barcelona y luego en el frente militar del Norte, no todos contribuyeron por igual en que aquel desastre se iniciara, alargara y envileciera. Llano, como ya había hecho en abril de 1931 y en octubre de 1934, cumplió con su obligación profesional, fueran cuales fuesen sus ideas y opiniones políticas sobre los diversos acontecimientos que se le planteaban. Y evitó dejarse arrastrar por odios y excesos.

Toda guerra, más si es civil, no solo significa un gran fracaso social y acarrea un prolongado dolor humano, sino que también suele suponer un grave retroceso socioeconómico. La victoria de un bando suele significar la anulación, incluso la eliminación física, de muchos de los miembros del otro lado. Es esta una dolorosa pérdida, no solo por sus consecuencias emocionales sino también por las económicas, por las destrucciones físicas que ocasiona pero fundamentalmente por lo que técnicamente y fríamente se denomina pérdida de capital humano.

En 1939 esa pérdida fue extraordinaria. Muchos y muy capacitados científicos, médicos, juristas, ingenieros, pedagogos, filósofos, historiadores, poetas, artistas plásticos, actores, periodistas… se desaprovecharon para el desarrollo económico y cultural de un país que quedaba en una completa ruina económica y moral. Por suerte, algunos de ellos, aún jóvenes y abiertos al futuro, pudieron aportar su trabajo y valía en tierras lejanas.

Imaginémonos lo que los hijos de Francisco Llano e Isabel Palmer podrían haber aportado de evitar la guerra y haberse quedado en España. Su vida no habría sido la misma, y tal vez Luís Llano Palmer no se habría dedicado al mundo del audiovisual, pero su inteligencia y capacidad organizativa seguro que le habría llevado a triunfar en lo que se hubiese propuesto, quién sabe si en Madrid, València o en su mismo pueblo. Como no hay mal que por bien no venga, siempre nos podemos contentar con pensar que aquella diáspora, que fue una desgracia para nuestra tierra, fue una inmensa suerte para el país de acogida.

El autor del trabajo que tengo el placer de prologar no es un historiador profesional, ni un licenciado en Ciencias Sociales, pero tiene algo que a los lectores nos resulta más importante: un extraordinario interés por el conocimiento del pasado y del presente de su pueblo, de su sociedad. A lo largo de todas las páginas de este libro se comprueba el gran trabajo que durante años ha llevado a cabo en prensa, en archivos, en conversaciones privadas, rastreando cualquier noticia sobre aquel hijo de militar que también se hizo militar, sobre su carrera africanista, su noviazgo, casamiento y formación de una familia itinerante pero siempre arraigada en Betxí, sobre sus hijos, especialmente el que destacó como principal innovador en los más modernos medios de comunicación mexicanos.

José Francisco Blasco Cobeño nos enseña una vez más su gran capacidad de trabajo, nos transmite su emoción (incluso diría que su sana obsesión) por el tema que le ocupa. Ya lo hizo con su anterior trabajo, recopilatorio sobre la historia de Betxí, y lo vuelve a demostrar en este trabajo, más concreto, más maduro, sobre los Llano, una gente que siempre amó y recordó sus raíces, y que cuando fueron obligados a vivir en una tierra extraña también la supieron hacer suya.

Una familia de betxinenses que supieron mexicanizarse, de mexicanos que siempre permanecieron betxinenses. Por cierto, parecido a lo que hicieron algunos de los niños madrileños acogidos en Betxí, donde tras la guerra se quedaron y crearon su futuro. Entre ellos René Cobeño, la madre del autor de este libro. Por su propia biografía familiar, José Blasco está bien capacitado para entender y transmitir lo que de negativo y de positivo supone el forzado desarraigo y la necesidad de integración en una nueva comunidad.

Y acabo, dando la enhorabuena al autor por su trabajo, pero también a los lectores interesados en el conocimiento sobre Betxí y sus gentes.

Miquel Àngel Badenes Martín
L'Alcora, verano de 2022

INTRODUCCIÓN

Con este libro quiero dar a conocer la historia de dos personajes ilustres de Betxí, la del general Francisco Llano de la Encomienda y la de su hijo, Luis de Llano Palmer, productor y pionero de la televisión mexicana. Al primero se le conoce por su participación en las guerras de África y en la Guerra Civil. En cambio a su hijo, quizás la persona más ilustre que ha nacido en Betxí, lo conocían muy pocas personas, era un auténtico desconocido para la mayoría de betxinenses.

Las primeras noticias que tengo del general Francisco Llano de la Encomienda son de mi niñez, cuando mis abuelos me dijeron que era una persona muy querida en Betxí. Mi abuelo, José Blasco Castelló, participó en la guerra de Marruecos y me contaba que los soldados padecieron mucha hambre, hasta tal punto llegó la escasez de alimentos que se encontraron un burro muerto y se lo comieron. A consecuencia de dicha comida mi abuelo enfermó de tifus y lo ingresaron en un hospital. Cada día que pasaba, su estado de salud fue empeorando hasta que un día fue a verlo Llano Encomienda para interesarse por su salud, habló con los médicos y a partir de esa visita la salud de mi abuelo fue mejorando hasta sanarse. Me decía que le debía la vida y que siempre estaría agradecido al general Llano de la Encomienda.

Fueron pasando los años hasta que llegó la transición española, y en 1976 llegó a mis manos el libro *Historia de la Guerra Civil Española,* del historiador e hispanista británico Hugh Thomas, donde narraba los sucesos de la sublevación militar del 19 de julio de 1936 en Barcelona y los acontecimientos bélicos en el Frente del Norte republicano, en el que estaba de jefe del ejército el general Llano de la Encomienda.

Hubieron de pasar veinte años para tener más noticias sobre el general. En 1996 el vecino y juez de Paz de Betxí, D. Manuel Franch Franch, publicó *Sucedió en Betxí.* Gracias a este libro, supe que el noviazgo del teniente Llano Encomienda lo hizo en Betxí, y que tuvo tres hijos: Francisco, Miguel y Luis, este último nacido en Betxí y que se exilió en México, donde destacó en la televisión. Era la primera noticia que tenía de D. Luis de Llano Palmer.

En el año 2006 mi amigo José Cristóbal Piquer Meneu encontró una fotografía (no estaba completa, le faltaba un trozo) de un acto oficial delante del Ayuntamiento de Betxí. Se la entregó al archivero y bibliotecario de Betxí, D. Vicent Enric Sorribes Roig, y este realizó un gran trabajo de investigación, averiguando qué acto público era: la entrega de la bandera del Somatén y la proclamación del coronel D. Francisco Llano Encomienda como Hijo Adoptivo de Betxí. Este trabajo de investigación quedó plasmado en 2007 en el VII Vila de Betxí, titulado *A propòsit d'una fotografia d'un acte del Somatén en 1926.*

Transcurrieron algunos años y para recabar más información tuve que recurrir a internet, donde tras meses de navegar por la red, encontré un vídeo realizado el 15 de marzo de 2009 en Acapulco (México), donde se presentaba la XXVII entrega de los premios TvyNovelas producido por Televisa. En dicho acto, con 93 años de edad le dieron a D. Luis de Llano Palmer el premio especial por su trayectoria. Al ver este vídeo me llamó mucho la atención dos cosas: una, que los presentadores, Verónica Castro, Xavier López *Chabelo* y, entre bambalinas, el actor Manuel *El Loco* Valdés, estaban muy emocionados. La otra fue que cuando D. Luis de Llano Palmer subió al escenario, todas las personas que estaban sentadas en la platea se pusieron en pie emocionadas mientras duró el discurso, luego averigüé que sus exitosas carreras se la debían a él. Nunca lo había visto antes en eventos similares.

En el vídeo podemos ver sentados a su hijo Jordi de Llano del Campo, a D. Luis de Llano Palmer, a su hija Isabel de Llano Rivas (madre de los gemelos Jerónimo y Sebastián, que vinieron en 2018 a la romería de Sant Antoni) y a su hijo Luis de Llano Macedo. Estas imágenes me hicieron ver la gran importancia que tenía dicho personaje y empecé a recabar información sobre él.

En 2011 el historiador y exdirector del Instituto de Enseñanza Secundaria de Betxí, D. Miquel Ángel Badenes Martín, en el programa de Festes Majors Setembre 2011 al Santíssim Crist de la Pietat, publicó un gran artículo titulado «Un betxinenc en la literatura»*,* sobre el general D. Francisco Llano de la Encomienda.

El 23 de octubre de 2012, con 97 años, moría por causas naturales D. Luis de Llano Palmer, pionero de la televisión mexicana. Con tal motivo hablé con el director de la revista digital local *Lataberna.eu* (ya extinta) D. Vicente José Nebot Nebot y escribí, a principios de 2013, un monográfico sobre su trayectoria.

En junio de 2013 el bibliotecario y archivador municipal, D. Vicent Enric Sorribes Roig, me encargó que preparase un artículo titulado «Luis Llano Palmer» para publicarlo en el programa de Festes Majors Setembre 2013, y de este modo dar a conocer a los vecinos de Betxí la vida de este ilustre personaje.

Para no hacer el libro demasiado largo, no he querido escribir sobre las exitosas carreras de sus hijos Julissa y Luis de Llano Macedo, así como las de sus nietos, hijos de Julissa, Alejandro y Benny Ibarra.

Betxí, 16 de agosto de 2022

FRANCISCO LLANO ENCOMIENDA

Francisco Llano Encomienda nació el 17 de septiembre de 1879 en Ceuta; hijo del militar Francisco Llano Vindel, natural de Madrid, y de Dolores Encomienda Martí, natural de Antequera (Málaga).[1] Su padre procedía de la tropa, nunca pasó por la Academia de Infantería de Toledo, sus ascensos se debieron a la gran actividad bélica en que se vio envuelta España en el último tercio del siglo XIX, y estuvo destinado en Ceuta buena parte de su carrera militar. En algún momento de su vida Francisco Llano Vindel se convirtió en Francisco del Llano Vindel (Munoz, 2011: 545). Se retiró con el grado de teniente coronel (*La Correspondencia de Valencia*, 7-8-1906: 2).

LA ACADEMIA DE INFANTERÍA DE TOLEDO

Las convocatorias para el ingreso en la Academia de Infantería de Toledo se anunciaban en el *Diario Oficial del Ministerio de la Guerra*, celebrándose los exámenes de oposición en el mes de mayo de cada año, previo sorteo para asignar fecha a los aspirantes.

Las pruebas de ingreso eran muy completas y estaban precedidas de un reconocimiento médico, al que sucedía un primer ejercicio sobre gramática castellana, geografía, historia universal y particular de España, elementos de física, traducción del francés y dibujo de figura; un segundo ejercicio sobre aritmética y álgebra; y un tercero referente a geometría y trigonometría rectilínea. En cada uno de los ejercicios el aspirante debía extraer una papeleta en la que constaba la materia que debería explicar ante un tribunal, que posteriormente lo podría someter a preguntas sobre la misma, siendo puntuado con una nota entre cero y veinte puntos, considerándose el aprobado a partir de los siete.

Las plazas anunciadas en cada convocatoria de ingreso eran cubiertas de acuerdo con la nota final alcanzada. A los hijos y hermanos de militares muertos en campaña les bastaba con obtener la nota de aprobado para conseguir el ingreso sin cubrir plaza. La edad mínima exigida a los alumnos para el ingreso era de catorce años y la máxima de veinte, ampliándose esta a los hijos de militar hasta los veintiuno, a los individuos de tropa con menos de dos años de servicio hasta los veintitrés, y hasta los veintiocho a los que llevasen más de dos.

---

[1] Arxiu Universitat de València. Expedients Acadèmics 490-19.

Una vez superadas las pruebas de ingreso, el cadete tenía ante sí tres largos y duros cursos, que iban a poner a prueba su resistencia para conseguir alcanzar el empleo de segundo teniente (alférez), con el que salía de la Academia. Los alumnos vivían en régimen de internado, pero un porcentaje de ellos podían ser externos, siempre que reuniesen determinadas condiciones. Las materias que debían estudiar se repartían en tres cursos, cada uno de los cuales tenía que ser superado íntegramente para poder acceder al siguiente, pues de lo contrario había que repetirlo en su totalidad. Cada curso comenzaba el 1 de septiembre y finalizaba el 30 de junio, disfrutándose de vacaciones los dos meses restantes del año. Las asignaturas que se cursaban en la Academia pertenecían a tres grupos: Científicas (álgebra superior, geometría descriptiva, topografía, mecánica racional, balística, física, química, explosivos, telegrafía, ferrocarriles e higiene), Arte Militar (reglamentos tácticos, táctica, organización, geografía e historia militar, fortificación, armamento, material de artillería y moral) y Legislación (ordenanzas, régimen interior, servicio de guarnición y de campaña, contabilidad y justicia militar). Las clases teóricas alternaban con las prácticas, entre ellas las de esgrima y gimnasia. Antes de finalizar cada curso tenían lugar las llamadas prácticas generales o de conjunto, realizadas en régimen campamental. Se complementaban los estudios con un viaje científico-práctico, con el que se ponía fin a los tres años de carrera.

Un componente destacado de la educación del futuro oficial era la disciplina. Había un amplio catálogo de faltas escolares: desaliño en el vestir, desaplicación, llegar tarde o faltar a un acto, maltrato de palabra a un compañero, réplicas desatentas a superiores, quebrantamiento de arresto, participar en juegos prohibidos, contraer deudas y otras. A cada una de estas faltas correspondía un tipo de castigo, dependiendo de la importancia de la infracción, clasificada entre el primer y quinto grado. Los castigos de primer grado consistían principalmente en arrestos en el dormitorio y privación de salida, pasándose a continuación al arresto en el cuarto de corrección (consistente en una celda en la que pasaba el alumno sus horas libres y la noche) o a la privación de vacaciones, para terminar con la expulsión privada o pública de la Academia. Las faltas más graves, las de quinto grado, eran juzgadas por el Consejo de Disciplina, compuesto por el director, subdirector y cinco profesores (Isabel, 2013: 328-329).

Llano Encomienda pasó su infancia y adolescencia en distintas ciudades españolas, donde su padre estuvo destinado. El 26 de agosto de 1898 con 18 años ingresó por oposición en la Academia de Infantería, emplazada en el Alcázar de Toledo, ciudad donde estaba destinado en ese momento su padre como comandante de Infantería. Llama la atención el hecho de que su ingreso se produzca en una edad tan tardía ya que la mayoría de los cadetes lo hacían entre los 14 y los 16, ya que entonces no se exigía el bachillerato como requisito para el ingreso. Sin embargo, y curiosamente, a pesar de esa elevada edad Llano Encomienda no va a desentonar entre sus compañeros, ya que perteneció a una de las promociones más extrañas de la infantería española, no sólo por el elevado número de sus integrantes, 409, sino sobre todo por la elevada edad de los mismos, ya que muchos de ellos eran suboficiales, y algunos superaban los 25 años cuando ingresaron.

Por esta razón, muy pocos de sus integrantes alcanzaron el generalato, siendo una promoción carente de importancia en la historia del Ejército español. Hubo, sin embargo, dos excepciones: el propio Llano Encomienda y el general Luis Orgaz, que tendrá gran importancia durante la II República, pertenecieron a esta promoción tres militares que si bien nunca fueron generales, sí tuvieron un cierto papel en la historia de nuestro país: el futuro coronel Adolfo Prada Vaquero, que llegaría a ser jefe del Ejército del Norte de la República; el teniente coronel Joaquín Vidal Munárriz, antecesor de Prada en el mando del I Cuerpo de Ejército de Euzkadi, y que estuvo ligado a Llano Encomienda en varios momentos de su vida (Muñoz, 2011: 545-546): y el futuro teniente coronel, y natural de Vila-real, Manuel Eixea Vilar, que llegó a mandar el XIX Cuerpo de Ejército republicano (web Salafranca).

Llano Encomienda permanecerá en la Academia Militar hasta 1900. Debido a las numerosas bajas sufridas en la escala de oficiales en las guerras de Cuba (1895-1898), Filipinas (1896-1898) y la posterior con Estados Unidos (1898), se había establecido un plan de estudios de dos años, y él solo cursó tres semestres lectivos (web Puell).

El 5 de abril de 1900 obtuvo el despacho de segundo teniente de Infantería (alférez). No fue un alumno brillante, ya que obtuvo el puesto 292 de un total de los 409 cadetes de la promoción. Con 20 años y un pésimo puesto en el escalafón, Llano Encomienda comenzaba una carrera militar que no se antojaba brillante, máxime teniendo en cuenta que formaba parte de un ejército derrotado y desprestigiado, perteneciente a un país desmoralizado y con una grave crisis interior, a consecuencia de la independencia de Cuba, Puerto Rico y Filipinas.

De hecho, los siguientes nueve años de su vida transcurrieron en diversas ciudades españolas, llevando una monótona vida de guarnición. El 10 de abril de 1898 fue destinado al Batallón de Cazadores de Tenerife n.º 21, acuartelado en la isla de la Palma; al año siguiente, el 24 de mayo de 1899, marchó a Castelló de la Plana, por haber sido trasladado al Regimiento de Infantería Otumba n.º 49; y poco después el 20 de agosto de 1899 fue destinado al Regimiento de Infantería Mallorca n.º 13, acuartelado en València, donde permanecerá tres años.[2] El 31 de diciembre de 1903 fue ascendido a teniente como el resto de su promoción. Con este ascenso, el 19 de noviembre de 1904 con 25 años regresa otra vez a Castelló, y aquí estará hasta el 19 de noviembre de 1909 (Muñoz, 2011: 546). Estos cinco años en los que el teniente Llano Encomienda permaneció en Castelló serán muy importantes en su vida personal, ya que conocerá a Isabel, su futura esposa, y a su amigo de Betxí, Avelino Doñate Meneu.

---

[2] El *Regimiento* es una unidad militar que agrupa a varios batallones, normalmente entre dos y cuatro, mandada por un coronel y su Plana Mayor y se le llama *Grupo* si se refiere a las Fuerzas Regulares. Un *Batallón* está compuesto entre dos y seis Compañías y entre 500 y 1.000 hombres; se cambiaba por la palabra *Bandera* a uno perteneciente a la Legión; *Tabor*, si pertenecía a las Fuerzas Regulares; o *Mía*, si se refería a la Policía Indígena o a la Mehala, al mando de un teniente coronel. Una *Compañía* está formada entre 70 a 250 efectivos y es el equivalente a los *Escuadrones* de caballería y a las *Baterías* de artillería, mandada por un capitán.

EL NOVIAZGO DE LLANO ENCOMIENDA EN BETXÍ

Isabel Palmer, Alicante, 25-9-1922
(Álbum de Avelino Doñate).

Estando en Castelló, conoció a la barcelonesa Isabel Palmer Arizo, vecina de Nules, hija del comandante Vicente Palmer Valero,[3] natural de Nules,[4] y de Matilde Arizo. natural de Barcelona.[5] El padre de Isabel se opuso al noviazgo por el peligro que tenía el oficio de militar en aquella época. El noviazgo lo hicieron en Betxí, donde ella se alojaba en la calle del Camí Real, en casa de Adolfo Monzonís Romaní, que era amigo de su familia, y él en la plaza de la Purísima n.º 3, donde vivía Avelino Doñate Meneu cuñado de Adolfo Monzonís (Franch, 1996: 62). A partir de este momento Llano Encomienda y Avelino Doñate entablarán una gran amistad, que durará hasta la muerte de ambos. Amistad que continuará entre sus descendientes.

Cuando Llano Encomienda y su novia Isabel llegaron a Betxí, se encontraron con un pueblo pequeño de apenas 2100 habitantes, la mayoría de su población aún vivía en la zona de intramuros,[6] pero el pueblo se alargaba por calles como Barranco o San Antonio, y se expandía por caminos como el Camí Real. Se vivía en modestas casas de labrador, las calles eran de tierra y muchas de ellas tenían nombre religioso: Piedad, El Carmen, San Pedro, Trinidad o la Purísima; y sólo unas pocas de origen civil: de la Cantarería (c/ Sacramento) o la de los Naranjeros. El edificio más alto era el campanario, que era todo de piedra. Había una escuela que estaba en el antiguo callejón de la Carnicería (c/ mosén Manuel Belaire). No había agua corriente y los vecinos del pueblo cogían el agua de la Acequia Mayor antes de llegar a la Bassa del Poble (c/ Colón), y también la cogían de dos pozos públicos situados en las plazoletas de San Juan y en la de San Pedro. Además, había cinco pozos particulares.

En el campo predominaba el secano, cubierto en su mayoría de algarrobos, viñas y olivos, mientras que en las escasas zonas de regadío había moreras, cáñamo y pequeñas plantaciones de cereales, hortalizas y legumbres para autoconsumo, y ya se empezaban a ver plantaciones de naranjos. La mayoría de la población activa de Betxí se dedicaba a la agricultura, aunque algunos lo hacían a tiempo parcial, a trabajos de transformación en almazaras, molinos harineros, telares de lino o en la elaboración de alpargatas.

La mayoría de las vías que comunicaban el núcleo urbano con los campos o localidades vecinas todavía eran malos caminos de tierra. Pero no convertían Betxí en un núcleo aislado, sino que estaban diariamente recorridos a pie o en carros, tanto para ir al trabajo como para enlazar con la estación ferroviaria que desde 1862 había en Bellaguarda (Les Alqueries),

---

[3] El periódico *La Correspondencia de España*, del 3 de junio de 1903, en su página 1, informaba del ascenso a comandante del capitán Vicente Palmer Valero.

[4] Arxiu Universitat de València. Expedients Acadèmics 490-20.

[5] Arxiu Universitat de València. Expedients Acadèmics 490-19.

[6] Esta zona intramuros estaba formada por la calle: Mayor, de los Dolores, San Pedro, Cervantes, del Carmen y de los Naranjeros, y en las plazas de las Monjas, de San Juan y Mayor.

o la estación del tranvía a vapor de la Panderola del Apeadero de Betxí, que se inauguró el 7 de julio de 1907, para acercarse directamente a Onda, Vila-real o a la misma capital provincial (Badenes, 2015: 15-17).

PRIMERA ESTANCIA EN MARRUECOS (1909-1915)

En 1898, España había sufrido un trauma de graves consecuencias con la pérdida de Cuba, Puerto Rico y de Filipinas, sus últimas colonias. A partir de ese momento, un grupo de políticos pertenecientes al Partido Liberal, encabezados por su líder, Práxedes Mateo Sagasta, y del que formaban parte José Ramón Sánchez y de Hoces, duque de Almodóvar del Río y Fernando León y Castillo, elaboraron un proyecto cuyo objetivo era recuperar el prestigio internacional de España, y su centro estaría en Marruecos, ya que la conquista serviría para hacer olvidar la catástrofe de 1898, y situar a España, de nuevo, en la escena internacional.

Contaron para ello con el apoyo pleno del rey Alfonso XIII, de empresarios interesados en las minas de hierro del Rif, entre los que se encontraban Álvaro Figueroa y Torres, conde de Romanones, y Juan Antonio Güell, marqués de Comillas, y de buena parte del Ejército.

Como resultado de esta política, el 3 de octubre de 1904, y bajo la supervisión de Gran Bretaña, España y Francia procedieron a repartirse este territorio en zonas de influencia, correspondiendo a España la zona norte del país, aunque posteriormente tendrá que ceder parte de la misma cuando se firme el tratado de Fez, el 30 de marzo de 1912, que establecía el protectorado hispano-francés sobre Marruecos. España se aseguró así un territorio sobre el que edificar un nuevo imperio. Sin embargo, este proceso no iba a ser una empresa fácil, dando lugar a una guerra larga y costosa, que se extendería durante 18 años (1909-1927).

El ejército español venía del desastre del 98, vencido, acomplejado, problemático e intervencionista, con muchos regimientos, muchas unidades que existían sobre el papel, pero no tenían medios, con pocos soldados pero con el cuadro de mando al completo.

El primer episodio de este conflicto se produjo en la zona de Melilla, y sería conocido como la Campaña de 1909. El origen de la misma estuvo en el ataque sufrido, a manos de los rifeños, el 9 de julio de 1909, por un grupo de obreros españoles que, por cuenta de la Compañía de Minas del Rif, estaban construyendo un puente sobre el barranco de Beni Ensar. La campaña se inició en ese momento y solo finalizaría el 18 de diciembre de ese mismo año, con una victoria española, que permitió la anexión de entre 1600 y 1800 km².

Sin embargo, la muerte de 1803 generales, jefes, oficiales, suboficiales y soldados, unido a derrotas tan vergonzosas como la del Barranco del Lobo, ocurrida el 27 de julio, hicieron que la guerra de África comenzara a ser muy impopular en España, máxime cuando los soldados que combatían en ella eran aquellos que no podían eximirse del servicio mediante el pago de una cuota, lo que dio lugar a episodios tan graves como la célebre Semana Trágica de Barcelona, ocurrida entre el 26 de julio y el 2 de agosto de 1909.

El 19 de febrero de 1909 el teniente Llano Encomienda marchó por primera vez como oficial a África, al haber solicitado destino en su ciudad natal, en el Regimiento de Infantería Serrallo n.º 69. Al estar destinado en Ceuta, Llano Encomienda no pudo participar en esta campaña, ya que se localizó en la zona de Melilla, ni por tanto en la lluvia de condecoraciones y ascensos que trajo consigo. No obstante, este destino marcará la vinculación de Llano Encomienda con el conflicto rifeño (Muñoz, 2011: 547).

En 1910 Llano Encomienda pasaba a las Milicias Voluntarias de Ceuta, recibiendo el mando de la 2.ª Compañía de Moros. Fue la primera vez que tuvo a sus órdenes tropas indígenas formadas por marroquíes, lo que será otra de las características de su carrera profesional.

La Compañía de Moros prestaba servicio de intérpretes, de guías, de confidentes cuando la necesidad lo requería, y el de armas que se le ordenara. Sus individuos formaban parte de las expediciones que enviaban a Marruecos con cualquier fin militar o político, y servían de peatones en la conducción de los pliegos que el Comandante General de la plaza tuviera a bien ordenar conducir desde Ceuta a las poblaciones marroquíes (web *El Faro de Ceuta*, 23-1-2011). A finales de este mismo año Llano Encomienda se casaba con Isabel Palmer (web Puell), y se le considerará por antigüedad, Apto para el

Francisco Llano Encomienda y su mujer Isabel Palmer Arizo (Álbum de Avelino Doñate).

ascenso a capitán, lo que se producirá el 23 de marzo de 1911, siendo destinado entonces al Batallón de Cazadores de Cataluña n.º 1, con guarnición en Melilla, donde se concentraba entonces la mayor actividad rifeña. Sin embargo Llano Encomienda recibió el mando de la compañía de Depósito, que estaba acuartelada en Jerez de la Frontera. En esta ciudad, la compañía que mandaba Llano Encomienda se encargaba de recibir a los nuevos contingentes de reclutas, darles la instrucción adecuada y enviarlos a su unidad.

A lo largo de 1911 los paseos militares de las tropas españolas se habían extendido hasta ocupar posiciones bastante alejadas de Melilla. Los motivos de dichas ocupaciones se debían sobre todo a las peticiones de protección de las cabilas amigas, amenazadas por las incursiones rifeñas, aunque algunas de ellas tenían por objetivo pacificar el terreno cercano a las minas de hierro para facilitar su explotación, o bien expandir la autoridad militar española a lo largo de la zona de influencia. En el límite de esas posiciones avanzadas se desarrollarán los sucesos que darán lugar a la Campaña del Kert entre 1911 y 1912 (La Porte, 1997: 92-93).

LLANO DE LA ENCOMIENDA EN LA CREACIÓN DE LAS FUERZAS REGULARES INDÍGENAS DE MELILLA

En 1911, el gobierno liberal de Canalejas temía la llegada de noticias de Marruecos con listas de bajas españolas, porque la opinión pública se rebelaba contra la situación. Se decía que los combates de África se hacían para proteger las explotaciones mineras de los terratenientes, y ello influía en la moral de las tropas y de las familias.

Los soldados españoles eran reclutados por un sistema injusto que obligaba a hacer la guerra a los pobres, mientras los ricos se libraban por el llamado sistema de cuotas.

Esos soldados eran enviados a Marruecos con escasa instrucción y ridículos presupuestos. Mientras un soldado británico llevaba tras de sí un importante equipo, el español debía conformarse con un solo uniforme, una manta y alpargatas que se quedaban en el camino con las primeras lluvias. Muchos de los fusiles eran de la guerra de Cuba y las ametralladoras y artillería estaban anticuadas y tenían escasa efectividad. Por otra parte, se les mandaba a combatir a un país extraño, contra hombres duros que peleaban por su tierra. Además los españoles tenían enfrente a guerreros profesionales. Los rifeños crecían combatiendo a sus vecinos y practicando continuamente con sus inseparables fusiles, con los que demostraban una puntería envidiable. Eran duros y no necesitaban complicadas columnas de municiones o intendencia. Cada combatiente llevaba su comida, su arma y sus cartuchos. Además conocían perfectamente el terreno y su religión les ayudaba a ser temerarios en el combate.

Tras lo que le sucedió al ejército español en la guerra de África (1859-1860), la guerra de Margallo de 1893 y la del Rif de 1909, el mando militar español se planteó la necesidad de eliminar los ejércitos expedicionarios muy numerosos pero desconocedores del enemigo y del terreno, carentes de una cartografía adecuada, con un defectuoso servicio de inteligencia y con un grado de instrucción insuficiente.

La experiencia demostró que el rendimiento obtenido fue muy bajo, en relación con el enorme esfuerzo realizado, y se llegó a la conclusión de que el modelo Ejército Expedicionario no era el más adecuado para resolver el problema de Marruecos. Estaba claro que si el gobierno español quería una solución al problema marroquí, era necesario utilizar en la campaña fuerzas integradas por personal indígena, conocedoras del país, de su terreno y sus habitantes, de sus formas de combatir, e implicarlos en el proceso de organización y pacificación que redundaría en un menor empleo de fuerzas expedicionarias (Ramos, 2013: 175-176).

En el mes de marzo de 1911 estaba en estudio el organizar, por vía de ensayo, un batallón de indígenas con objeto de ver si era posible ir sustituyendo paulatinamente las tropas europeas por otras indígenas, con lo cual podían obtenerse de momento dos ventajas importantes: primera, ahorrar bajas españolas ante un nuevo conflicto; y segunda, dar ocupación a no pocos aventureros que vagaban por nuestro territorio, en su mayoría procedentes de las disueltas mehalas (cuerpo de ejército regular) del Roghi y del sultán de Marruecos, hombres de guerra, sin hábitos de trabajo y por lo tanto siempre dispuestos a la violencia. El general Francisco Larrea Liso, jefe del Negociado de Asuntos Indígenas, fue el encargado de hacer los estudios preliminares y dar forma a la idea. La organización de esta futura unidad debía ser igual o muy parecida a la de la Milicia Voluntaria de Ceuta.

En el Diario Oficial del 1 de junio de 1911 apareció la disposición ordenando la organización de un batallón indígena, que se denominaría Fuerzas Regulares Indígenas de Melilla: una unidad mixta, compuesta de un escuadrón (100 jinetes) de Caballería y un batallón (800 hombres) de Infantería de cuatro compañías, con soldados indígenas bajo el mando de oficiales y suboficiales españoles.

Esta nueva unidad suponía además una innovación táctica, al consolidar la unión o integración de Fuerzas de Infantería con Caballería. Por primera vez se creaba una unidad de tipo mixto con cierta identidad, como para operar independientemente, agrupación que ya se había ido ensayando a pequeña escala con éxito en la Milicia Voluntaria de Ceuta y en los tabores de Policía Indígena españoles, creados en 1909.

Estas nuevas fuerzas se creaban para prestar servicio de armas, guías, interpretes, confidentes y demás misiones especiales que les encargasen; contaría la unidad con 32 jefes y oficiales, 4 contratados y 900 individuos de tropa, tendría el mando un teniente coronel que indistintamente podría pertenecer, así como la Plana Mayor, a las armas de Infantería o Caballería.

Un hecho iba a cambiar el futuro de Llano Encomienda: la Guerra del Rif. En junio, debido al hostigamiento de las cabilas rifeñas, el capitán Llano Encomienda volvió a Melilla, al mando de la 2.ª Compañía de Moros de las Milicias Voluntarias de Ceuta, incorporándose al dispositivo encargado de defenderla.

Hasta mediados de julio no se publicó el destino a las Fuerzas Regulares Indígenas de un veterinario tercero, que fue el primero que perteneció a ellas. Días después apareció el del teniente coronel Dámaso Berenguer Fusté. Más tarde, en propuesta extraordinaria, las del comandante Ruiz Trillo, los capitanes de infantería Romero, Molina Galano, Llano Encomienda (lo destinaron el 31 de julio tras solicitarlo voluntariamente) y los tenientes Ayuso Casamayor, Granados Tamajón y Emilio Mola, todos de Infantería; y el capitán, García Boloix, los tenientes Ruiz Delgado, Alonso Sánchez, Tous Pastor, Sevillano Casinas y Fernández Romero, de Caballería.

El 24 de agosto ya estaban en Melilla algunos de estos oficiales y el 5 de septiembre por la tarde se reunieron con el teniente coronel Dámaso Berenguer Fusté, gran conocedor del país, sus gentes y costumbres, y a los compañeros de Caballería. El primer cambio de impresiones fue rápido. El teniente coronel ya tenía un plan formado, y en infantería designó al capitán Llano Encomienda, que era el más antiguo, como Ayudante mayor. Mandaría la 1.ª Compañía de Infantería, entre cuyos oficiales había un joven teniente de Infantería cuyo destino iba a ligarse al de Llano Encomienda en los momentos más importantes de la vida de éste: Emilio Mola Vidal.

Una tarde, casi a mediados del mes de septiembre, supieron que contaban con los primeros soldados. Eran siete, que fueron alojados provisionalmente en un local del cuartel del Hipódromo. Lo que le ofrecían los Regulares al indígena era un sueldo, ropa nueva, comida respetuosa con sus creencias, alojamiento, sanidad, seguir profesando sin problemas su religión musulmana, posibilidades de ascenso y, los más afortunados, tener un fusil y montar un caballo, ambos símbolos de gran estatus social. Todo esto hacía atrayente el enrolarse. Cuando regresaban de permiso a sus aldeas o poblados hacían un efecto reclamo o llamada, y el resto de jóvenes veían lo bien vestidos que iban con sus chilabas nuevas cargadas de muchos bordados, bien alimentados y con un dinero en el bolsillo difícil de conseguir fuera del Ejército. Al soldado indígena en las Fuerzas Regulares se le conocía con el nombre de *áscari*[7] para distinguirlo de la tropa europea.

Pocos días después se alistaron más de 60, que fueron trasladados al fuerte de Sidi-Guariach (fuerte de la Purísima), donde se instalaron ya con carácter definitivo. El reclutamiento continuó siendo lento, debido a que la Policía Indígena absorbió los posibles voluntarios entre las cabilas próximas a Melilla, y la recluta de los Regulares hubo de hacerse en áreas más alejadas, siendo conocidos por las tribus próximas a Melilla como *mogarbes* (renegados) (Caballero, 2013: 249).

---

[7] Procede del árabe, significa soldado.

Cuando los contingentes que formaban las Fuerzas de Regulares apenas eran los suficientes para formar una compañía reducida y medio escuadrón, y cuando estos soldados no disponían más que de una camisa y chilaba, empezaba una nueva guerra (Mola, 1924: VI, 3-4).

EL CAPITÁN LLANO ENCOMIENDA EN LA CAMPAÑA DEL KERT

El mando militar español ordenó al Servicio Topográfico de la Comandancia General de Melilla que se realizara un levantamiento de planos y croquis de los alrededores de Melilla para un mejor conocimiento del terreno, cuya ignorancia fue la causa del desastre del barranco del Lobo. Para hacer esta labor se mandaron veinte obreros y dos compañías del Regimiento África n.° 68. Estos trabajos fueron interpretados por los rifeños como una invasión de su territorio, y esta fue la causa para que el jefe rifeño El Mizzian predicara la guerra santa contra los españoles. Se encendieron las hogueras al Este del río Kert y se reunió un importante grupo armado marroquí (harka) en el Rif.

La Campaña del Kert tuvo su origen en el ataque que la Comisión Geográfica del Estado Mayor, que estaba levantando planos cerca de Ishafen, sufrió el 24 de agosto de 1911 a manos de los rifeños (Atienza, 2012: 133), en la que murieron cuatro soldados, viéndose obligada la restante fuerza a replegarse sobre la posición de Tauriat Zag.

La estabilización de las posiciones en ambas orillas del río Kert y la impetuosidad creciente de las harkas rifeñas enemigas, pertenecientes en su mayoría a las cabilas más cercanas al Rif, convencieron al general García Aldave, sustituto del general Marina en la Capitanía General de Melilla, de la necesidad de solicitar al Gobierno de la nación el envío de nuevas tropas. Accedió a ello el gobierno de Canalejas, afrontando de nuevo la impopularidad que su decisión causó en ciertos sectores de la opinión pública. La huelga general revolucionaria convocada con motivo de los nuevos envíos de soldados y los asesinatos de diversos personajes públicos a lo largo de los meses de mayo a septiembre de 1911, provocarían que el gobierno de Canalejas adoptara medidas de excepción en Bilbao y València y finalmente decretara la suspensión de garantías constitucionales en toda España.

La campaña del Kert, así iniciada, pretendía llevar el dominio español hasta los límites marcados por el río Kert, situado a unos 20 km de Melilla, en la que los avances resultaron más despejados y la combatividad de los rifeños menor.

En esta campaña se pudo apreciar con claridad que a medida que las tropas españolas se adentraban en las inmediaciones del corazón del Rif, la hostilidad del enemigo era más crecida, y su resistencia más decidida. La posesión de dos enclaves cercanos al río Kert (la posición de Ishafen al Norte y la de Imarufen al Sur) centraron buena parte de la campaña, siendo objetivo prioritario del enemigo conquistarlos, y de las tropas españolas mantenerlos.

La labor del santón El Mizzian en contra de España, y su llamada a la guerra santa en las cabilas, incrementó considerablemente la dureza de los enfrentamientos (La Porte, 1997: 92-95).

Los combates en agosto y septiembre se sucedieron con frecuencia, y como consecuencia de tal estado de cosas la guarnición de Melilla fue reforzada con tropas expedicionarias, que salían a combatir, mientras que los Regulares de Llano Encomienda enseñaban la instrucción del recluta a un centenar de soldados indígenas (Mola, 1924: VI, 4).

A pesar de la falta de apoyo recibido y de las dificultades que los Regulares tenían que vencer a diario, a finales de septiembre ya se tenían perfectamente organizados el 1.º Escuadrón y la 1.ª Compañía mandada por el capitán Francisco Llano Encomienda. Con esta unidad Llano de la Encomienda participará en la Campaña del Kert en la zona de Melilla, con una destacada actuación.

Hasta el comienzo de octubre, la actividad bélica fue incesante, con tiroteos diurnos a los convoyes y nocturnos a las posiciones, pero hubo algunos combates muy serios. El ejército español durante este periodo tuvo unos cien muertos y unos trescientos heridos. A primeros de octubre de 1911, el ejército español, tras los refuerzos recibidos, contaba con 13 generales, 1338 jefes y oficiales, 40.229 soldados y 6619 cabezas de ganado.

Este conflicto bélico no era indiferente a la opinión de los españoles. Así, el catedrático de Hebreo en la Universidad de Salamanca, el betxinense D. Pascual Meneu Meneu, el 16 de octubre de 1911 se pronunciaba sobre él en el Paraninfo de la Universidad de Salamanca, en el que manifestaba hasta dónde debía de extenderse nuestra influencia en el territorio del Rif, y la necesidad de mantener estos territorios regados con la sangre de nuestros valientes soldados. No creía que el problema de Marruecos fuera exclusivamente militar, y que solo por las armas hubiese de ser resuelto, pues creía que a la vez era un problema económico, que exigía el empleo de 700 millones para que se viese la acción civilizadora española en aquel país (*El Salmantino*, 16-10-1911: 1).

A raíz del combate del 7 de octubre de 1911 en que se llevó a cabo una operación de gran envergadura en la orilla izquierda del Kert, que era un bastión de la harca rifeña, se pensó en hacer un desembarco en la bahía de Alhucemas. La 1.ª compañía de Regulares del capitán Llano de la Encomienda recibió la orden de estar preparados para formar parte de la operación.

Consciente el Gobierno de Canalejas y las autoridades militares del territorio, de que el germen de la rebelión se encontraba en las montañas del Rif, especialmente en la cabila de Beni Urriaguel, se preparó un plan de desembarco en la bahía de Alhucemas (en el litoral de dicha cabila), con el fin de iniciar desde allí un avance de castigo hacia el interior y atrapar a los rifeños entre dos frentes. El plan preveía un posterior repliegue hacia la costa, donde se fortificarían posiciones defensivas. La 1ª Compañía de Regulares del capitán Llano de la Encomienda recibió la orden de estar preparados para formar parte de la expedición (Mola, 1924, VI: 3-4).

El mal estado del mar en época tan avanzada del año, y la preparación del enemigo para la defensa, aplazaron su realización indefinidamente, reduciendo la campaña a los límites establecidos en torno al río Kert (La Porte, 1997: 95).

Con el paso del tiempo, los Regulares de Melilla fueron tomando protagonismo. En la mañana del 18 de octubre recibieron la orden de ir a pernoctar a Nador (16 km al sur de Melilla). Como carecían de ganado de carga, se los facilitó Intendencia, y a duras penas pudieron transportar lo más imprescindible. Además todo se dispuso con tal precipitación y fue tan escaso el tiempo para organizar la expedición, que sobre la marcha se vieron precisados a racionar y a distribuir las municiones. Al atardecer llegaron a Nador, donde se hallaba concentrada una fuerte columna, mandada por el coronel García Gómez, del Regimiento de Melilla, a la que se incorporaron.

En la madrugada del 19 se trasladaron con la columna a Zeluán para servir de apoyo a la del general Moltó, que tenía por misión efectuar una razia por Beni-Buyahi. El teniente coronel de los Regulares, Dámaso Berenguer, con el escuadrón de Caballería marchó por delante. La 1.ª Compañía de Llano Encomienda, por el contrario, se quedó en Nador hasta que les llegó la orden del coronel Berenguer de cumplir una delicada misión, la de constituir la retaguardia. Cuando la compañía de Llano Encomienda llegó a Zeluán, ya hacía tiempo que la columna Moltó se había puesto en movimiento, y con ella el escuadrón de Caballería de los Regulares. La 1.ª Compañía de Llano Encomienda permaneció en Zeluán todo el día en reserva y en último lugar (Mola, 1924: VI, 4-5).

Para los militares y civiles españoles era difícil entender que se armara e instruyese en tácticas de combate a rifeños, que al día siguiente podían desertar. Por otra parte muchos de los voluntarios eran gente dudosa, huidos de la zona francesa o desertores de las Mehalas del Sultán de Marruecos, ya que la escasa paga hacía que se abriera la recluta también a la zona francesa. Tales temores provocaron que las unidades de la guarnición de Melilla rechazasen alojar en sus campamentos a los Regulares, por tal motivo establecieron su campamento en la posición de Buxdar.

Mapa del teatro de operaciones de las campañas del Rif y del Kert.

Dicha posición no fue elegida al azar, ya que tenía un doble objetivo: uno el vigilar a la Brigada Disciplinaria (que era tan poco de fiar que las demás unidades rechazaban acampar con ella, a causa de sus continuos incidentes con civiles y militares) que estaba en una posición continua; y dos que la Brigada Disciplinaria vigilase a los Regulares.

El 20 de octubre los Regulares de Llano de la Encomienda se encontraban de nuevo en Melilla, pero pocos días después, el 30, acamparon junto con la Brigada Disciplinaria al pie de la posición de Taurit-Narrich. El servicio que prestaron allí era más que penoso, arriesgado: descubiertas, recorridos por el campo infectados de rifeños, emboscadas, etc.

La misión principal durante la estancia en Taurit-Narrich era la de ir diariamente con una sección a reforzar las idalas[8] que la policía y el harca amiga tenían establecidas en Buxdar, poblado casi abandonado, en el que se habían instalado para planear sus incursiones y golpes de mano por el campo rifeño enemigo. A los capitanes Llano Encomienda en Infantería, y García Boloix en Caballería, que ya tenían completadas sus unidades, y sin descuidar las intensas y continuas instrucciones de combate y tiro, se les encomiendan la protección de convoyes y caminos. Así, el 16 de noviembre, en las inmediaciones del campamento de Buxdar, donde ya se encontraba de operaciones la 1.ª Compañía de Llano Encomienda y donde posteriormente acudiría el Escuadrón de Regulares, en una acción hostil fueron heridos varios soldados de regulares. Se convirtieron así en las primeras bajas de guerra habidas en las Fuerzas Regulares (web *El Faro de Ceuta*, 19-6-2011).

A consecuencia de las frecuentes incursiones que realizaban los rifeños de Beni Bu Ifrur, que amenazaban la línea de comunicaciones del Harcha por el Zoco de Jemís

---

[8] Eran unidades irregulares que se desmovilizaban y creaban según las necesidades. Se reclutaban entre los miembros de una misma cabila.

y también el campamento de Taurit-Narrich, decidieron establecer una posición en Buxdar. Hasta los primeros días de diciembre los rifeños permanecieron alejados de allí, limitándose a dar golpes sobre poblados fuera del amparo de la posición. El 8 de diciembre, por la noche, volvió a ser tiroteado el campamento y el poblado, aunque con poca intensidad. A partir de esta fecha los rifeños empezaron a concentrarse en Monte Arruit. Eran los preliminares de la ofensiva que el harca del Mizzian, inició a mediados de mes y que culminó con el sangriento combate del 27 de diciembre.

El 14, en las primeras horas de la tarde fue atacada la posición de Buxdar, hasta el día 22 en que los rifeños llegaron hasta Taurit Narrich, donde no recayó la presión rifeña.

A partir de ahora, el capitán Llano Encomienda empezó a tener problemas con los Regulares de su compañía, dentro de la posición de Buxdar. Sea porque los Regulares de esta posición se cansasen de aquella vida penosa, en un invierno crudo en que llegó a carecerse de lo más indispensable, o sea porque hasta los Regulares llegasen e hicieran prosélitos las predicciones del prestigioso jefe Mizzian, lo cierto es que el descontento comenzó a cundir y se empezó a temer una deserción en masa. El comandante de la Brigada Disciplinaria, que en aquellos días era jefe de la posición por haberse ausentado Berenguer, enterado de lo que ocurría, dispuso aislar el sector de los Regulares, ordenando la construcción de un parapeto interior y hasta se llegaron a emplazar discretamente dos ametralladoras, para en caso necesario poder batir el interior del recinto indígena.

Esta medida, tan prudente como poco política, acabó de exasperar los ánimos, y una tarde a la hora del rancho, con pretexto baladí, estalló el chispazo tirando algunos soldados los platos y negándose a formar. El teniente Ayuso intervino enérgicamente y logró contener la rebelión en el acto, reduciendo a la obediencia a todos, y eso que algunos ya se habían lanzado sobre el armamento. Sin embargo, los más descontentos no cejaron en sus propósitos y la noche del 28 acordaron asesinar a los oficiales, pero estos, entre los que se encontraba el capitán Llano Encomienda, advertidos a tiempo por uno de los confidentes que secretamente tenían en la compañía, redujeron a prisión y enviaron a Melilla al jefe del complot y a cuatro más que se sabía positivamente estaban comprometidos.

Abortado por dos veces el movimiento y ante el temor de ser descubiertos y presos, cesaron las reuniones clandestinas y los conciliábulos, limitándose los descontentos a desertar aisladamente, procurando llevarse el armamento. A partir de este momento empezará la época más peligrosa para las Fuerzas de Regulares y la más triste para los oficiales, que veían como podía fracasar la obra en la que habían puesto sus entusiasmos y todas sus ilusiones.

A la llegada del nuevo jefe (comandante Berenguer), se le notificó la situación en que se encontraba la posición, y dispuso en el acto que la compañía de Llano Encomienda se trasladase al poblado con el escuadrón de caballería. En el poblado las deserciones eran frecuentes y a diario habían agresiones, lo que no era de extrañar pues en Monte Arruit existía cada vez una mayor concentración de rifeños, que una tarde pudo verse reunida en la amplia meseta (Mola, 1924: VII, 3-4).

Una de las deserciones que tuvieron los Regulares se produjo el 7 de enero de 1912, cuando dos regulares de Beni Urriaguel desertaron de la posición de Buxdar con armas y municiones y tirotearon a sus compañeros, que lograron apresar a uno de ellos.

Al día siguiente, en Zeluán, fue juzgado en un juicio sumarísimo, siendo condenado a muerte. El día 9 era fusilado en Taurit-Narrich, por ocho de sus compañeros (De Morales, 1995: 361).

De todos los tiroteos sostenidos en aquella temporada, solo revistió especial importancia el de la noche del 16 de enero, cuando los rifeños hallaron apoyo en algunos poblados de los alrededores, coincidiendo la hora de la agresión con la fuga de un pequeño grupo avanzado de la caballería, cuyo jefe había emparentado no hacía muchos días con una familia de uno de los caseríos inmediatos. Este incidente determinó una razia y la captura de tres rifeños al amanecer del 17, la operación se tuvo que suspender a medio hacer por haberse recibido orden de levantar inmediatamente el campamento y trasladarlo a Taurit-Narrich, donde se hallaba concentrada la columna del general Pereira, que era una de las designadas para tomar parte en la ocupación de Monte Arruit.

El capitán Llano Encomienda, cuando llegó al campamento de Taurit-Narrich, vio que la presencia de los Regulares de su compañía fue acogida con gran disgusto por parte del general Pereira, que se negó a que permanecieran en el campamento, dando la orden al comandante Berenguer, de los Regulares de Melilla, para que prosiguiera la marcha a Zeluán con el objeto de que el general Larrea adoptase con respecto a ellos el partido

Soldado indígena de Regulares antes de ser fusilado.
(Ed. Rif Postal)

que más se le acomodase. La estancia de los Regulares en Zeluán fue muy breve, pues el general, dispuso el inmediato regreso a Taurit-Narrich, donde por fin pernoctaron. Estos se vieron obligados a hacer un recorrido de cerca de cincuenta kilómetros en un crudo día de invierno, sin comer, calados todos hasta los huesos y llevando poco menos que a rastras los tres detenidos durante la razia, de los cuales no quiso hacerse cargo ni la posición de Buxdar ni la de Taurit-Narrich.

La noche del 17, los rifeños hostilizaron el campamento, causando algunas bajas en el ganado, pero era tal el cansancio, que uno solo de los indígenas de Regulares levantó la cabeza para enterarse de lo que ocurría.

A la noche siguiente salió la columna en dirección a Monte Arruit, llevando en vanguardia el harca amiga, a la Policía Indígena y a los Regulares de Llano Encomienda, en cuya compañía formaban nada menos que 273 indígenas. Detrás de estos y a una distancia prudente, desplegó un batallón español y cargó sus fusiles, por la gran desconfianza que inspiraban al mando las tropas de Regulares. La operación se llevó a cabo con éxito.

A media tarde se emprendió el regreso al poblado de Buxdar, del que tuvo que salir inmediatamente la compañía de Regulares de Llano Encomienda, para cubrir el camino del Harcha, pues la columna de Yadumen se replegaba teniendo que soportar una fuerte presión rifeña. Aquella noche, del puesto denominado La Peña desertaron algunos individuos.

Después de la ocupación de Monte Arruit, tanto la compañía como el escuadrón de los Regulares quedaron reducidas a sus plantillas reglamentarias, facilitando los hombres sobrantes a las segundas unidades, que bien pronto se hallaron organizadas y dispuestas a entrar en acción, haciendo sus primeras armas el escuadrón en el combate de Tinain y la 2.ª compañía en Sammar, de donde tuvo que regresar a los pocos días por haber sufrido unas sesenta deserciones, de las cuales 23 (todo el servicio de seguridad) ocurrieron en una sola noche.

A finales de enero volvió a cundir el descontento y no cesó por un momento el goteo de desertores, a uno de los cuales, Hamed Ben Mohamed (el mismo que capitaneó el complot del 28 de diciembre), se consiguió apresarlo, y sujeto a juicio sumarísimo lo fusilaron en el campamento de Taurit-Marrich. Esto exacerbó el odio de algún fanático, que trató de vengarse de un teniente a quien, cierta noche, disparó a quemarropa un tiro sin que hiciera blanco (Mola, 1924: VII, 5).

El 4 de marzo de 1912, en la calle de General Calleja n.º 3 de Melilla, donde tenía su domicilio Llano Encomienda, nacía a las dos y media del mediodía su primer hijo. Le pusieron el nombre de Francisco de la Piedad José. El capitán Llano Encomienda contaba con 31 años y su esposa Isabel con 29.[9]

Estando Llano Encomienda en Melilla, le empezaron a llegar noticias sobre los cambios geopolíticos que se estaban produciendo en Marruecos. Las continuas injerencias franco-españolas hacían insostenible la posición del sultán de Marruecos, Abd-al-Hafid. El 30 de marzo de 1912 se firmaba el Tratado de Fez, en el que cedía la soberanía de su país a Francia, haciendo de él un protectorado.

El 2 de mayo, reorganizada la 2.ª compañía de las Fuerzas Regulares de Melilla, con todo su efectivo el 2.º escuadrón y perfectamente dispuestas las terceras unidades, se dio orden de que todos los Regulares se concentraran en Buxdar, donde permanecieron hasta el día 10, sin que cesasen las deserciones que llegaron a preocupar seriamente a los mandos. En la fecha indicada se levantó el campamento, marchando los escuadrones a Zeluán y las compañías a Atlatén bajo, desde donde oyeron muy lejos el fragor de los duros combates del 11 y 13. El 14, los primeros se concentraron en el campamento de Yadumen, y la compañía de Llano Encomienda y las otras dos restantes salieron para Ishafen. El capitán Llano Encomienda tuvo una marcha en extremo penosa, pues los rifeños, colocados a retaguardia de la línea de posiciones del Kert y fuerte en las accidentadas estribaciones de Tinidit, no dejaron de hostilizar el flanco izquierdo, poniendo en grave apuro las comunicaciones, a tal extremo, que por primera vez en aquella campaña se vieron obligadas a intervenir los cañones del Atlaten alto (Mola, 1924: VII, 5).

Debido a la crisis que padeció el Ejército español durante el invierno de 1911-1912, y siendo tanta la desconfianza que inspiraban los soldados indígenas de las Fuerzas de Regulares después de lo ocurrido en Buxdar y Sammar, se vieron muy poco apoyados por todos, y eran muy escasos los oficiales que aspiraban a formar parte de esta nueva unidad. Los Regulares hasta ese momento nunca habían intervenido como fuerzas de choque, ya que el mando no terminaba de confiar en ellos. Se organizó una operación, en la que había bastante expectación por ver el comportamiento en combate de los Regulares, en los que se fundaban muchas esperanzas por el buen espíritu, disciplina y adhesión que sus jefes habían sabido crear en ellos.

---

[9] Arxiu Universitat de València. Expedients Acadèmics 490-19.

Su verdadera acción de guerra, como unidad militar de extrema vanguardia y choque, tuvo lugar el 14 de mayo de 1912, con la ocupación del aduar[10] de Kaddur, situado entre el Monte Arruit y el Kert. El capitán Llano Encomienda formaría parte de la columna del general Moltó (4400 hombres y 1000 cabezas de ganado, entre caballos y mulos), cuya misión era descender hacia el barranco de Ajardec, continuando luego su curso. El total de las fuerzas que intervinieron en la operación principal ascendió a 11 500 hombres y a 3000 entre cabezas de caballos y mulos.

Para esta operación el general Moltó[11] se concentró a las cinco de la mañana al pie del monte Imarufen (Nador), marchando por el morabito de Sidi Bundien hacia el arroyo Ajanduc, llevando en vanguardia a los Regulares de infantería. Casi desde el momento de salir de sus posiciones empezaron a hostilizarlos, y combatiendo, descendieron al curso del arroyo Ajanduc. La batería de Texdra y la de montaña cañoneaban la vertiente Sur, donde grupos numerosos de rifeños le disputaban el paso. Una compañía del San Fernando, al ir a pasar un barranco, recibió un nutrido fuego, que desde la otra orilla del arroyo le hacía un grupo de rifeños ocultos en un repliegue del terreno. Los del San Fernando se arrojaron sobre ellos a la bayoneta y dieron muerte a los doce que componían el grupo. Vencidas estas primeras resistencias, los rifeños empezaron a retirarse delante de la columna, que continuó avanzando en dirección de las lomas de Ibuchaten, dejando a su izquierda la de Haddu, adonde en aquel momento llegaban las primeras fuerzas de las columnas de Navarro. La columna Moltó pasó el río Melha, y los soldados de infantería de Regulares, después de un combate tenaz, ocuparon las alturas de Ibuchaten tiroteándose desde allí con grupos situados en la orilla izquierda del Kert.

El Mizzian era un fanático santón muy respetado y temido por sus seguidores, era quien encabezaba a los combatientes del harca que intentaba impedir la ocupación española. El Mizzian, al ver que los atacantes eran de los Regulares indígenas, intentó imponerles su autoridad religiosa y salió a detenerlos con sus ademanes. Pero muchos, le desconocían, y murió a manos del sargento Kaid Hasam Mohamed y el cabo Gonzalo Saúco, dándose con ella por terminada la Campaña del Kert.

A las dos y media empezó el repliegue de las columnas de López Herrero y de Moltó. Al percatarse los rifeños de la retirada de estas fuerzas, creyeron que esta era general, y pasaron en grandes grupos el Kert. Las baterías que estaban situadas en los montes Harcha y Texdra empezaron a tronar. Todas las baterías de montaña abrieron fuego sobre los infantes y jinetes rifeños, que invadieron la parte comprendida entre los ríos Kert y Melha. El núcleo principal se dirigió hacia el Oeste, por donde se retiraba el general Moltó, con orden admirable, por escalones que se prestaban eficaz apoyo. Cerca de dos horas y cuarto duró el repliegue de Moltó. A las cuatro terminó la retirada de las dos columnas que constituían el ala derecha e izquierda de la primera línea (Gonzalo, 1910: 618-628).

---

[10] El *aduar* o aldea estaba formada por casas aisladas entre sí, a causa de la mutua desconfianza entre ellas. Cada aduar estaba situado en posiciones dominantes, como fortalezas, estaban protegidos por altas y espesas chumberas, y vigilado por numerosos perros. Todas las viviendas tenían un corral, y a su alrededor habitaciones sin comunicación entre si. Las viviendas en su interior tenían pocas aberturas, por lo que no recibían más luz que la puerta de la entrada. Las casas estaban aspilleradas, de manera que enfilaban la entrada, para poder defenderse en caso de agresiones, y se solían cruzar fuego entre ellas (Fontenla, 2017).

[11] En esta operación solo me dedicaré al general Moltó por dos razones: porque interviene la compañía del capitán Llano Encomienda y por no hacerlo muy extenso.

Tras la muerte de El Mizzian, la balanza se inclinó del lado español. Las harcas rifeñas comenzaron a disolverse, desorientadas por la muerte de uno de sus jefes más carismáticos, y disminuidas en sus efectivos por el inicio de los trabajos de recolección (en el mes de mayo) en Argelia, en las que participaban muchos de los hombres del Rif. A comienzos de junio, la Campaña del Kert podía darse por finalizada (La Porte, 1997: 95).

En 1910 el general Luque, nuevo ministro de la Guerra, implantó los ascensos por méritos de guerra, debido a la falta de oficiales en Marruecos, aumentándoles allí un 50% el sueldo. Esta medida creó gran malestar en la oficialidad de la Península, que consideraba que los combates allí desarrollados no habían sido tan importantes ni exitosos para merecerlos, se premiaba a los heridos[12] por leves que fueran, y muchos oficiales ganaron ascensos por méritos de guerra gracias a pequeñas acciones sin apenas importancia. A la luz de lo expuesto, la oficialidad estaba dividida en dos facciones: por un lado, la de los *africanistas*, como se les llamaba a los que estaban destinados en África por largo tiempo, que hacían frente a la guerra, a las incomodidades de tener que andar de combate en combate y corriendo el riesgo de morir en cualquier momento. Y de otra parte, la de los peninsulares, que vivían cómodamente en los cuarteles de la Península, realizando servicios de guarnición bastantes más cómodos y pudiendo dormir casi a diario en su casa con su familia, sin tener que correr ningún riesgo de entrar en combate. A estos últimos, más adelante, cuando se crearon las llamadas Juntas de Defensa (junio de 1917), terminarían llamándoles los *junteros*. Esos militares en 1912 se manifestaron en Madrid ante la redacción de *La Correspondencia Militar*, contra las recompensas concedidas durante la campaña (Atienza, 2012: 204-206).

El capitán Llano Encomienda, con fecha 13 de agosto de 1912, recibió como premio la Cruz de 1.ª Clase María Cristina, por combatir en extrema vanguardia y con valor heroico en la zona de Beni-Sidel (*Diario Oficial Ministerio de la Guerra*, 15-8-1912: 375). Esta medalla se daba para premiar grandes hazañas, los hechos heroicos, méritos distinguidos y los peligros y sufrimientos en campaña. Fue creada en tres categorías: Cruz de 1.ª clase para Oficiales, de 2.ª Clase para Jefes y de 3.ª Clase o Gran Cruz para Generales. Se trataba de la segunda condecoración más importante del Ejército español y mantuvo esta categoría hasta que se creó la Medalla Militar Individual.

A principios del siglo XX Marruecos era lo que ahora se conoce como un estado fallido. La autoridad del sultán era tan débil que el poder central solo se ejercía sobre menos de la mitad del territorio. El resto del país estaba en manos de señores de la guerra locales, alguno de los cuales disputaba el trono al propio Sultán. El caos era tan grande que las principales potencias se pusieron de acuerdo en 1912 en instaurar un protectorado, sobre el que se llamaba entonces imperio jerifano.

El 27 de noviembre de 1912, España recibía dos zonas pobres al norte y sur de Marruecos, que se convirtieron en el Protectorado español. La ciudad de Tánger, dentro de la zona española, se internacionalizó. Francia se atribuyó la mejor parte del país, la más rica, poblada y extensa, con su capital en Fez.

España con la creación del Protectorado español, se encontró con un territorio que tenía una superficie total de 22 000 km², 300 km de largo por 60 de ancho, y que se parecía

---

[12] En la primavera de 1912, a punto de acabar las operaciones del Kert, el teniente de Regulares Emilio Mola fue herido en un muslo, y por ello fue ascendido a capitán (Atienza, 2012: 229 y 238).

mucho, girando el mapa de abajo 90° a la derecha, a la Comunidad Valenciana, en la que Melilla se correspondería más o menos a la ciudad de Alicante, València sería Alhucemas y en la provincia de Castelló estarían Tetuán y Ceuta, más al norte.

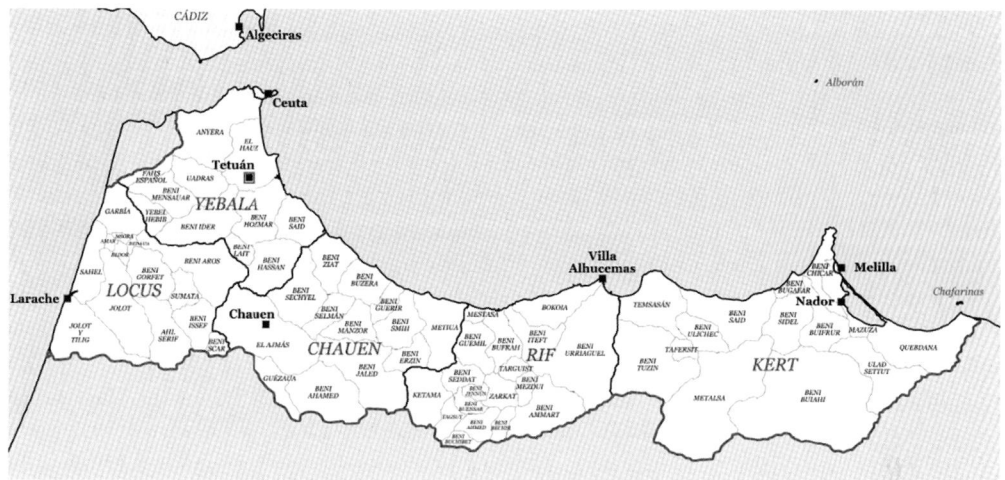

Mapa de las cabilas del Protectorado español en Marruecos.

Las dos terceras partes del territorio eran estériles, secos y abruptos, con una orografía imposible para las comunicaciones, con ríos con poco caudal. Muchos barrancos tenían la orientación sur-norte, en cambio las líneas de progresión del avance español que iban de Ceuta a Melilla, iban perpendiculares a los barrancos, con lo que el avance era muy complicado.

A pesar de su pobreza era una región superpoblada, tenía aproximadamente 1 200 000 habitantes. Vivían solo de la agricultura y la ganadería, siendo estas de subsistencia, no tenían excedentes, con lo cual no había comercio. Subsistían de lo poco que producían, siendo las mujeres las que se dedicaban a trabajar los campos y al ganado.

En el occidente del Protectorado estaba la gran región de Yebala, que abarcaba la zona de Ceuta y el Rif. Si la zona en general era dura, la del Rif se llevaba la peor parte de este Protectorado. Esta era una zona inexpugnable y poco frecuentada hasta por los propios marroquíes, que temían a sus habitantes, que eran muy belicosos.

La zona se articulaba en cabilas, que eran como pequeñas zonas autónomas que actuaban como pequeños estados que se autogestionaban. Muchas veces se unían entre ellas como una solidaridad regional, ante un enemigo común o cuando atisbaban que había un botín que podían alcanzar. Estas estaban muy compartimentadas, debido al terreno y a la falta de comunicación por la falta de caminos. Había 71 cabilas en el Protectorado español, 18 de ellas en el Rif. Dentro de estas cabilas había otro número indeterminado de fracciones, que eran familias o grupos de familias reunidos en poblados. Cada una de estas familias estaba regida por una asamblea.

Los habitantes del Rif eran muy rudos, gente metida en sí misma, muy individualistas y sobre todo muy reticentes a ser dominados por una autoridad extranjera, a la cual rechazaban con absoluta determinación.

La comunicación entre las cabilas se realizaba en los zocos o mercadillos semanales, donde había comerciantes de diferentes cabilas.

Por último tenemos las harcas, formadas de manera temporal, por grupos de guerreros rifeños de diferentes cabilas. Se formaban por medio de emisarios que llegaban a los zocos, donde reunían a la gente y convocaban el alistamiento de hombres para formarlas. Las harcas se montaban cuando llegaban noticias de que se podía saquear algo, bien una columna, una caravana o un convoy de abastecimiento español. Ante un enemigo común, se propagaba la noticia a través de los zocos, y mediante hogueras en las cumbres de los montes, los hombres iban acudiendo armados con un fusil, con un puñado de municiones en el bolsillo, y alimento para unos días. Los hombres alistados en las harcas cogían su fusil y salían a combatir, mientras los niños y ancianos ayudaban en el servicio de mandar mensajes y llevar víveres, municiones y sobre todo agua a estos hombres.

La cabila más famosa del Rif era la de Beni Urriaguel. Era la más numerosa y más belicosa de todas. Se calcula que en 1920 habían de 35 a 40 000 rifeños pertenecientes a esta cabila. Eran los dueños de la bahía de Alhucemas, que era uno de los pocos puntos que daba acceso a esta zona de África, separada unos 400 metros del Peñón de Alhucemas, que estaba en posesión de España. En la cabila de Beni Urriaguel vivían los Abd el Krim.

La forma de avanzar y ocupar un territorio en el Protectorado español, era atraer a un notable o persona importante de las tribus fronterizas. Se le ofrecía una pensión, se dice que de 500 pesetas mensuales, y él a cambio reunía algunos de sus hombres, y bajo su protección avanzaba la columna española correspondiente, que se instalaba en una posición más adelantada, y así se iba ganando terreno. A todas luces era un avance artificial. Lo que ocurría era que las posiciones o blocaos creados eran muy precarios, no tenían agua, y no tenían medios logísticos para suministrar estas posiciones muy avanzadas, ya que se quedaban muy aisladas. Esas cabilas, en teoría amigas, quedaban a retaguardia y armadas, y no había un dominio real sobre el territorio. El objetivo del Gobierno español era ganar terreno sin tener bajas. Con estas carencias el 27 de noviembre de 1912 se creó un Protectorado.

Cuatro meses después, Llano de la Encomienda recibió otra condecoración, esta vez civil y de menor importancia: La Medalla de Plata conmemorativa del primer centenario de las Cortes y la Constitución de 1812, con fecha del 31 de diciembre de 1912, concedida por el Congreso de los Diputados por haber asistido con tropas bajo su mando a esa conmemoración (Muñoz, 2011: 548).

A finales de mayo de 1913 la situación en la zona de la Yebala se volvió peligrosa, por la presencia en ella de El Raisuli, que era un jefe cabileño de una partida de bandidos. Reunido El Raisuli en Yebel Alam con los jefes de varias cabilas, prepararon un nuevo levantamiento. Entre tanto comenzaron los tiroteos contra las posiciones, los convoyes militares y los civiles españoles en la zona de Tetuán. Debido a la beligerancia existente en esas fechas, la ciudad de Tetuán estaba recluida en sus murallas, y ni siquiera se cultivaban los huertos de los alrededores.

De la ocupación del aduar de Kaddur, salió muy fortalecido el prestigio de los Regulares, tanto es así que cuando en el mes de mayo de 1913 empeoró la situación en la zona occidental del Protectorado, y en la zona de Melilla había una relativa tranquilidad, el ministro de la Guerra, general Agustín de Luque y Coca decidió enviarlos a Tetuán.

A las siete de la mañana del martes 10 de junio de 1913 salieron de los campamentos del Sebt y Nador las compañías de Infantería y los escuadrones de Caballería de los Regulares, desfilando todos ante la Comandancia General de Melilla. Un pequeño grupo de Regulares se quedó en Melilla, dedicado a la instrucción y reclutamiento.

A las once y media comenzó el embarque del ganado en los vapores *Barceló* y *Alcira*, de la Compañía de Vapores Correos de África, que se hallaban atracados desde el amanecer en el dique de Florentina. El embarque del ganado fue dirigido por el comandante y capitanes de los escuadrones, y por el comandante de Estado Mayor Alfonso Velasco. Dos horas y media después quedaba terminado, sin que ocurriera el menor accidente.

En el vapor *Barceló* embarcaron con el coronel Dámaso Berenguer, un escuadrón y cuatro compañías. Formaban esta expedición tres jefes, siete capitanes, dieciséis oficiales, veintitrés sargentos, quinientos cincuenta cabos y soldados, ciento doce caballos y veintiséis mulos.

A bordo del vapor *Alcira* iba el comandante de Caballería Miguel Cabanellas, con dos escuadrones y una compañía de las Fuerzas de Regulares. Constituían la expedición un jefe, tres capitanes, quince oficiales, quince sargentos y trescientos veintisiete de tropa. Además iban, doscientos ocho caballos y quince mulos.

Para ser revisadas por la primera autoridad de Melilla, a las cinco de la tarde formaron en el dique de Florentina los tres escuadrones y las cinco compañías de las Fuerzas de Regulares de Melilla, tomando el mando de todas ellas, una vez colocadas en formación, el coronel Dámaso Berenguer.

A las cinco llegó al dique de Florentina el general Jordana, Capitán General de Melilla, acompañado por los generales

Embarque a Tetuán. El comandante Riquelme leyendo en árabe la alocución de despedida dirigida por el comandante general Jordana a las Fuerzas Regulares que marchan a Tetuán (*Mundo Gráfico*, 11-6-1913: 18).

Moltó, Aizpuru, Domingo, Aguilera y Villalba.

Después de pasar revista a los Reguladres de Melilla, el general Jordana dio orden al general Riquelme, Comandante de la Oficina Central de Asuntos Indígenas, para que leyera una alocución en árabe, dirigida a las fuerzas expedicionarias. Una vez terminado el acto, se dio orden de embarque, que se hizo con el mayor orden, pasando la tropa a los vapores Barceló y Alcira, que seguidamente levaron anclas hacia Ceuta (*El Telegrama del Rif*, 11-6-1913: 1).

En la madrugada del miércoles día 11 las Fuerzas de Regulares llegaron al puerto de Ceuta. El desembarque se hizo en malas condiciones, al haber comenzado a soplar viento de poniente, lo fue, junto a las malas condiciones del muelle, ocasionó un grave accidente al desembarcar, donde cayó un caballo arrastrando al soldado indígena que lo sujetaba. El soldado ingresó en el hospital con heridas graves y el caballo se sacrificó. El desembarque fue presenciado por el general Domingo Arraiz y por numeroso público. Los Regulares se alojaron en el cuartel O'Donnell, situado en el campo exterior de Ceuta, próximo al barrio de Romeo, y la Caballería en los barracones (*La Correspondencia de España* 12-6-1913: 3; *La Correspondencia Militar*, 12-6-1913: 1; y *El Telegrama del Rif*, 13-6-1913: 3).

Sin apenas tiempo para descansar, a las cinco y cuarto de la mañana de ese día, salieron de Ceuta los Regulares en dirección a Tetuán, en una marcha muy penosa, no solo por el intenso calor que se sentía, sino por el vivo paso a que se andaba (*El Telegrama del Rif*, 20-6-1913: 1).

El primer rancho lo tomaron en el pueblo de Rincón de Medik, situado a 25 km de Ceuta y a 15 km de Tetuán (*La Correspondencia de España*, 12-6-1913: 3). Por la noche llegaron a Tetuán, y se alojaron en el Campamento General. Los regulares durante el recorrido no dieron señales de cansancio.

Mientras esto ocurría, poco a poco se fueron reuniendo una numerosa cantidad de harqueños armados, que comenzaron a hostilizar la posición de Laucién, siendo repelida esta por la guarnición española.

Al amanecer del día 12 una fuerte columna española condujo un convoy de suministros a Laucién, enfrentándose a una violenta oposición harqueña, siendo esta rechazada. Desde el campamento de los Regulares en Tetuán se oía tiroteo hacia Laucién, pero no muy vivo. Según iba avanzando el día, el fuego se iba haciendo más intenso, prueba de que numerosos contingentes harqueños atacaban a las tropas de protección españolas.

Posición de Laucién (Ed. M. Arribas).

Ya entrada la tarde, el general Primo de Rivera ordenó que se pusiera en marcha la 1.ª compañía de Regulares del capitán Llano Encomienda, a fin de proteger el regreso de la columna. Sin apenas haber descansado de su largo y penoso viaje, salía momentos después el teniente Espinosa de la 1.ª compañía de Regulares con su sección, siguiendo a continuación el resto de la compañía, al mando del capitán Llano Encomienda.

Una vez dejados los suministros en Laucién, el convoy tomó camino a Tetuán, evacuando las bajas, y las fuerzas de protección se retiraron escalonadamente.

A pesar de la penosa marcha desde Tetuán, los Regulares avanzaron con decisión, ocupando con suma rapidez una altura inmediata cuando ya las sombras empezaban a caer. Los harqueños hostilizaron a los Regulares, y fue entonces cuando el teniente Espinosa recibió un balazo en la rodilla. A pesar de la herida permaneció en su puesto, hasta que a las nueve de la noche se ordenó la retirada. Este movimiento se hizo con todo orden y sin protección de ninguna clase. En esta retirada, la 1.ª compañía de Regulares de Llano Encomienda constituyó el escalón más retrasado del despliegue, el lugar más peligroso, puesto que era el encargado de ir conteniendo los asaltos de los harqueños contra las fuerzas en retirada, actuando en extrema vanguardia. Al llegar al Campamento General de Tetuán, el teniente Espinosa, que iba al frente de su sección, ingresó en el hospital de sangre. En esta operación, el capitán Llano Encomienda tuvo una destacada participación (Muñoz, 2011: 549; y *El Telegrama del Rif*, 20-6-1913: 1).

El sábado 14 de junio los harqueños volvieron a tirotear sin tregua la posición de Laucién. A última hora de este día, el general Alfau recibió confidencias de que numerosas fuerzas de harqueños, considerablemente reforzadas con nuevos contingentes, no solo de las cabilas montañesas sino incluso de los alrededores de Tánger, se habían reunido en Samsa y habían salido con objeto de atacar a los débiles destacamentos de nuestras posiciones, especialmente la de Laucién (*Diario de Valencia*, 17-6-1913: 1). Para impedirlo, se convino que el general Primo de Rivera marchara al frente de una fuerte columna con abundante provisión de víveres y municiones.

A las siete de la mañana del domingo 15 de junio, salió del Campamento General de Tetuán el convoy de víveres destinados a aprovisionar la nueva posición de Laucién. Iba la columna formada por los batallones de Cazadores de Barbastro y Arapiles, uno del Serrallo, otro de Ceuta y una batería de montaña, más dos compañías sueltas, con sus jefes respectivos, al mando del general Primo de Rivera. La columna faldeó el monte Dersa, y poco después los harqueños rompían el fuego, al que se contestó con eficacia.

A Tetuán llegaron noticias de que la columna de Primo de Rivera era hostilizada. En su ayuda salieron de Tetuán, por las inmediaciones del río Buceja, seis compañías del 60 de línea, con ametralladoras, y los Regulares de Melilla de Infantería y Caballería; por la derecha fueron más fuerzas de Regulares y una compañía del Regimiento del Serrallo. Dicha fuerza evolucionó en orden abierto para proteger el avance de la columna de Primo de Rivera.

Los harqueños, que estaban emboscados, rompieron el fuego contra el centro de la columna. Esta emplazó los cañones y las ametralladoras y rechazó con energía el ataque. En auxilio de los harqueños acudieron en grandes masas todos los pobladores de los aduares de Beni Hozmar, y el combate se generalizó.

Aprovechando ese momento, y en vista de que la columna del general Primo de Rivera era lo bastante fuerte para no necesitar apoyo, el coronel Dámaso Berenguer, con los Regulares, se desplazó por el flanco derecho y rompieron el fuego, vadearon el río Buceja y desalojaron a los harqueños, que eran numerosos y estaban apostados en la orilla opuesta. Los harqueños, ante el empuje de los Regulares, huyeron a la montaña, perseguidos hasta los aduares de los Beni Hozmar. Fue una verdadera razia moruna. Los Regulares cayeron sobre los aduares, desprevenidos, matando a los pocos harqueños que en ellos quedaban, arrasando las cosechas, quemando las casas y apoderándose de armas y ganados. Las mujeres, aterrorizadas, huían llevando a sus hijos en brazos. Los harqueños que sobrevivieron se internaron en el corazón de las montañas, dejando abandonados sus ganados y cuanto poseían, un botín que se llevaron los Regulares.

Los Beni Hosmar, al darse cuenta por las llamas y el humo de lo que sucedía, retrocedieron para ir en defensa de sus hogares, mas las fuerzas de Regulares, especialmente los de caballería, que estaban desplegadas por la vega del río Martín, les salieron al encuentro. Los jinetes cargaron con ímpetu sobre los harqueños que se habían atrevido a bajar al llano, y que al hallarse en presencia de aquella avalancha se ampararon entre los cañaverales que bordeaba un riachuelo, para batirse allí desesperadamente, dejando más de cien muertos en el campo. En los aduares quedaron 70 muertos, y 14 junto al arroyo de Busenlam. El total de fusiles cogidos por las fuerzas indígenas pasaba de cien. Los aduares arrasados fueron cuatro.

Entre tanto la columna del general Primo de Rivera continuaba su avance, siempre castigando a los harqueños, llegando a la posición de Laucién, en donde quedó destacada. La operación para reforzar el campamento de Laucién, se hizo a las tres de la tarde, cuando aquella quedó reforzada comenzó la retirada de las fuerzas que habían salido para proteger el paso. Las de Ceuta y los Regulares de Melilla la hicieron por escalones, bajo una lluvia de balas.

A las cuatro de la tarde entraban en los campamentos de Tetuán las tropas. Los Regulares entregaron en el campamento 78 armas entre fusiles y gumías, y 29 bueyes. Se calculan las bajas harqueñas en 96 muertos y 1600 heridos. El aduar atacado por los Regulares con más furia fue el de Basel Amira. El incendio de los aduares produjo tales llamas que se veían en Tetuán. Las compañías que más se distinguieron fueron la de los capitanes Llano Encomienda y Luis Molina.

A la una de la tarde del día siguiente, los Regulares, la Caballería de Ceuta y las del tabor de Policía Indígena de Tetuán con un grupo de ametralladoras, todos a las órdenes del coronel Dámaso Berenguer, hicieron una nueva salida por la margen derecha del río Martín, para raziar los aduares harqueños de las cabilas de Beni Sidel y de Beni Madam.

Esta razia tuvo por objeto imponer un duro castigo a los harqueños de las dos cabilas, por haberse sabido que sus integrantes habían tomado parte en los últimos combates. El procedimiento seguido era que la caballería de los Regulares sorprendía y cercaba los aduares, sin dejar a sus pobladores más opción que la huida, y la infantería entraba en el aduar de forma rápida y violenta, para aniquilar todo, quemar silos, destrozar y quemar casas, arrasar huertos y sementeras, talar árboles y recoger abundante botín de ganado y enseres domésticos.

En esta acción los Regulares no tuvieron ninguna baja; a los harqueños les hicieron seis muertos y un prisionero, y después de incendiar y destruir numerosas viviendas, trajeron abundante botín, consistente en 200 cabezas de ganado vacuno, 400 de lanar, 4000 gallinas, ropas, enseres y muchísimos aperos de labranza. Los harqueños de las cabilas de Beni Sidel y los de Beni Madam huyeron de sus aduares al acercarse las tropas de Regulares. El deseo de llevar consigo todo el botín, hizo que hasta las once de la noche no llegaran a su campamento de Tetuán (*El Telegrama del Rif*, 18-6-1913: 3 y 20-6-1913: 1; *La Correspondencia de España*, 18-6-1913: 1; *La Rioja,* 18-6-1913: 2; y *La Correspondencia de Valencia*, 18-6-1913: 1).

Las unidades españolas se dedicaron a realizar razias y reconocimientos, sin intención de extender el territorio ni ocupar nuevas posiciones, sino para que los cabileños depusieran su agresiva actitud.

Los cabileños de Samsa, poblado importante que está a unos tres kilómetros de Tetuán, habían hostilizado los días 11 y 12 de junio a las columnas españolas, especialmente en la última parte de la retirada. El general Alfau, Alto Comisario en Marruecos, ordenó que el día 17 se realizase una razia sobre dicho poblado, enviando diferentes columnas a puntos convenientes, y un núcleo de Regulares que fuese directamente al poblado.

Advertidos los cabileños de Samsa la noche anterior, lo abandonaron y se llevaron los ganados y enseres que pudieron transportar hacia las alturas del monte Dersa. Al principio hubo algún fuego, pero ante el avance de las fuerzas de Regulares, huyeron los cabileños. El poblado fue reducido a cenizas, y el castigo fue tan duro, que quedaron sin albergue centenares de familias. Los Regulares recogieron 80 cabileños muertos, que quedaron en el campo, con armamento y municiones, reuniendo un gran botín; no tuvieron ninguna baja y en su retirada no fueron tiroteados (*La Correspondencia de España*, 18-6-1913: 1; y Fontenla, 2017).

Al día siguiente, a las ocho de la mañana, del campamento de Tetuán salieron para proteger un convoy que iba a Laucién las siguientes fuerzas: por el flanco derecho una brigada de Infantería y por el izquierdo los Regulares, donde llegaron sin novedad, quedando los Regulares en Laucién, con un escuadrón del Vitoria. Regresaron a Tetuán las columnas que fueron de escolta, sin haber sido hostilizadas (*La Correspondencia de España*, 19-6-1913: 1; y *El Telegrama del Rif*, 20-6-1913: 3).

En la madrugada del 19 de junio, salieron de la posición de Laucién tropas para realizar una razia por los territorios de las cabilas de Wad Ras y Beni Ider, recorrieron el trayecto sin resistencia de los poblados de dichas cabilas, que fueron castigadas. Los Regulares de Melilla salieron de Laucién y quemaron el aduar de Almenkal.

Al medio día las columnas encontraron en la parte de Anghera numerosos harqueños, con grandes núcleos montados, que acudían a impedir la marcha de las columnas españolas, y sostuvieron con ellas un largo y reñido combate, consiguiendo que los harqueños se retirasen, dejando en el campo 22 muertos y muchas armas.

Cumplida la misión, comenzó el momento crítico de la retirada, y entonces los harqueños descendieron rápidamente de las alturas de Anghera y del Zoco de Jemis, sobre las unidades de protección, que se vieron rodeadas y en situación apurada, hasta que un enérgico contraataque a la bayoneta despejó la situación.

El castigo infringido a los harqueños de Anghera fue enorme y aquellos no se atrevieron a volver a hostilizarlos a su regreso a la posición de Laucién (*La Correspondencia de España*, 20-6-1913: 1; Fontenla, 2017; y *El Eco de Santiago*, 21-6-1913: 2).

Este mismo día, por el camino de Tetuán llegaba a Ceuta una sección de los Regulares de Melilla, trayendo mucho ganado vacuno y muebles, procedentes del botín cogido en las razias, que efectuaron en los alrededores de Tetuán. Todo este botín lo enviaban los Regulares a Melilla, a donde el vapor *Sagunto* lo llevaría al día siguiente por la mañana. (*La Correspondencia de España*, 20-6-1913: 1).

El vapor *Sagunto*, de la Compañía de Vapores Correos de África, llegaba por la tarde del día 20 al puerto de Melilla, procedente de Ceuta. A bordo venía un cabo y seis soldados de Infantería de los Regulares de Melilla. Estos embarcaron en Ceuta con cincuenta cabezas de ganado, de los que solo habían llegado a Ceuta 49, pues durante el embarque en el puerto de Ceuta cayeron tres vacas al agua, siendo recogidas dos y ahogándose una. El ganado pertenecía a uno de los lotes de la razia que hicieron los Regulares el pasado día 14, en los aduares de Beni Hozmar. Era un regalo que los Regulares enviaban a sus familias y compañeros que, por enfermedad, no pudieron marchar con ellos a Tetuán (*El Telegrama del Rif*, 21-6-1913: 1).

En la noche del 20 de junio los harqueños atacaron la posición de Laucién, siendo rechazados con grandes pérdidas. En el ataque resultaron heridos el comandante del batallón de Cazadores de Madrid y dos capitanes y un teniente de los Regulares, y muerto un capitán de estos últimos (*La Correspondencia de Valencia*, 21-6-1913: 1).

Los habitantes del aduar de Balais prestaron ayuda a los harqueños rebeldes, y como castigo se mandó el 22 de junio hacer una razia sobre Balais, a cargo de los Regulares. Estos causaron enormes destrozos en el aduar, arrasaron las cosechas y cogieron un gran botín en armas (*El Eco de Santiago*, 23-6-1913: 2).

Un harca rifeña enemiga se había concentrado en Ben Karrich (a 12 km de Tetuán), con pretensión de atacar Tetuán. Informado el mando español, el 24 de junio se montó una operación militar, para entorpecer y evitar la formación de grandes núcleos de harqueños que pudieran intentar un golpe de mano sobre la extensa zona española.

Para la operación se concentraron en Laucién ocho batallones, entre los cuales estaba la 1.ª Compañía de Regulares de Llano Encomienda, dos grupos de ametralladoras, dos baterías y 500 caballos. Estas fuerzas se distribuyeron en tres columnas, una de las cuales, al mando del general Arraiz, quedó de reserva en Laucien, y las dos restantes, al mando del general Primo de Rivera, marcharon hacia la posición de Ben Karrich.

Las dos columnas marcharon por Dersa-Ben Karrich, donde se hallaban concentrados los harqueños, formando un núcleo poderoso. Las tropas de Cazadores, con los Regulares, atacaron con decisivo empuje, marchando a buscar a los harqueños, que, como refugio para acampar, habían elegido una cañada protegida por los montes de Mai, situada detrás de Dersa-Ben Karrich.

Los Regulares y los Cazadores sorprendieron a los harqueños, que lucharon con arrojo y tenacidad, defendiéndose en las peñas con bravura. Las tropas españolas entraron en su campamento, viéndose obligados a desalojar a los harqueños de casa en casa, llegando la lucha cuerpo a cuerpo, y siendo los harqueños arrollados. El campamento lo destruyeron, y quemaron cuanto encontraron a su paso, mientras aniquilaban a los que oponían resistencia.

Al mismo tiempo que los Cazadores y los Regulares entraban por la cañada, invadiendo el campamento del harca, un batallón de Ceuta y dos del Serrallo tomaban las posiciones de los montes que dominaban la cañada y sostenían un fuego durísimo, evitando que los harqueños apostados para custodiar su campamento acudiesen a defenderlo.

Con gran oportunidad, la Caballería de los Regulares y los escuadrones del Vitoria hicieron cargas, aprovechando las ocasiones en que se reunían los harqueños en el llano, con lo cual no los dejaban reponerse para organizar su defensa.

Desde el campamento principal de Tetuán, donde estaba emplazada la batería, eran bombardeados los montes donde había presencia de harqueños, causándoles grandes bajas.

La retirada se efectuó casi en orden cerrado, como si las tropas regresasen de unas maniobras; lo que prueba, dadas las costumbres de los harqueños, que si no atacaron al regreso es porque el harca enemiga quedó aniquilada y dispersos los que la formaban. Las cabilas que combatieron fueron las de Beni Hozmar y Beni Urriaguel. Las bajas españolas fueron apreciables, 32 muertos y 73 heridos; los harqueños tuvieron más de quinientas bajas.

Al día siguiente los Regulares, al mando del coronel Dámaso Berenguer, regresaron a Tetuán. Al mismo tiempo trajeron el convoy de heridos en el combate del día anterior (Fontenla, 2017; *La Correspondencia de Valencia*, 25-6-1913: 3; *La Correspondencia de España*, 26-6-1913: 1; y *La Independencia*, 26-6-1913: 2).

Como hemos podido ver, el capitán Llano Encomienda, desde que llegó al campamento general de Tetuán el día 12 de junio hasta el 24 del mismo mes, casi combatió a diario.

El periódico *La Cruz,* del 12 de julio de 1913, en su página 3, informaba que se había organizado la brigada del general Berenguer, formada por cuatro compañías de los terceros batallones del Serrallo y Ceuta, fuerzas Regulares de Melilla, y las Milicias Voluntarias de Ceuta con dos escuadrones del Regimiento Victoria Eugenia y una batería.

Para desbaratar una concentración considerable de harqueños sobre Sadina, el general Alfau, Alto Comisario de España en Marruecos, ordenó en la mañana del 11 de julio que se pusieran en marcha cuatro columnas con dirección a los poblados del llano del Jemis. El objetivo de la operación era infligir un duro castigo a aquellos cabileños.

La columna del general Berenguer, en la que se encontraba el capitán Llano Encomienda, ocupaba el centro de la operación, marchando por el camino alto de Samsa hasta el Yebel.

En el Yebel la columna de Berenguer se unió con el Regimiento de Wad-Ras. Una vez llegadas todas las columnas al lugar que constituía el objetivo de su marcha, entre Samsa y Anghera, empezó el ataque contra los cabileños. El Regimiento de Wad-Ras atacó por la divisoria del Dersa, mientras la columna de Berenguer se abría paso por entre un espeso monte.

Este primer encuentro tenía lugar en torno a los aduares de Amram y Fondela. La columna de Berenguer penetró en ellos, haciendo una razia sangrienta. La mayoría de los habitantes de dichos aduares estaban desprevenidos, y la llegada de los Regulares les produjo un enorme pánico. Pocos fueron los que opusieron resistencia a las tropas, y tuvieron que ceder bien pronto ante el empuje de los Regulares, que arrasaron todo lo que encontraron a su paso. En esta operación militar se raziaron seis poblados, tres de ellos muy importantes, llevándose a Tetuán vacas, cabras, chivos, borregos, gallinas, enseres de las casas, etc. Quemaron muchas casas.

A las dos de la tarde se inició el repliegue de las columnas. Según costumbre, los harqueños hostilizaron a las tropas, si bien con menos violencia que otras veces. La retirada siguió efectuándose con orden completo. Los Regulares, mientras verificaban este movimiento, incendiaron el espeso bosque de Amram.

La retirada terminó a las cinco de la tarde sin incidente alguno. A pesar del fortísimo calor, los soldados españoles soportaron la fatiga de una manera admirable. Los harqueños sufrieron muchas bajas y 63 fueron las españolas (*La Correspondencia de España*, 12-7-1913: 1).

El jueves 10 de julio de 1913, en el salón La Paz de Castellón, el catedrático de Hebreo en la Universidad de Salamanca, el betxinense D. Pascual Meneu Meneu, dio una conferencia sobre la labor de España en Marruecos. En ella hizo referencia a la guerra actual y a las costumbres marroquíes, así como a las enseñanzas que de aquella se desprendían. Se mostró partidario de la guerra, pues abandonar sería hacer una declaración de importancia.

Siguió diciendo que se debía estar alerta contra las asechanzas del imperialismo francés, que pretendía avasallarnos; y a continuación habló del Raisuli, a quien conoció en Tánger. Terminó exponiendo su creencia de que la guerra sería pasajera, pues garantizadas ciertas posiciones que aseguraba la comunicación entre Tetuán y Larache, habría por lo menos un compás de espera en el desarrollo de nuestra acción militar.

Al terminar la conferencia, Meneu fue muy aplaudido por el numeroso público, en el que había también muchas mujeres (*El Pueblo*, 12-7-1913: 1; y *El Telegrama del Rif*, 12-7-1913: 3).

A 8 km al sur de Ceuta está el valle de Castillejo, donde estaba la posición Condesa, que era hostilizada diariamente desde el aduar de Azfa, atalaya que avizoraba el campo español. Los españoles observaron como desde Azfa, guarida de bandidos, asaltaban el camino de Ceuta a Tetuán. Para castigar este aduar, el 27 de julio salió una columna de Ceuta, en la que estaban los Regulares de Melilla. Esta columna protegida por las posiciones de Condesa y Negrón, hizo una razia contra el aduar de Azfa, que fue arrasado completamente, haciendo numerosos muertos y heridos (Fontenla, 2017; y *El Cantábrico*, 29-7-1913: 3).

Para asegurar la comunicación con Laucién sin emplear demasiadas fuerzas, el general Aguilar preparó una operación para ocupar las alturas próximas del Mogote, al otro lado de río Martín. La operación empezó el día 22 de septiembre de 1913, con la utilización de las baterías emplazadas en las lomas de Laucién y de Arapiles que cañoneaban a los harqueños, y con la Caballería de los Regulares de Berenguer, que se las tendió con el enemigo en el llano delante de Dar Ben Karrich, teniendo a raya a los harqueños, que por dos veces trataron inútilmente de pasar al otro lado del río. Entre las fuerzas que intervinieron en esta operación estaban los Regulares del capitán Llano Encomienda. En este día se ocupó el Mogote, donde hubo dos ataques a la bayoneta; en el segundo ataque los Regulares llegaron a la cumbre del Mogote y se encontraron con un numeroso enemigo, trabando encarnizado combate a corta distancia. Hubo momentos en que los oficiales tuvieron que hacer uso de las pistolas, dada la proximidad a la que se hallaba el enemigo, obligando a estos a huir.

En las alturas próximas al Mogote, los harqueños fueron duramente escarmentados, no solamente en el cuerpo a cuerpo sostenido con los Regulares en la loma, sino durante todo el día por fuegos de infantería y de artillería. Una vez tomado el Mogote se dedicaron a fortificarlo, y para defenderlo se quedaron una compañía de Wad-Ras y otra de Ingenieros.

La tropa española hizo una fuerte embestida contra los harqueños, que apenas hostilizaron la retirada. En este combate tomaron parte los cabileños de Beni Urriaguel, que intentaron hacer la táctica llamada la media luna, cuyo objetivo era envolver a las fuerzas de los Regulares, pero no lo consiguieron (*ABC*, 24-9-1913: 7).

El 7 de octubre de 1913 el capitán Llano Encomienda con 33 años, era ascendido a comandante por méritos de guerra, por su comportamiento heroico en la acción de Ben

Karrich, ocurrida el 24 de junio de 1913 (Muñoz, 2011). Fue el primer ascenso de estas características, pero no el último que recibiría en su carrera. Además, por sus acciones en esta campaña recibiría una Cruz del Mérito Militar de 2.ª Clase, con distintivo rojo pensionada (web Puell).

Por los méritos contraídos en esta campaña, el 22 de diciembre de 1913, el Jefe del Ejército de Operaciones, teniente general Marina, nombraba a Llano Encomienda Comandante General del Campamento Principal de Tetuán, su primer destino realmente importante. En su nuevo destino estuvo poco tiempo, ya que el 24 de enero de 1914 el general Berenguer decidió que se incorporara a su brigada, para lo cual le concedió el mando de una de las unidades que la integraban: el 1er Batallón del Regimiento de Infantería Mallorca n.º 13, al que ya había pertenecido siendo teniente (web Puell).

Con el 1er Batallón Mallorca participó en todas las operaciones que contra los seguidores de El Raisuli, se hicieron a lo largo de 1914 en la zona de Tetuán, especialmente en el poblado de Laucién, el montículo de Izarduy y el río Martín.

Con objeto de limpiar de harqueños las zonas próximas a las cabilas de Malalien, Kalalien y Beni-Salen, que en los últimos días cometieron agresiones a poca distancia de la carretera de Tetuán a Ceuta, se dispuso que el 1 de febrero saliera por la mañana la brigada del general Berenguer, de la que formaba parte el 1er Batallón Mallorca del comandante Llano Encomienda. El despliegue que efectuó la brigada de Berenguer, abarcó un frente extenso, apoyado por la brigada del general Torres, que salió del Rincón de Medik con parte de su brigada. Al llegar Berenguer a las cercanías del poblado de Beni-Salem, fue hostilizado por numerosos cabileños, y mandó avanzar dos compañías hasta el poblado, donde se trabó un encarnizado combate, llegando al cuerpo a cuerpo.

Otro combate parecido se sostuvo en un barranco, obligando a los cabileños a abandonar el campo y el poblado, dejando en poder de las tropas españolas muertos y heridos, más dos prisioneros con fusiles Mauser y nueve fusiles recogidos. El repliegue se hizo ordenadamente, tomando el general Aguilera el mando de las dos brigadas para coordinar sus movimientos.

Al retirarse de Malalien las tropas, observaron que había un numeroso grupo de harqueños que coronaban los montes próximos. Como se observó que todos ellos llevaban fusil, y en vista de la actitud levantisca advertida en los cabileños de Malalien, se dispuso que al día siguiente saliera por la mañana Berenguer, con todos los Regulares de Caballería e Infantería de Tetuán y las fuerzas del Mallorca, que componían la brigada provisional. Llevaba además la Artillería afecta a su brigada.

Por el monte Dersa subió una compañía de Regulares, para evitar que los harqueños se desplazaran hacia esta parte, cuando fueran desalojados de sus posiciones por las restantes fuerzas, que se dirigieron por unas cañadas de Beni-Salem.

Llegados los Regulares al punto indicado, comenzó el combate. Todas las tropas subieron al poblado. Los Regulares dieron una carga a la bayoneta y lucharon cuerpo a cuerpo. La Artillería enviaba granadas, que iban a caer sobre grupos de harqueños, que huían a la desbandada.

Comenzó la retirada después de haber sido enviadas a Tetuán las bajas que habían tenido en el curso de la operación. El Regimiento Mallorca mantuvo el fuego para proteger la retirada, sin experimentar bajas. Los harqueños sufrieron grandes pérdidas. A las fuerzas, que se encontraban descansando en el Campamento Principal de Tetuán se les prohibió venir de paseo a Tetuán, por si había necesidad de que fuesen a prestar ayuda a las que tomaban parte de la acción.

Se estima que los harqueños tuvieron de cuarenta a cincuenta muertos y numerosos heridos. Las bajas españolas pertenecieron todas ellas a los Regulares, con dos oficiales y dieciséis soldados muertos, y cinco oficiales y veintidós soldados heridos (*La Correspondencia de España*, 2-2-1914: 1).

A finales del mes de febrero de 1914 hubo un fuerte temporal de viento y lluvia, y por este motivo el 24 de febrero el río Martín creció cuatro metros sobre su nivel normal y se desbordó. Los llanos que hay frente a la cañada de Ben Karrich, se quedaron convertidos en una inmensa laguna. Al día siguiente, el fortísimo viento arrancó numerosas tiendas de campaña, rompiéndolas, y en las casetas construidas en el campamento donde se albergaban los oficiales volaron los tejados. En el campamento del puente de Mejaznia la lluvia arrancó las alambradas, el viento se llevó las tiendas y el campo se convirtió en una laguna. Las demás posiciones sufrieron también grandes desperfectos.

Al hacerse el 25 de febrero la descubierta, los harqueños comenzaron a disparar contra los blocaos, especialmente contra el situado en la explanada contigua a la cañada de Ben Karrich. El teniente que mandaba aquel destacamento envió dos soldados en dirección a la posición del Mogote (Izarduy), para comunicar que el viento se había llevado el techo del blocao, que el agua había arrastrado las alambradas y causado otros destrozos, y que había quedado indefenso.

La pareja de soldados fue tiroteada por los harqueños y tuvieron que regresar. El destacamento que guarnecía el blocao se defendió valerosamente. Los harqueños se acercaron hasta las mismas alambradas, haciendo un fuego muy intenso y abrumando a los soldados del blocao con su enorme superioridad numérica. La fuerza que estaba en el blocao X de la explanada próxima a Ben Karrich, recibió la orden de trasladarse a la posición del Mogote y de permanecer allí, pues era imposible que continuase en el blocao, toda vez que este había quedado completamente destruido. Entonces el teniente que mandaba el destacamento decidió abandonar el blocao, batiéndose en retirada con el mayor orden, sin dejar de contestar a los harqueños, y pidiendo auxilios a las tropas de la posición del Mogote.

Del Mogote salieron fuerzas del Regimiento Mallorca del comandante Llano Encomienda, que fueron igualmente agredidas. Los soldados que guarnecían el blocao X llegaron a juntarse con las fuerzas que salieron del Mogote en su auxilio, a pesar de que los harqueños de El Raisuli trataron de impedir la unión. Entonces se generalizó el tiroteo en toda la línea. Mientras tanto, se había avisado también a Tetuán, saliendo de su Campamento General el batallón de Cazadores de Madrid, un escuadrón de Caballería y dos baterías.

Las tropas de auxilio avanzaron penosamente y con gran dificultad, con el fango hasta las rodillas. Desde el Mogote observaron la presencia de numerosos harqueños armados, y se hallaban dispuestos a salir tres batallones de Cazadores; pero no podían hacerlo por no haber ningún sitio vadeable en el río, debido a que el pequeño puente que había en la posición del Mogote se lo llevó la corriente. En vista de ello emplazaron las baterías en la loma Amarilla, y rompió el fuego contra los grupos de harqueños. Secundaron el cañoneo las baterías de Laucién y las del Campamento General de Tetuán. El cañoneo y el fuego de fusil y de ametralladoras duró hasta el mediodía. A dicha hora los harqueños se retiraron.

Las desgracias no acabaron con el tiroteo. Al día siguiente, jueves 26 de febrero, cayeron fuertes granizadas, repitiéndose el fenómeno hasta tres veces. La lluvia y el viento continuó agravando la situación. El telégrafo quedó incomunicado y el viento rompió el teléfono de la posición del Mogote (*La Correspondencia de España*, 26-2-1914: 1; y *El Adelanto*, 26-2-1914: 3).

Al amanecer del miércoles 8 de abril, las fuerzas del Regimiento Mallorca vieron a un numeroso grupo de harqueños de El Raisuli, que bajaba del poblado de Dersa, con el objetivo de sorprender las avanzadas del Campamento Principal de Tetuán, por la parte correspondiente al Regimiento Mallorca.

Apercibidas las tropas del Mallorca, se emboscaron en los matorrales, y al aproximarse los harqueños hicieron una descarga cerrada. Los harqueños huyeron, recogiendo a varios heridos. Las fuerzas españolas no sufrieron ninguna baja (*La Correspondencia de España*, 8-4-1914: 1; y *El Adelanto*, 8-4-1914: 1).

REGRESO A LA PENÍNSULA IBÉRICA (1915-1921), Y NACIMIENTO DE SU HIJO LUIS EN BETXÍ

En 1914 Llano Encomienda ya tenía dos hijos, Francisco, nacido en Ceuta, y Miguel, nacido en València. Todo parece indicar que mientras él estaba en Tetuán su familia vivía en València.

A principios de 1915 Llano Encomienda abandonó tierras africanas. A consecuencia de una enfermedad contraída por la insalubridad de la zona de operaciones, solicitó la excedencia y regresó a la península. En poco de más de cuatro años, la experiencia marroquí, había convertido al desconocido teniente de 1909 en un comandante de acreditado valor, con un ascenso por méritos de guerra, y varias

Isabel Palmer con sus hijos Francisco y Miguel, València 10 de marzo de 1914 (Álbum de Avelino Doñate).

condecoraciones importantes en su haber. Pero sobre todo, había hecho de él un jefe que empezaba a tener cierto prestigio en el ejército por su comportamiento en combate. Era ya un africanista acreditado.

El 3 de marzo de 1915 el comandante Llano Encomienda, de 35 años de edad, pasaba a la III Región Militar, con sede en València, con licencia por enfermedad, y en situación de disponible en ese territorio (Muñoz, 2011: 549). Una parte de la convalecencia la pasó en Betxí.

El 16 de marzo le concedieron la Cruz de 2.ª Clase al Mérito Militar, con distintivo rojo pensionada, por los méritos contraídos en los hechos de armas, operaciones efectuadas y servicios prestados desde el 1 de enero hasta finales de abril en la zona de Tetuán (*Diario Oficial del Ministerio de la Guerra*, 16-3-1915: 793).

Desde que Francisco e Isabel estuvieron de novios en Betxí, el pueblo había cambiado mucho: tenía teléfono, electricidad, y agua corriente que abastecía a unas fuentes que habían instalado en la Plaza Mayor, Camí Real y Calle de San Antonio, procedente de un pozo que hizo construir el Ayuntamiento arriba del Pantano.

En estos años la agricultura del pueblo se había abocado totalmente en el cultivo de la naranja, con un auge económico importante debido a sus exportaciones. Pero estas sufrieron un colapso terrible con el inicio de la Primera Guerra Mundial (1914-1918). Fueron tiempos de hambre, de emigración y de revueltas. Betxí contaba con una población de poco más de 2000 personas.

Cuando vinieron a Betxí se alojaron en una casa, situada en la calle Mayor n.º 22 (hoy 27), propiedad de Avelino Doñate. Isabel estaba embarazada de su tercer hijo, y en agradecimiento por el trato recibido por los vecinos del pueblo durante su noviazgo quiso que naciera en Betxí. El 14 de octubre de 1915, a las diez y media de la noche nacía en el domicilio de sus padres, Luis Llano Palmer, el futuro rey Midas de la televisión mexicana. A las cuatro de la tarde del día siguiente lo inscribieron en el Registro Civil, ante el Juez municipal D. Joaquín Doñate Vilar (suplente) y el Secretario municipal D. José María Montroy Fortea, siendo los testigos presenciales D. Adolfo Monzonís Romaní y D. Avelino Doñate Meneu. Por su expediente académico de la Universitat de Valencia sabemos que sus abuelas, Dª.

Casa donde nació Luis de Llano Palmer, en la calle Mayor n.º 27.

Dolores Encomienda Martínez por parte paterna, y Dª. Matilde Arizo por parte materna, ya habían fallecido.[13] Luis Llano Palmer fue bautizado en la parroquia de Nuestra Señora de los Ángeles de Betxí, el día 24 de octubre de 1915 (Franch, 1996: 62).

Con su carácter campechano y humilde, en los meses que Llano Encomienda residió en Betxí, se hizo querer por sus vecinos. Como veremos más adelante, entabló una gran amistad con el abogado y futuro ministro de Instrucción Pública y Bellas Artes, D. Joaquín

---

[13] Arxiu Universitat de València. Expedients Academics 490-20.

Dualde Gómez, y con el catedrático de Árabe y Hebreo en las universidadades de Salamanca y Granada, D. Pascual Meneu Meneu.

Una vez recuperado de su enfermedad, el 30 de diciembre se le concedió el mando del Batallón de Reserva de Castellón n.º 46, cargo que llevaba aparejado el de delegado del Capitán General de la III Región Militar, ante la Comisión Mixta de Reclutamiento de la provincia, y el de vocal de la Junta Provincial de Sanidad de la misma. El 15 de febrero de 1917, volvió al servicio activo en el Regimiento de Infantería Tetuán n.º 45, de guarnición en la citada ciudad (*Diario Oficial del Ministerio de la Guerra* 15-2-1917: 426).

Los cinco años que pasó en Castelló fueron bastante monótonos. Incluso hizo un Curso de Información en la 5.ª sección de la Escuela Central de Tiro del Ejército en Madrid, entre el 29 de agosto y el 14 de octubre de 1917 (Muñoz, 2011: 549).

La vinculación de Llano Encomienda con el pueblo de Betxí se fue acrecentando durante el tiempo que pasó en Castelló. En los veranos su mujer y sus tres hijos residían en Betxí y vivían en una casa de la calle Piedad n.º 7, propiedad de Avelino Doñate. Participaban en las fiestas del pueblo y en todos los actos civiles y religiosos que se celebraban.

Pero tal vez el episodio más importante de su periodo castellonense fue que el 14 de abril de 1918 se le consideró Apto para el ascenso a teniente coronel por antigüedad, empleo que se le concedió el 15 de noviembre de 1919, cuando tenía 40 años (Muñoz, 2011: 549). Con este grado pasó a mandar primero el 2.º y luego el 1cr Batallón del Regimiento de Infantería Constitución n.º 25, con guarnición en Pamplona.

En Pamplona estuvo hasta el 27 de junio de 1920, cuando pasó a mandar el 2.º Batallón del Regimiento de Infantería de la Princesa n.º 4, de guarnición en Alicante. Poco después, el 7 de julio de 1920, recibía la Cruz de la Real y Militar Orden de San Hermenegildo, con antigüedad del 21 de diciembre de 1920. Pero esta tranquila vida de guarnición iba a acabar para Llano Encomienda de forma abrupta.

Tras el Desastre de Annual, el general Dámaso Berenguer, Alto Comisario de España en Marruecos, solicitó inmediatamente refuerzos. Uno de estos era el 2.º Batallón del Regimiento de Infantería de la Princesa n.º 4,[14] al mando del teniente coronel Llano Encomienda.

El 11 de agosto, a las cinco de la tarde, en el cuartel del Regimiento de la Princesa, situado en el barrio de Benalúa de Alicante, circularon órdenes de incorporación de todos los soldados del 2.º Batallón. Se pidieron a Cartagena dos buques para conducir las tropas a Marruecos (*La Correspondencia de España*, 11-8-1921: 4; y *Diario de Valencia*, 6-10-1921: 4).

Después de preparados todos los elementos para embarcar el batallón expedicionario de la Princesa, a las dos de la madrugada del día siguiente, cuando se esperaba la llegada del vapor *J.J. Sister*, de la Compañía Transmiterránea, se recibieron nuevas órdenes que obligaron a aplazar el embarque. Comunicó el gobernador militar de Cartagena, que el vapor *J.J. Sister* no podía salir hasta las diez de la mañana, llegando a Alicante a las cinco de la tarde (*La Correspondencia de España*, 12-8-1921: 5).

---

[14] A pesar de la ley de Reclutamiento de 1912, tras el Desastre de Annual, no había ni una División ni Brigada completa para mandar desde la Península a Marruecos, y tuvieron que mandar batallones sueltos, porque no había unidades orgánicas constituidas (web García, J.C., 2021: 78, 42:31).

Ante la lista de regalos y de obsequios, que el día 10, se hicieron a las tropas que iban a embarcar para África, se ofreció una merienda que el Casino de Alicante repartió entre los soldados. Consistía en una barra de pan con jamón, lomo y salchichón. Además les dieron 500 litros de vino y tabaco. El Ayuntamiento de Alicante entregó un donativo de 2000 pesetas, para ser repartido entre los soldados expedicionarios.

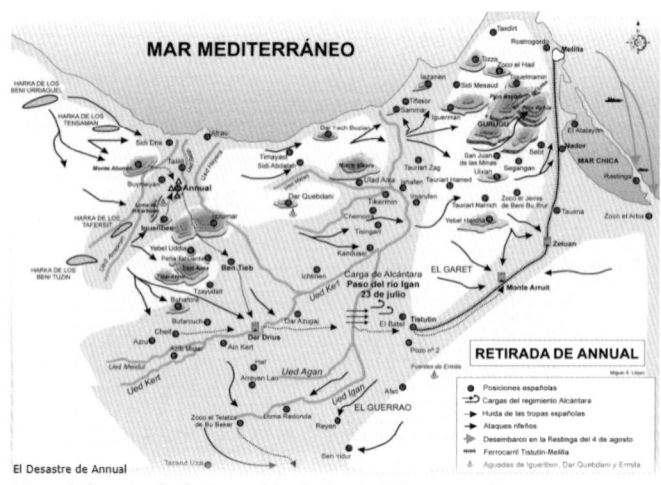

Mapa de la retirada de Annual (web García, J.C., 2021: 78).

La Junta de Damas de la Cruz Roja recibió diversos donativos en metálico y géneros para los soldados. Los vendedores de la plaza de abastos no quisieron cobrar a los soldados expedicionarios las compras que hicieron. Igualmente, los dueños de los quioscos de refrescos de la plaza de Castelar les dispensaron del pago de consumición. Los cocheros que transportaban soldados al cuartel, se negaron a cobrar el servicio (*Diario de Valencia*, 16-8-1921: 3).

Hubo mucha incertidumbre en toda la tarde del día 12. A las diez de la noche, se circularon órdenes oficiales para que el 2.º Batallón de la Princesa, preparado para ir a Melilla con material, impedimenta y ametralladoras, suspendiera los preparativos de marcha. Los soldados de cuota regresaron a sus hogares de la capital. Se reanudaron los festejos de Alicante, que fueron suspendidos con motivo de la salida del Regimiento (*La Correspondencia de España*, 13-8-1921: 2).

El día 16, en los alrededores del cuartel del Regimiento de la Princesa, en las calles del Tránsito y en la explanada del muelle, había un gran gentío. El *J.J. Sister* y los demás barcos que se encontraban surtos en el puerto estaban empavesados.

Las tropas abandonaron el cuartel a las seis de la tarde. Durante el desfile se dieron vivas y aplausos. A bordo del *J.J. Sister* esperaban el gobernador civil, la corporación del Ayuntamiento de Alicante, autoridades militares y representaciones. Después de embarcar el material, comenzó el embarque de los soldados. La banda de música del Regimiento tocaba piezas alegres, y los soldados corearon la *Canción del Soldado*, el himno del Regimiento, y el pasodoble de la *Banderita*, de la zarzuela *Las Corsarias*.

Sobre las escalas de cubierta formaban racimos rematados con banderas. El público presenció la operación del embarque, silencioso y emocionado. Al elevar anclas se aplaudió y vitoreó a España y a los soldados de la Princesa. Miles de sombreros y de pañuelos se agitaron por el aire, y los soldados vitorearon a Alicante prometiendo volver. A las diez y veinticinco minutos de la noche salía el vapor *J.J. Sister* del puerto de Alicante, rumbo a Melilla, llevando el resto de las fuerzas del 2.º Batallón de la Princesa (*El Liberal*, 17-8-1921: 2).

SEGUNDA EXPERIENCIA AFRICANA (1921-1925)

El 2.º Batallón del Regimiento de la Princesa, a las órdenes del teniente coronel Llano Encomienda, desembarcó en el puerto de Melilla la mañana del 18 de agosto de 1921, y se alojó en el fuerte de Cabrerizas Altas (*El Telegrama del Rif*, 19-8-1921: 1).

Pasó a formar parte de la columna mandada por el general de Brigada José Sanjurjo Sacanell y su subordinado, el coronel de Estado Mayor Alberto Castro Girona. Llano Encomienda participó en la primera fase de la operación de reconquista, que tenía por objeto la erradicación de rifeños de las inmediaciones de Melilla.

En la mañana del 19 de agosto, salió de Melilla una columna al mando del coronel Canales, formada por dos escuadrones de Caballería, el 2.º Batallón de la Princesa, dos baterías de montaña y secciones de ametralladoras. Llegaron sin ser molestados hasta una montaña a dos kilómetros de Sidi Amaran. Allí fuerzas de Zapadores y de Ingenieros trabajaron haciendo una nueva posición, que quedó abastecida de víveres y municiones, guarnecidas por fuerzas de la Princesa. También se colocaron algunas piezas de artillería. Terminadas las operaciones regresó la columna a Melilla sin ser molestada (*El Noticiero Gaditano*, 19-8-1921: 3).

Ante los ataques de que fue objeto el zoco el Had,[15] los días 21 y 22 de agosto, el alto mando tuvo la necesidad de establecer una defensa sobre la aguada de dicha posición.

En la mañana del martes 23, con objeto de establecer un blocao en dicho punto, salieron de Melilla dos fuertes columnas, mandadas por el general Sanjurjo y el coronel Riquelme. La primera la componían alrededor de seis mil hombres y la segunda unos cuatro mil, formando parte de la última el batallón de Llano Encomienda. Entre las dos columnas llevaban 13 baterías de artillería.

Estas dos columnas avanzaron en combinación desde el zoco el Had de Beni-Sicar, y las posiciones últimamente ocupadas, encontrando a los rifeños, que formaban tres grandes núcleos, se calcula en unos cinco o seis mil rifeños, en su mayoría de las cabilas de Beni-Said y Beni-Bugafar, fuertemente atrincherados en las desigualdades del terreno. Los rifeños rompieron un nutrido fuego contra los soldados españoles, contestado por la artillería y los aviones, que volando a unos trescientos metros de altura dejaron caer sobre los rifeños gran número de bombas. A pesar de esta actuación, los rifeños resistieron el choque, siendo batidos por los Regulares y la Legión.

Los rifeños no huyeron a la desbandada, emplearon una táctica que demostraba que eran dirigidos por jefes expertos en la guerra: se retiraron luchando, y cuando iniciaban esta retirada, un grupo numeroso de ellos bajó de las vertientes situadas a la izquierda del zoco el Had de Beni-Sicar, intentaron coger el flanco a las tropas españolas, acometiendo a las tropas del 2.º Batallón de la Princesa, que estaban bien ajenas al ataque. Sin embargo se impuso la serenidad, y las ametralladoras comenzaron a disparar. Esto no detuvo la impetuosidad de los rifeños, que avanzaron hasta estar a veinte metros de las ametralladoras, defendidas por un ordenado y nutrido fuego de fusilería de los mismos soldados del 2.º batallón. Al final, los rifeños se retiraron.

---

[15] Cada zoco se montaba una vez a la semana, con lo que el nombre que estos llevaban era el del día en que se reunía. *Had* quiere decir domingo; *Tzenim* es el lunes; *Telata* es el martes; *Arbáa* es el miércoles; *Jemin* es el jueves; *Yumáa* es el viernes, que no hay mercado por ser el día festivo de los musulmanes; y *Sebt* el sábado (Serrano, 2013: 98).

Mientras el combate se desarrollaba de esta forma, dos compañías de Zapadores que iban con la columna de Sanjurjo hicieron las obras de fortificación necesarias para proteger la aguada del zoco el Had. Cuando este trabajo estuvo hecho, y se reforzó con elementos de boca y guerra la posición de Tizza, se dio orden de replegarse a las tropas, haciéndolo de forma ordenada y manteniendo a los rifeños a una respetuosa distancia. Los aviones protegieron también la retirada con sus bombardeos. Las tropas se replegaron a las siete de la tarde a Melilla. Solo por precaución quedaron una parte de ellas en el zoco el Had. También se llevaron a Melilla las bajas españolas. Los rifeños tuvieron bastantes muertos y heridos.

En esta acción tuvieron un distinguido comportamiento los Regulares, la Legión y el 2.º Batallón de la Princesa de Llano Encomienda (*La Correspondencia de España*, 24-8-1921: 1 y 2).

El 2.º batallón de Llano Encomienda volvió a intervenir cuando formando parte de la columna de Sanjurjo, salió de Melilla el 4 de septiembre, con objeto de proteger los convoyes a Hidum Ismoart, Sidi Amaran, Tizza y algunos blocaos de aquella zona. También llevaba el cometido de recorrer las líneas telefónicas, tender el teléfono entre Hidum y Tizza, y hacer una exploración del camino a la posición avanzada de El Garet, y al mismo tiempo reforzar los blocaos.

Desde el primer momento la columna encontró muchos rifeños, especialmente por el flanco derecho, y algunos grupos intentaron desplazarse por la plaza, impidiéndole la artillería, que les causó muchas bajas. También funcionaron durante todo el día las ametralladoras. El flanco derecho estuvo defendido por el 2.º Batallón de la Princesa, y el flanco izquierdo cubierto por los Regulares de Ceuta y la Legión, en los que hubo un abundante fuego. Cumplido el objetivo, mediada la tarde empezó a replegarse la columna (*La Correspondencia de España*, 6-9-1921: 2).

A principios de septiembre, los rifeños comenzaron a bombardear Melilla desde el monte Gurugú. Los cañonazos producían escaso efecto material, pero sí un gran desgaste moral sobre la población civil y los más

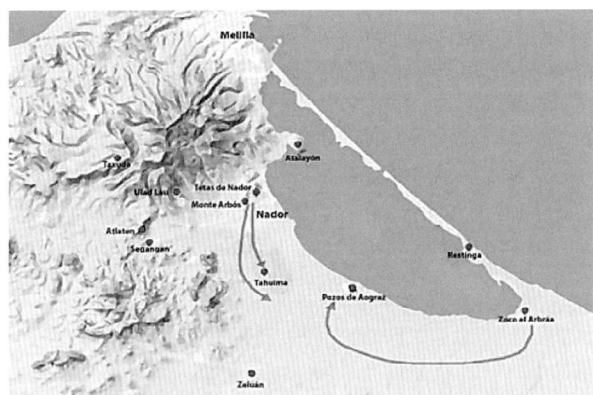

Mapa zona de Nador. (Serrano, 2013: 102).

de 35 000 soldados presentes entonces. Las primeras maniobras ofensivas tendrían como fin, precisamente, cercar y ocupar dicho monte.

Para reconquistar Nador el Alto Mando español organizó una división a las órdenes del general Cavalcanti, formadas por tres columnas. El teniente coronel Llano Encomienda con su batallón formó parte de la columna Sanjurjo, bajo las órdenes del coronel Alfredo Coronel.

En el amanecer del 17 de septiembre de 1921 las tres columnas se pusieron en movimiento, para concentrarse en el collado del Atalayón, punto de partida del avance.

A las ocho de la mañana la columna Sanjurjo rebasa el Atalayón. Los nueve kilómetros que le separan de Melilla los recorrieron en poco más de dos horas, y después de descansar se desplegó la columna de Sanjurjo, bajo el fuego de los rifeños.

Los escuadrones del Alcántara y del Lusitania, apoyados por los batallones de la Princesa y del Sevilla, entraron en el poblado de Nador en una impetuosa carga. Los soldados del Batallón de la Princesa fueron los primeros, después de una embestida dada por la caballería del Lusitania.

Al entrar en Nador Llano Encomienda se encontró con la fábrica de harinas incendiada. Los rifeños se llevaron puertas, ventanas, hierros, tejas, para sus casas. En la iglesia del poblado fueron encontrados almacenados mil proyectiles de artillería. Llano Encomienda se quedó en Nador con la columna Sanjurjo (*El Telegrama del Rif*, 18-9-1821: 1; y *La Correspondencia de España*, 19-9-1921: 1).

Debido a las bajas sufridas por el 2.º Batallón de la Princesa, el 29 de septiembre estaba dispuesta la salida desde el puerto de Alicante de treinta y cinco soldados y tres cabos del 1er Batallón del Regimiento de Infantería de la Princesa, con destino al puerto de Melilla. El 2.º batallón en ese momento estaba en Nador (*El Liberal*, 29-9-1921: 1).

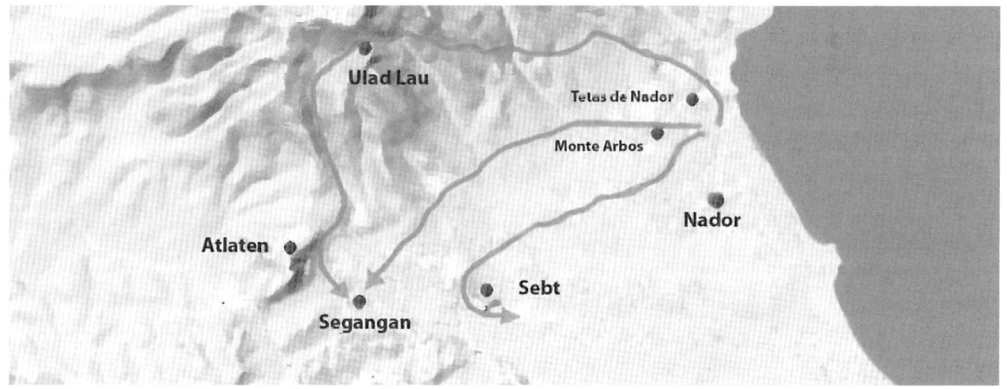

Asalto a la llanura de Sebt el 2 de octubre de 1921 (Serrano, 2013: 108).

Una vez asegurada la retaguardia, el 2 de octubre comenzó el asalto a la llanura del Sebt. Para este fin fueron organizadas tres columnas. El Batallón de la Princesa estaba encuadrado en la tercera, a las órdenes de Sanjurjo. El objetivo que tuvieron fue el cubrir el flanco derecho, vigilar el Gurugú, levantar un blocao en el cruce del ferrocarril de las minas y la carretera de Segangan y ocupar la posición de Ulaid y morabito de Sidi Said.

Al amanecer salió la columna de Sanjurjo, que partió de Nador con dirección a las estribaciones del Gurugú, donde tuvo que soportar la presión rifeña que se concentraba cada vez más en el Gurugú. Después de varios asaltos fueron ocupados el morabito de Sidi Said y la posición de Ulaid Laud, y se montó el blocao en el cruce de Segangan con el ferrocarril de las minas. Cuando el general Sanjurjo vio que todos sus objetivos estaban logrados, avisó al general Federico Berenguer, y este inició el asalto. Una vez que los rifeños se retiraron y se fortificaran las posiciones, se efectuó el repliegue de las columnas, que se llevó a cabo sin novedad (*Diario de Valencia*, 4-10-1921: 4; y *La Voz*, 4-10-1921: 4).

Tras las operaciones de Segangan, llegaba la hora de tomar el monte Gurugú. A tal efecto se realizaron tres operaciones los días 5, 10 y 14 de octubre de 1921. Las del día 5 de octubre tenía como primer objetivo la ocupación de Atlaten. En estas operaciones tuvo una labor destacada el 2.º Batallón de la Princesa del teniente coronel Llano Encomienda, que formaba parte de la columna del general Sanjurjo.

A las siete de la mañana del 5 de octubre, la columna del general Sanjurjo salía de Ulad Daud, llevando 8000 hombres. Avanzó por el flanco derecho hacia las casas de Atlaten, donde sostuvo con los rifeños un fuerte fuego al amparo de unas chumberas. Consiguieron desalojar las casas y los rifeños huyeron, siendo perseguidos. El contingente rifeño era muy numeroso, debido a que habían llegado de las cabilas de Beni Urriaguel, Bocoya, Beni-Said y otras mandadas por Abd-el-Krim.

El general Dámaso Berenguer se mostró muy satisfecho del resultado de la operación, felicitando a las columnas que habían tomado parte en la misma (*La Correspondencia de España*, 6-10-1921: 1).

Como preliminar a la operación de la toma del Gurugú, que habría de tener lugar el día 10 de octubre, cuarenta y ocho horas antes se estableció en el campamento de Segangan la Brigada del general Sanjurjo, sin resistencia por parte de los rifeños. Se ocuparon además las lomas al pie del Uixan, en evitación de un posible paqueo, y la de Sidi Amaran que era la llave de seguridad del camino a San Juan de las Minas. Los rifeños no hicieron acto de presencia en ningún momento, y en su huida volaron el depósito de dinamita de dichas minas.

A las cinco de la mañana del lunes 10 de octubre, después de desayunar, la columna de Sanjurjo salió del campamento de Segangán. Las demás columnas salieron de Nador. La de Sanjurjo se dirigió a la meseta de Tasuda bordeando Berguet y Ben-Sefruit, para realizar el envolvimiento de todo el macizo montañoso, lo que originó la huida del harca rifeña que la ocupaba. Poco después, rehecho el enemigo, fue acudiendo desde el interior con la esperanza de impedir que prosiguiera el avance de las columnas hacia sus objetivos, teniendo éstas que combatir durante todo el día en condiciones desventajosas por lo muy abrupto del terreno.

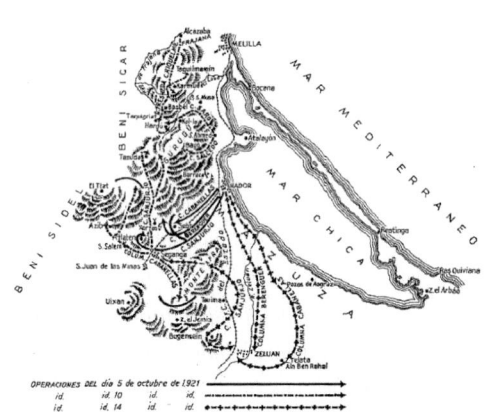

Mapa operaciones toma del Gurugú. Croquis n.º 41 (Estado, 1981: III, 516-517).

En la columna de Sanjurjo iba en vanguardia el coronel Castro Girona, con el Tercio de la Legión y el Batallón de la Princesa de Llano Encomienda. Sanjurjo, con el resto de la fuerza, tomó el camino de Ras Medura, para situarse en el flanco izquierdo de la columna principal. Una batería con el Batallón del Regimiento Toledo y fuerzas de Caballería quedaron al pie de Atlaten, para cercar el paso a los rifeños que intentaron un golpe de mano contra Segangán. Al mismo tiempo estuvieron vigilantes y fortalecieron las posiciones del campamento de Segangán.

Vista de Atlaten al fondo y a los pies Segangan. Instituto de Historia y Cultura Aeronáuticas (Serrano, 2013: 109).

El grueso de la columna siguió por la derecha de Atlaten, entre esta posición y el poblado de los Xorfas, hacia Tasuda. A las ocho de la mañana vieron venir por distintos puntos, en dirección de Ras Medura y Beni Bu Gafar, importantes grupos de rifeños. La columna de Sanjurjo se vio forzada a emplear la infantería, la caballería y la batería. Establecidas en la carretera para proteger Segangán, rompieron el fuego, conteniendo a los rifeños durante todo el tiempo que duró la operación.

El general Sanjurjo ordenó el despliegue antes de llegar a la Esponja, tiroteando los rifeños a las avanzadas españolas. Fácilmente ocupó las alturas que dominaban la Esponja, y desde ellas pudo apercibirse de diversos núcleos de rifeños, todos ellos muy fuertes, que trataron de internarse en el Gurugú. Entre tanto la columna avanzó, ascendiendo por un terreno quebradísimo, de rocas, peñascos y grandes pendientes, a donde los rifeños habían sido empujados por las columnas de Berenguer, Fresneda, Cabanellas y Riquelme. Estos se defendieron favorecidos por el terreno, con un nutrido fuego.

Por un reconocimiento de la Legión, y el examen del terreno por parte del general Sanjurjo y del coronel Castro Girona, descubrieron la presencia de otros fuertes contingentes de rifeños. Antes de las nueve de la mañana, la Legión había desalojado a los rifeños de los peñascales, y una hora después las ametralladoras del Batallón Granada se emplazaban en las crestas rocosas, haciendo nutrido fuego, mientras un grupo formado por la Legión, en el flanco izquierdo, y por el Batallón de la Princesa, en el flanco derecho, sufrían el fuego del enemigo. Desde aquel momento la artillería redobló su fuego, y se entabló un combate que duró desde las nueve de la mañana hasta las tres y media de la tarde.

En esta operación la aviación prestó un excelente servicio. El general Sanjurjo estaba a punto de alcanzar su objetivo, que era contener al harca rifeña que tenía enfrente, y ordenó a toda la columna que tomara posiciones para batirla.

A las once de la mañana el harca rifeña recibió nuevos refuerzos. El batallón de la Princesa sufrió un ataque fortísimo, perdiendo tres capitanes. Los rifeños llegaron hasta las ametralladoras, tratando de arrastrarlas. En este momento, el teniente coronel Llano Encomienda, que mandaba el 2.º Batallón de la Princesa, ordenó una carga a la bayoneta, y sobre el terreno quedaron cuarenta rifeños muertos. Seguidamente ordenó fuego de fusilería y de ametralladora, consiguiendo despejar la situación. A continuación ordenó a su batallón que se desplegase en guerrilla, cubriendo un frente de ochocientos metros. En esta acción perdió once oficiales entre muertos y heridos, y un número proporcional de tropa. Por esta acción el teniente coronel recibió grandes elogios.

En las mismas estribaciones del Gurugú se estableció el contacto entre las columnas de Berenguer y de Sanjurjo, y se procedió al asalto del macizo del Gurugú, una vez dominada la parte del zoco El Jemán. En esta operación los que tuvieron más bajas fueron la Legión, el Regimiento de la Princesa, el Granada y el Toledo.

La columna del general Sanjurjo regresó en las últimas horas de la tarde a Segangán, después de haber ocupado Tasuda (Estado, 1981: III, 507-511; *El Telegrama del Rif*, 12-10-1921: 1; *La Voz*, 11-10-1921: 1; y *La Correspondencia de España*, 11-10-1921: 1).

Sanjurjo citó al teniente coronel Llamo Encomienda *distinguido en combate* por enfrentarse a los rifeños en La Esponja Alta y Tasuda, y en la toma de Atlaten, Tazuen y Tifasor, donde infringió grandes bajas a los rifeños, y por comportarse con extraordinario valor (Muñoz, 2011: 550).

LLANO ENCOMIENDA ES HERIDO AL CRUZAR EL RÍO DE ORO

Después de la toma del Gurugú las tropas de Sanjurjo vivaquearon en Atlaten. Desde allí recorrieron toda la meseta de Youaua, limpiándola de rifeños, marchando después al Zoco el Had. Al realizar el repliegue el 11 de octubre y descolgarse de la mesta para cruzar el Río de Oro, se vieron precisadas a sostener un duro combate en la retaguardia, sufriendo bastantes bajas, entre ellas la de Llano Encomienda, que sufrió una grave herida de bala en el muslo izquierdo (Estado, 1981: III, 519-520). Como consecuencia de la misma, fue operado en Melilla, y como no mejoraba de su herida fue evacuado a Málaga, donde llegó el 15 de noviembre en el vapor Alicante (*El Luchador*, 16-11-1921: 3). Fue ingresado en uno de los hospitales que había en la capital malagueña, donde fue operado con éxito (*El Liberal*, 24-10-1921: 1).

El 21 de diciembre Llano Encomienda llegaba a Alicante en el tren procedente de Málaga, para restablecerse de su herida en la pierna. En la estación de tren se le tributó un cariñoso recibimiento. También acudieron a la estación muchos amigos del teniente coronel. Allí hizo una alocución, con grandes elogios de los soldados del Regimiento de la Princesa, mostrándose orgulloso de su comportamiento (*El Luchador*, 22-12-1921: 3).

Por esta herida recibió el 23 de de noviembre de 1922 la Medalla de Sufrimientos por la Patria, que llevaba acarreada una indemnización de 8595 pesetas, una cantidad importante para la época (Muñoz, 2011: 550).

El 3 de marzo de 1922, Llano Encomienda marchó en tren con destino Madrid, donde se sometió a un plan terapéutico que se le había recomendado, para reponerse totalmente de sus heridas (*El Liberal*, 4-3-1922: 2). Allí estuvo hospitalizado hasta el 2 de mayo (Muñoz, 2011: 550).

Esta convalecencia de más de seis meses le impidió participar en la segunda fase de la operación de reconquista, que tuvo su punto álgido el 24 de octubre de 1921, cuando se reconquistó Monte Arruit, y que culminó en el primer trimestre de 1922.

El 4 de mayo de 1922 Llano Encomienda volvió a Melilla, donde solo pudo participar en la ocupación de posiciones de menor importancia, como Azib de Midar, Tayudait, Tizzi Assa y en la protección de convoyes (Muñoz, 2011: 550).

Razones políticas aconsejaron al Alto Mando llevar hasta Azib de Midar, el dominio efectivo sobre dicha cabila. Esta era importante porque cerraba el paso a los núcleos rifeños insurrectos de Beni-Tuzin, Tensaman y Beni Urriaguel, que mantenían latente el espíritu de rebeldía en las citadas cabilas (*El Telegrama del Rif*, 27-8-1922: 1). El 17 de agosto de 1922 el gobierno conservador de Sánchez Guerra, dio autorización para reocupar la posición de Azib de Midar, perdida en julio de 1921.

A las dos de la madrugada del 26 de agosto se iniciaron las operaciones para ocupatr la posición de Azib de Midar, para lo cual salieron cuatro columnas: La primera estaba compuesta por la 6.ª y 9.ª brigadas, al mando del general Castro Girona precedida por el harca amiga y la Mia de Policía de Drius, ocuparon las posiciones de Azib de Midar, Izen Lasen y Azrú, fortificándose solamente la primera y establecieron un

Posición de Azib de Midar (Serrano, 2013: 196).

blocao para la seguridad de la aguada; la segunda columna estaba formada por la 7.ª y 8.ª brigada, esta última con los carros de asalto de infantería y artillería, que tenían la misión de mantener la seguridad de los flancos en unión de dos Grupos de Caballería; la tercera columna estaba formada por la 1.ª y la 5.ª brigada, la primera estaba de observación en Quebdani, y la quinta, donde estaba Llano Encomienda, se situó en la meseta de Arcab. La cuarta columna estaba de reserva y contaba con dos batallones de infantería y el Grupo de Instrucción de Artilleria. A los rifeños se le cogieron dos cañones, y no eran tan numeroso como se esperaba, debido sin duda al bombardeo que sometieron durante esta jornada y la anterior los barcos de la Escuadra la costa de Alhucemas. Los rifeños creyeron inminente el desembarco y marcharon parte de sus harcas a dicho litoral. No obstante, la 7.ª Brigada en el flanco izquierdo, y las fuerzas del general Castro Girona en el avance, y muy especialmente en el repliegue, fueron hostilizadas (Estado, 1981: III, 557-559).

Como consecuencia de las gestiones políticas realizadas cerca de las cabilas de Beni-Said, Beni Tuzin y Beni Ulixek, el Alto Mando proyectó una operación en gran escala sobre Tafersit y Halaud, en la que habían de intervenir varias columnas apoyadas por la aviación y por los barcos de la Escuadra. El avance combinado sobre la línea Tafersit-Achdir Asus militarmente considerado era de fácil ejecución, sin que esto quiera decir que hubiera de efectuarse con pocas bajas, ya que el terreno donde se iba a operar, y las agresiones continuas a las posiciones españolas de este sector por el harca rebelde, que demostraba gran interés por conservar aquella línea, hacían suponer que los rifeños extremarían la resistencia (Estado, 1981: III, 564).

El 25 de octubre de 1922 se produjo una gran operación militar en la que participaron siete columnas: tres de primera línea, tres de segunda y una de reserva general. En total se movilizaron 30 000 hombres y 700 caballos y mulos. El teniente coronel Llano Encomienda estaba en el grupo de la columna del centro, bajo el mando del general Sánchez Ortega. Iba en la brigada de segunda línea de este grupo,

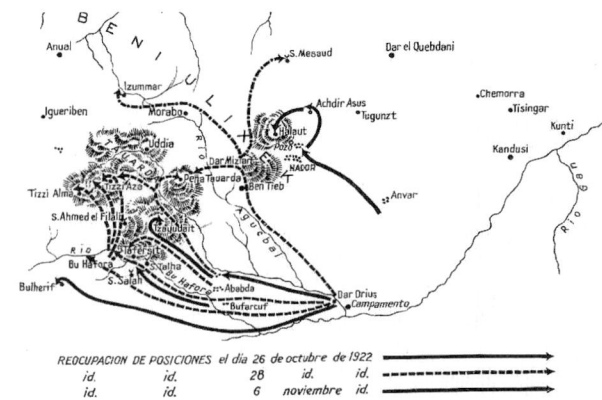

Mapa operaciones toma de Tayudait y Tizzi Assa. Croquis n.º 51 (Estado, 1981: III, 566-567).

a las órdenes del coronel Salcedo. Esta brigada estaba formada por los batallones del Vergara, Asia y de la Princesa, grupo del 11 Ligero, mitad de la columna de municiones del 15 Ligero y fuerzas auxiliares. Ese día la brigada pernoctó en Drius.

La columna de la que formaba parte tenía como misión tomar Tayudait, donde los rifeños tenían emplazado un cañón con el que habían venido molestando hasta última hora, cerca de la pista que conduce a la antigua posición de Annual. Tanto el grupo de la derecha como la del centro, tenían como objetivo posterior, si recibían orden para ello, el collado de Tizzi Assa.

Poco después de las cuatro de la madrugada del día 26 se pusieron en movimiento todas las brigadas. El avance se inició sin dificultad. Más tarde se oyeron algunos disparos de fusil, que aumentaron en número a medida que avanzaba el día. La artillería tomó posiciones, protegida por los infantes, y rompió fuego sobre los emplazamientos de las piezas de los rifeños. A las seis y media se oyeron disparos de fusil en todas direcciones, que degeneraron muchas veces en descargas.

De siete a ocho de la mañana la brigada del centro ocupó Tayudait. En este lugar los rifeños tenían emplazado un cañón con el que se hostilizó frecuentemente a Bufarcuf. En la madrugada hizo algunos disparos sobre las fuerzas de la brigada de primera línea del grupo de la izquierda. Los rifeños se vieron obligados a abandonar este montículo de más de doscientos metros de cota, echaron a rodar el cañón, que más tarde fue recogido por los soldados españoles. Tayudait quedó ocupado a las siete y media de la mañana y se recogieron tres cañones del harca rifeña. A las ocho y media de la mañana llegaron las tropas irregulares a los puntos previstos por el Mando, seguidas de cerca por fuerzas de las brigadas de la primera línea. Los rifeños hicieron alguna resistencia en Halaut, y más acentuada en Tayudait, sobre donde dirigió varios tiros de cañón, probablemente sobre la antigua posición A.

Durante los trabajos de fortificación de aquellos objetivos y repliegue de las unidades, fueron éstas hostilizadas en Halaut, Nadar de Beni Ulixek y Tayudait. Desde la tarde anterior la Escuadra actuó sobre Afrau y Sidi Dris, simulando un desembarco, con la cooperación activa de la aviación naval (Estado, 1981: III, 566). El repliegue se terminó a las cinco de la tarde (*El Telegrama del Rif*, 27-10-1922: 1).

Como continuación de la operación de la toma de Azib de Midar el 26 de octubre, dos días después se reanudó el avance muy de madrugada, con la ayuda de indígenas de Beni Tuzin y Tafersit, tomando parte en la acción los grupos de la izquierda y centro (donde estaba Llano Encomienda), y como fuerzas de enlace el de la derecha y la columna de reserva.

A las siete y media de la mañana consiguieron las fuerzas españolas posesionarse de Tizzi Assa y Tizzi Alma. El Comandante General persiguió, al realizar tal operación, adueñarse de la zona de paso que hay desde Tafersit a la cuenca del Uad el Quebir, a cuyo fin se estableció sobre el collado mismo una posición central, que amparaba el número de puestos de pequeños destacamentos, que fueron precisos para el pleno dominio de dicha zona. Se autorizó al jefe de la primera línea de la izquierda para que, sobre el terreno, determinase cuántos y cuáles habían de ser éstos.

Los gums, Mehal-la del Bacha y harca auxiliar de Tafersit, después de posesionarse, por sorpresa, en la noche del 27 al 28 del desfiladero de Peña de Azrú en Tefast, conocida también con el nombre de Peña Tahuarda, encendieron hogueras, señal convenida para dar cuenta de la ocupación. Inmediatamente la brigada de primera línea del grupo de la izquierda, al mando del teniente coronel Núñez de Prado, ascendió hasta el collado de Tizzi Alma, no sin antes ser objeto de vivo tiroteo durante su marcha, al desembocar en el lugar a donde no habían llegado las fuerzas irregulares. La resistencia de los rifeños se intensificó, al alcanzar la cabeza de vanguardia las crestas de dicho collado, recibiendo el fuego de los rifeños apostados tras las cumbres próximas, y obras de fortificación hechas en su inmediación, que no lograron impedir que la columna de referencia coronase sus objetivos a las siete de la mañana.

La brigada de primera línea del grupo del centro se puso en marcha de noche, con dirección a Tafersit, colocando los carros de asalto de artillería en vanguardia, seguidos de la Policía indígena, harca amiga, Regulares de Alhucemas, 2.ª Bandera del Tercio, los batallones de Melilla y Toledo, una Batería del 3.º de montaña y ambulancia. También con la misma dirección, sobre la una y media de la madrugada, habían salido de la Zauía de Ababda el Grupo de gums y la Mehal-la de Sidi Dris el Riffi, formándose con aquellas fuerzas dos grupos que avanzaron en dirección, uno del macizo de Tahuarda, en donde tuvo que vencer la resistencia enemiga, y cogiendo un cañón que había sido utilizado por los rifeños en días anteriores, y otro profundizó hasta Tizzi Assa, a cuyo objetivo, el más principal de la maniobra de esta jornada, concurrió con la Policía indígena de la brigada del grupo de la izquierda.

Para proteger los trabajos defensivos de las nuevas posiciones, hubo necesidad de ir tomando las alturas inmediatas y al coronarse la cota más alta, la de Yebel Uddia, el harca rifeña combatió con tesón, no queriendo abandonar el terreno que ocupaba, por lo que dio lugar a que la lucha se desarrollara en un cuerpo a cuerpo, hasta conseguir desalojar al adversario y causarle muchas bajas.

Las tropas de la columna de reserva recuperaron cinco cañones, que los rifeños tenían emplazados en la pista de Annual, próximo al Morabo de Beni Ulixek y el río Aguebal. Al dar cuenta el Alto Comisario a la superioridad de la operación de este día 28, le concedió una extraordinaria importancia a Tizzi Assa (Estado, 1981: III, 566-568), que estaba enclavada monte arriba de la base de Tafersit, y que por Uqueriben-Benítez-Viernes llevaba a esta posición, de gran valor político y militar.

Este espacio situado en la frontera con Beni Urriaguel y Tensaman, constituía un escondite natural para la resistencia rifeña por lo escarpado de las montañas, que junto con la existencia de cuevas impedía a la aviación actuar con eficacia. La artillería tuvo grandes dificultades para moverse por la montaña, y de poco servía incluso la caballería para apoyar las labores de la infantería. El dominio de Tizzi Assa cerró el envolvimiento de Annual.

El 27 de enero de 1923 se pudo conseguir el rescate de los prisioneros del Desastre de Anual, por la intervención del rico propietario Horacio Echevarrieta, auxiliado por el marroquí Dris Ben Said (encargado de establecer comunicación con Abd el-Krim), mediante el pago de 4 000 000 de pesetas. El total de prisioneros liberados fue de 325. El dinero que Abd el-Krim recibió por el rescate de los prisioneros sirvió para alentar sus huestes y recrudecer sus agresiones sobre Tizzi Assa (Estado, 1981: III, 576-577).

Francisco Llano Encomienda junto al camión aljibe del Regimiento de la Princesa, 30 de diciembre de 1922 (Álbum Avelino Doñate).

El 27 de mayo se confirmó la noticia de un inmediato ataque rebelde, al situarse numerosos grupos de rifeños frente a la posición Benítez (antes posición Igueriben), quienes con gran actividad se dedicaron a construir trincheras.

Al día siguiente se produjo un hecho muy importante en la carrera del teniente coronel Llano Encomienda, ya que ese día mandó por primera vez una columna cuyos efectivos superaban su grado militar.

Conocida la idea de los rifeños de realizar un ataque entre Buhafora y el barranco de Hardú o Loma Roja, en la madrugada del 28 salieron de Tafersit al encuentro de los agresores una columna precedida de la Mehal-la de Dris er Riffi, al mando de Llano Encomienda, y compuesta de la 4.ª bandera del Tercio, dos tabores de Regulares de Melilla, el 2.º

Posición de Peña Tahuarda, en las inmediaciones de Tizzi Assa. Instituto de Historia y Cultura Aeronáutica (Serrano, 2013: 175).

batallón de la Princesa, un escuadrón de Regulares, dos baterías de montaña y una de obuses.

Cuando las fuerzas irregulares se desplegaron desde el poblado de Buhafora a las extremidades de Tahuarda, sonaron los primeros disparos sueltos del harca rifeña, para convertirse muy pronto en intensísimo fuego por ambos bandos, que quedó resuelto por el arrollador avance de las unidades españolas, que lograron hacer huir a los rifeños. Pero momentáneamente, pues enseguida volvieron a aparecer los rifeños en mayor cantidad, dispuestos a no abandonar el combate.

Se entabló tan dura lucha que, dándose cuenta de la gravedad e importancia de la misma, el jefe de la cuarta columna de la zona de vanguardia, coronel Gómez Morato, envió con toda urgencia al lugar de la refriega la 1.ª Bandera de la Legión, un Tabor, un Escuadrón de Regulares de Alhucemas y una batería de obuses del 155 mm, cuyos refuerzos desplegaron a derecha e izquierda de Buhafora cubriendo la retaguardia, para que las unidades empeñadas en la pelea, pudieran moverse y batirse con mayor soltura. Con la ayuda de la guarnición de Tahuarda, que ocupó con arrojo esta dominante altura al este de la Loma Roja, donde instaló una ametralladora, quedó asegurado el acceso a este objetivo, que fue alcanzado por la 4.ª Bandera de la Legión, después de librar un violento combate con los rifeños.

En el barranco de la aguada del Jel-li, trataron de reorganizarse algunos de los rifeños huidos con otros, que de refresco habían acudido al combate, pero descubierto por el Escuadrón de Regulares de Melilla cargó sobre estos, que pegados al terreno se hicieron fuertes y no querían abandonarlo, entablándose una violenta lucha, que obligó a los jinetes de Regulares a tener que echar pie a tierra, forzados por las muchas bajas sufridas y por la imposibilidad de desalojar a caballo a los contendientes. Y lo hubieran pasado muy mal de no haber acudido en su auxilio una de las compañías del Tercio de la Legión que se encontraba en la Loma Roja, desde donde vista la situación apretada del escuadrón de Regulares, atacaron a la bayoneta, donde consiguieron dejar el campo libre de rifeños.

Los disparos hechos por la artillería causaron a los rifeños muchas bajas, aumentadas por los bombardeos de la aviación que volaba a muy baja altura. A media tarde dejó de verse rifeños por los alrededores (Estado, 1981: III. 590-591).

En los días siguientes y a las órdenes del coronel Agustín Gómez Morato, Llano Encomienda se presentó voluntario para participar en el abastecimiento de Benítez y Tizzi Assa (Muñoz, 2011: 550).

Posición de Tizzi Assa. Instituto de Historia y Cultura Aeronáuticas (Serrano, 2013: 176).

A pesar del quebranto sufrido por los rifeños en la jornada del 28 de mayo, al día siguiente grandes concentraciones en actitud hostil volvieron a hacer acto de presencia en el mismo frente de Tizzi Assa, tomándose por el Mando las debidas precauciones para repeler, caso necesario, cualquier ataque. En efecto, al tener que necesariamente realizarse el 29 el servicio de aprovisionamiento a las posiciones de Tizzi Assa, Viernes, Peña Tahuarda y Benítez, se dispuso que fuera fuertemente protegido por la columna del coronel Gómez Morato, de la que formaba parte Llano Encomienda, y reforzada con el Grupo de Regulares de Alhucemas y carros de asalto de artillería.

A las siete de la mañana del 29 de mayo se inició la marcha desde Buhafora, y únicamente fue hostilizado uno de los tabores de Regulares de Melilla, que constituyendo el flanco izquierdo de la columna ocupó las ruinas de la alcazaba vieja.

Otras fuerzas por el costado derecho se desprendieron por Peña Tahuarda y en avance hacia su objetivo, que era el de asegurar el paso del convoy, ocuparon la Loma Roja y la Loma de los Árboles, en tanto otras unidades quedaron encargadas de proteger el llano. El convoy pudo marchar dejando el correspondiente a cada una de las posiciones, excepto el asignado a la principal de Tizzi Assa, a donde no pudo llegar, hasta tanto no se consiguió desalojar, a cuchillo, de las crestas existentes entre Viernes y Benítez a los rifeños que allí se habían situado. Efectuada la descarga del convoy, se verificó el repliegue escalonado de las tropas.

El día 31 de mayo la columna de protección compuesta de la Mehal-la de Tafersit, dos banderas de la Legión, dos tabores de Regulares de Melilla, el Batallón de la Princesa de Llano Encomienda, dos compañías del Batallón San Marcial, un Escuadrón de Regulares Melilla, dos baterías de 155 mm, carros de asalto de artillería, una compañía de Zapadores y elementos de enlace, municionamiento y evacuación, al aprovisionar las posiciones del frente de Tizzi Assa sostuvo un reñido combate con el harca rifeña en la región de Tafersit,

Desde el primer momento, estas fuerzas mantuvieron un vivo fuego con el harca rifeña, muy superior en número, que al presionar insistentemente hizo preciso reforzar la columna, con un tabor y un escuadrón de Regulares de Alhucemas, y más tarde con el Batallón Zaragoza, una sección de Caballería del Treviño, carros de asalto de Infantería, dos baterías del grupo a caballo y Parque móvil en observación en Bufarcuf. Con tales refuerzos se logró rechazar a los rifeños y despejar el camino que había de seguir el convoy, el cual pudo llegar a su destino (Estado, 1981: III, 592-594).

El 5 de junio de 1923 el teniente coronel Llano Encomienda recibió el mando de la Mehal-la de Tafersit n.º 5, lo que rubricaba su condición de militar africanista (Muñoz, 2011: 550). Las Meha-las eran unidades integradas por indígenas marroquíes, y pagadas por el Jalifa, representante del sultán en el Protectorado español. Sus jefes y oficiales eran españoles. Era una unidad tipo regimiento (300 hombres por tabor). Se le asignaban las misiones de dar guardia a S.A.R el Jalifa, rendir honores en los actos oficiales, y auxiliar como tropa y policía al ejército español en campaña. Era considerada como tropa nativa de choque. Su actuación en las campañas de Marruecos fue relevante, aunque por su forma de reclutamiento eran en ellas más frecuentes las traiciones y deserciones. La Meha-la de Tafersit tenía como base el harca del Amalato del Rif, de Sidi Dris er Riffi y el goum de Melilla.

Para aliviar la situación y aprovisionar las posiciones del sector de Tizzi Assa, se organizó una operación para batir a los rifeños, que solían concentrarse en aquellas barrancadas.

El 5 de julio se organizaron seis columnas: cuatro que habían de operar, una de reserva y otra en observación, mandadas por el coronel Emilio Fernández Pérez del Alcántara.

La primera columna estaba al mando del coronel Alfredo Coronel, la segunda al mando del coronel Gómez Morato, en la que estaba la Meha-la de Tafersit n.º 5 de Llano Encomienda, la tercera al mando del coronel Ruiz del Portal, la cuarta al mando del coronel Morales.

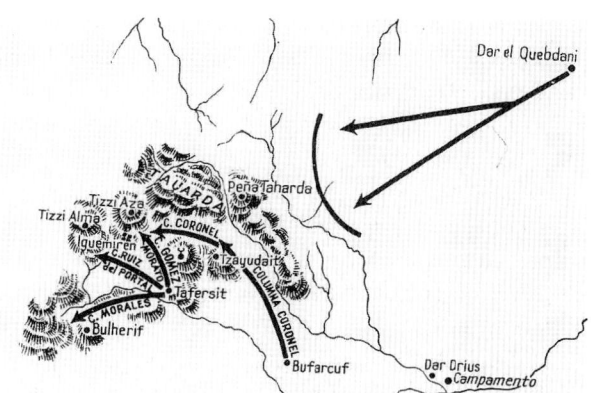

Mapa operaciones para abastecer Tizzi Azza. Croquis n.º 52 (Estado, 1981: III, 596).

El 4 de junio quedaron concentradas tres columnas en Tafersit y una en Bufarcuf, que componían la línea de la izquierda, bajo la dirección del coronel Fernández Pérez; dos en Dar el Quebdani, cubriendo la derecha, al mando del coronel Salcedo, y otra, de observación, en Drius, a las órdenes del general Echagüe. Se dio la orden de avance para la madrugada del señalado día 5, con la advertencia específica del Alto Comisario, general Silvela, de que si al avanzar las tropas no fueran hostilizadas por los rifeños, se abstuvieran ellas de hacerlo; pero si por el contrario fueran agredidas, deberían romper el fuego inmediatamente y atacar con toda energía, cosa que también se hizo observar a la aviación. Tal advertencia, señalaba el general Silvela, se hacía por si diera resultado una gestión política que está en trámite.

Con la preparación indicada, se inició el movimiento de las columnas que habían de operar en todo el frente desde Azib de Midar a Afrau, y en modo particular en la región de Tafersit, comenzando por Bufarcuf, a las tres de la mañana, y las demás, al amanecer. Esta de Bufarcuf, que mandaba el coronel Alfredo Coronel, en cuanto desembocó en la llanura de Tzayudait fue fuertemente hostilizada, principalmente por el flanco derecho.

Las otras tres columnas de la línea de la izquierda, dirigidas por los coroneles Gómez Morato, Ruiz del Portal y Morales Reinoso, avanzaron desplegadas sin disparar un tiro, hasta que al ocupar la del último nombre, sufrieron las primeras bajas. Desde este momento el fuego se generalizó e intensificó en todo el frente, lo que no fue obstáculo para que todas las unidades avanzasen hacia los objetivos que se les había señalado, y vencieran con rapidez la resistencia rifeña.

Las fuerzas del coronel Gómez Morato fueron las que sostuvieron mayor lucha, al tropezar con un fuerte núcleo rifeño, perfectamente atrincherado, en la barrancada que desciende desde el pie de la posición Benítez, cerca del poblado de Iguemiren, que no sólo batía el camino que habían de seguir el convoy, sino que lo defendía con tenacidad y valentía. En ayuda de esta columna acudió la que mandaba el coronel Alfredo Coronel y el Batallón Andalucía, más dos compañías de Wad-Ras, pertenecientes a las fuerzas afectas a la jefatura de la línea de la izquierda. La intensidad y acierto del fuego rifeño detuvo el convoy, y como era preciso despejar la situación, los Regulares de Melilla se lanzaron al asalto de las lomas que cubrían el camino de Tahuarda, siguiendo después sobre el barranco de Iguemiren. El arrojo con que estas fuerzas iniciaron el ataque hacía presumir un pronto triunfo, pero lo abrupto de aquellas alturas, dominantes del barranco mencionado y collado entre ambas lomas, unido al nutrido y certero fuego rifeño las detuvo, acudiendo entonces en su ayuda refuerzos de la Legión, que resueltamente avanzaron al arma blanca, hasta ganar las alturas a que antes se hizo referencia, y que con nuevos asaltos de los Regulares determinaron el triunfo español. Como un buen número de beniurriaguelíes se disponían tenazmente a no abandonar el barranco, el teniente coronel Valenzuela decidió atacar, en vez de defenderse, muriendo en el ataque a la bayoneta frente a sus legionarios, al quinto asalto. Se intentó enviar camilleros a recoger a los heridos, que cayeron también. La situación del barranco era tal que, aún limpio de rifeños, morían cuantos a él intentaron bajar, por estar enfilado a corta distancia; en estas condiciones no pudieron recuperar aquellos cadáveres hasta dos días después.

El ímpetu con que atacó la Legión, unido al esfuerzo que realizaron las tropas de Regulares, obligó a la harca rifeña a desalojar aquel barranco y retirarse, a la altura de la que se ha hecho referencia, perseguida por los fuegos, tanto de la aviación, como la de ametralladoras de la Legión y cañones de la posición de Benítez.

La columna del coronel Morales se dividió en dos partes: una ocupó la línea o frente de Bulherif como apoyo del flanco izquierdo; y la otra, desde este punto, por el poblado de Bu-Hafora hasta el barranco de ese nombre taponando el Ual Fersit, a la par que enlazaba por su derecha con el costado izquierdo de la columna que mandaba el coronel Ruiz del Portal, la cual estaba al lado de la columna del coronel Gómez Morato, que a su vez en Peña Tahuarda, se unió con la del coronel Alfredo Coronel, formando entre ellas un frente de combate dentro de la zona de Tafersit, de unos diez kilómetros.

Las fuerzas del coronel Ruiz del Portal, llevando en vanguardia la Mehal-la de Tafersit n.º 5 de Llano Encomienda y carros de asalto de infantería y artillería, después de cruzar los barrancos de los ríos Buhafora y Jel-li, apoyados por la caballería de Regulares de Melilla y Alhucemas, se apoderaron de las casas al pie de la Loma Roja y del poblado de Ulad Yusef, llegando hasta las posiciones rifeñas. La harca rifeña, que desde el principio había abierto un fuego intenso, particularmente contra los carros de asalto, lo aumentó, al desplazarse los rifeños desalojados del barranco de Iguemiren por la columna del coronel García Morato. Asegurado y expedito el camino del convoy, subió éste a las posiciones, descargando primero en el de Benítez y sucesivamente en las demás para terminar en la principal.

Para llamar la atención de los rifeños, e impedir que aumentara su concentración en la región de Tafersit, y al propio tiempo velar por la seguridad del frente de Beni-Said, las dos columnas que estaban acampadas en Dar el Quebdani, la de la izquierda que mandaba el coronel Seoane, estableció servicio de vigilancia entre Fontanez y Achdir Asus hacia Halaut. La columna de la derecha que iba a las órdenes del jefe de la línea de este frente, coronel Salcedo, progresó por la pista de Sidi Mesaud a Afrau, desplegando en dirección a Izumar.

Al avanzar todas estas fuerzas atrayeron sobre sí a los rifeños que ocupaban Yebel Uddia, contribuyendo de modo eficaz al éxito de la operación general, sosteniendo hasta las doce y media de la mañana un violento fuego con los rifeños a los que lograron contener y después rechazar, pudiéndose hacer el repliegue a media tarde, sin novedad (Estado, 1981: III, 595-599).

En los combates de Tizzi Assa, la mayor parte de la mehal-la confiada a Dris Er Riffi, para luchar en auxilio de las armas españolas, desertó en mitad del combate y se pasó al harca rifeña en casi su totalidad.

El éxito de la operación de las tropas españolas hicieron rectificar el criterio del Gobierno de García Prieto, que no admitió la dimisión del general Silvela, presentada poco después de tales sucesos (La Porte, 1997: 736-744).

Tras facasar en varias operaciones en el auxilio de Tifaruin, se organizó una operación combinada con fuerzas de tierra, mar y aire para el 20 de agosto de 1923. Tifaruin era una más de las posiciones creadas tras la recuperación del territorio perdido durante el Desastre de Annual. Estaba en la cima de una escarpada colina cerca del mar, en el extremo norte de la línea española. El 15 de agosto Tifaruin se convirtió en objetivo de los rifeños, reforzados tras el cobro del rescate por los prisioneros del Desastre de Annual. Las fuerzas de Abd el- Krim llevaron a cabo en el año 1923 diversos ataques contra el ejército español

Posiciones de Tifaruin (centro) y de Tizzi Assa (derecha). Instituto de Historia y Cultura Aeronáuticas (Serrano, 2013: 176).

buscando una victoria como la de Annual. Lo intentaron en Tizzi Assa y ahora le tocaba el turno a Tifaruin, que quedó cercada por gran número de rifeños, que se atrincheraron cortando las rutas de acceso a la posición. Se hizo necesaria una gran ofensiva para liberar Tifaruin.

Para socorrer la posición de Tifaurin se organizó una operación de desembarco. En esta intervinieron muchas columnas, la mayor parte de ellas por tierra, con el objetivo de despistar al harca rifeña.

El coronel Pardo tuvo con su columna la misión más arriesgada y difícil, por estar subordinada al desembarco en Afrau. Para ello dividió la columna en dos expediciones, y una de éstas, compuesta de un tabor de la Mehal-la de Tafersit n.º 5 al mando del teniente coronel Llano Encomienda, y el harca de Guelaya. En Melilla embarcaron en el acorazado *España n.º 5*, que se hizo a la mar en las primeras horas de la noche del lunes 20 de agosto. Al llegar a Afrau, la niebla era tan densa que fue necesario aplazar el desembarco. Una vez desaparecida la niebla, a las siete de la mañana del día 21 se

La columna de Pardo desembarcando en la playa de Afrau (Foto Litrán).

trasladaron a tierra las fuerzas de vanguardia de Llano Encomienda, efectuándolo en embarcaciones a motor de la Compañía de Mar de Melilla.

Desembarcaron en la playa de Afrau, entre el morabo y la posición. Este desembarco estuvo cubierto por los fuegos del cañonero *Laya* y los guardacostas *Alcázar* y *Arcila*. Tras dejar a las tropas en tierra, que aseguraron una cabeza de playa, el acorazado marchó a Melilla para recoger a la segunda oleada de desembarco. El objetivo de estas fuerzas era cubrir el camino de Tifaruin a Afrau, y evitar que el harca rifeña se desplazara a la playa e impidiese el desembarco del resto de la columna. Tan pronto como fue iniciado el movimiento de ocupación de las casas de Achemelal y poblado de Asiel, puntos necesarios para cumplir aquel objetivo, comenzaron los primeros disparos contra las guerrillas, que fueron aumentando en intensidad, a medida que avanzaba la mañana; sabedora la Escuadra, compuesta del cañonero *Lauria* y los guardacostas *Alcázar* y *Arcila*, que habían protegido a dichas fuerzas de la fuerte defensa rifeña. Desde aguas frente a Afrau, batieron con su artillería los barrancos próximos a Tifaruin, con tan buen resultado que protegieron eficazmente el avance y ocupación de las casas y poblados indicados.

A las seis de la tarde se unió a la expedición desembarcada el harca de Beni Said, al mando de Amar Uchen, que procedente de Dar el Quebdani había avanzado por el camino de la costa.

El día 22, con grandes dificultades a causa del fuerte temporal de poniente, el coronel Pardo con el resto de la columna desembarcó en el mismo lugar que en la fecha anterior lo hiciera la primera expedición. Rápidamente pasaron a relevar de las posiciones en que se hallaban las fuerzas del teniente coronel Llano Encomienda, para que éstas, en vanguardia, se adelantaran escalando las abruptas lomas al norte y nordeste de la posición asediada. En este momento el harca rifeña, dándose cuenta de que su línea de retirada estaba a punto de ser cortada, cesó en la presión sobre las columnas de Ouebdani, y tras un intenso cañoneo de la Escuadra, de la Aviación y de la Artillería de las columnas citadas, especialmente de la que mandaba el coronel Salcedo, que por su izquierda apoyaba el movimiento, abandonó los fuertes atrincheramientos que poseía, sufriendo en su precipitada huida gran cantidad de bajas, pudiendo seguidamente entrar las fuerzas españolas en Tifaruin.

Las fuerzas de la Mehala de Tafersit n.º 5 y del harca de Guelaya, que estaban bajo el mando de Llano Encomienda, hicieron prisionero al indígena Hamú Mohamed Si Al-lal, hermano del jefe que mandaba el harca rifeña que cercaba Tifaurin. Fue trasladado a Melilla en el guardacostas *Alcázar*, siendo conducido a la Oficina Central de Intervención Militar.

Las columnas de los coroneles Salcedo y Seoane, que componían con la de Afrau y la de reserva del teniente coronel de Castro Vázquez, la línea de la derecha o de Quebdani, mandada por el general Fernández Pérez, la cual constituía el eje de la operación, comenzaron a moverse a las cinco de la mañana del señalado día y, tras una intensa preparación artillera, hicieron el despliegue, adelantándose la columna de la derecha (coronel Salcedo) con objeto de flanquear por ese lado la marcha de la de la izquierda (coronel Seoane), que conducía el convoy. Aunque los rifeños, desde los primeros momentos empezaron a hostilizar a las tropas españolas, estas avanzaron salvando las muchas dificultades que el terreno presentaba, y en el que las barrancadas y picachos se sucedían, sirviendo de valiosa defensa donde los rifeños se resguardaban, y en cuyos puntos, para lograr que fueran abandonados por sus ocupantes, fue preciso luchar a cuchillo en un cuerpo a cuerpo.

Una vez terminada la posesión de aquellos reductos, pudo iniciarse un ataque a fondo, para el cual, después de varios asaltos, la Legión y los Regulares de Melilla, descolgándose de las alturas en sentido perpendicular a la pista Far-ha a Tifaruin, tomaron de flanco las posiciones rifeñas, al mismo tiempo que fuerzas de Regulares de Alhucemas, pertenecientes a la columna de la izquierda, ocupaban de frente al arma blanca las fortificaciones de los rifeños. Sobre las dos y media de la tarde, rota totalmente la resistencia del harca rifeña de Abd el-Krim, de quien decían que contaba con nueve mil hombres, entraba en Tifaruin una sección del Grupo de Regulares de Melilla.

Las fuerzas que constituían la derecha avanzaron en dirección a Yebel Azgul por la parte este, y aunque inmediatamente consiguieron tomar sin resistencia la loma llamada de los *Pacos*, al intentar continuar la marcha sufrieron fuego de fusil y ametralladoras, de rifeños apostados en las trincheras de un barranco y alturas vecinas. Al tratar la vanguardia de desbordarlos, éstos opusieron tal resistencia que acometieron a las guerrillas españolas con granadas de mano primero y al arma blanca después, teniendo que ser rechazados en igual forma. Como la misión de esta columna no era de comprometerse a un combate a fondo, sino que se trataba de retener al contrario, para que no pudiera concurrir al frente de Tifaruin, se le entretuvo con fuego solamente, por el tiempo que duró la operación en el citado frente. La columna de protección cumplió su cometido sin incidencias, y la columna de reserva en Drius no tuvo necesidad de emplearse (*El Tegrama del Rif*, 22-8-1923: 1; Estado, 1981: III, 610-614).

Las fuerzas de Llano Encomienda actuaron en posición de extrema vanguardia, y formaron un perímetro de seguridad que permitió el desembarco del resto de la columna en Afrau. La operación fue un éxito, y Llano Encomienda recibió de nuevo la calificación de *distinguido*, por su actuación en la misma (Muñoz, 2011: 551).

Ante las caídas sucesivas de todos los gobiernos de la Restauración, ya fueran conservadores o liberales, el pistolerismo terrorista de los anarquistas en Barcelona, y las derrotas del ejército en Marruecos (desastre de Annual), un grupo de generales dirigidos por Miguel Primo de Rivera, dieron el 13 de septiembre de 1923 un golpe de estado que acabó con la Restauración. El nuevo gobernante, aunque formado militarmente en África, adoptó una política abandonista, propia de los militares metropolitanos, que favoreció el auge y poder de Abd el-Krim, que puso en pie un ejército de 90000 hombres. Todo hacía presagiar que el Protectorado español llegaba a su fin (Muñoz, 2011: 552).

El 20 de octubre de 1923, en la alcazaba de Zeluán se celebró una fiesta organizada por la Mehala de Tafersit n.º 5, que estaba mandada por el teniente coronel Francisco Llano Encomienda. Primeramente formaron las fuerzas y luego se dio lectura al dahir,[16] concediendo el empleo de caídes de la Mehala. Al acto asistió el ámel[17] Driss Riffi y una vez terminado desfilaron tres tabores de la Mehala de Tafersit n.º 5. Finalmente, el teniente coronel Llano Encomienda obsequió con cava a los oficiales, dirigiéndoles palabras de felicitación (*La Vanguardia*, 21-10-1923: 21).

---

[16] Son decretos emitidos por el rey de Marruecos Sin embargo, en el ámbito del Protectorado español los *dahir* eran dictados por el Jalifa, a propuesta del Alto Comisario español.

[17] Entre los árabes, jefe de un distrito.

Para aprovisionar la posición de Tizzi Assa, salieron de Tafersit el 7 de marzo de 1924, a las siete de la mañana, dos columnas mandadas por los tenientes coroneles Llano Encomienda, de la Mehala de Tafersit n.º 5 y Francisco Franco, de la Legión. A las nueve y media de la mañana Llano Encomienda mandaba la columna de la derecha, para proteger la entrada del convoy. A causa de la densa niebla la marcha de las fuerzas fue lenta.

Zeluán, nombramiento de caídes por el teniente coronel Llano Encomienda (Foto Litrán, octubre 1923).

Una compañía de la Legión, que no pudiendo por el fuego desalojar al harca rifeña que estaba atrincherada en las cuevas del barranco de Beni-Medien, se lanzó decididamente al arma blanca, arrollándolos y apoderándose del armamento y munición de los muertos. Después de lo cual los Regulares de Alhucemas y los de la Mehala de Tafersit n.º 5 avanzaron, ocupando la columna el collado llamado del Señorito, y se dispusieron a avanzar por el camino de este nombre a Tizzi Assa. El teniente coronel Franco, con la Legión, se tuvo que detener, para dar paso a los carros de asalto y a la artillería. El harca rifeña que tenía grandes concentraciones y se hallaba atrincherados en la loma del Árbol, además de ocupar el camino que debía de pasar el convoy, abandonó sus posiciones ante el empuje de las tropas españolas. A las once y media de la mañana el convoy avanzó precedido de las fuerzas de ingenieros que arreglaban el camino.

A causa de la niebla espesa, ni la artillería ni la aviación pudieron actuar. Aprovechándose de la espesa niebla, el harca rifeña variaba los planes de sus concentraciones, impidiendo parcialmente el paso de las tropas españolas.

Al mediodía entró en Tizzi Assa el convoy, transportado por 300 soldados, con mochilas, llevando un total de 4.500 litros de agua. Después entraron los convoyes de galletas, carbón y víveres, terminando la operación a las dos de la tarde.

La retirada se inició a las cuatro de la tarde, terminando a las cinco y media. Las fuerzas de la Legión, de la Mehala y la de Regulares se quedaron vigilando los caminos que daban acceso a Tizzi Assa (*La Vanguardia*, 8-3-1924: 12 y 17; y *La Vanguardia*, 12-3-1924: 18).

El 26 de marzo de 1924 salió de Tafersit una columna mixta mandada por Llano Encomienda, con el objetivo de proteger los trabajos que realizaban los ingenieros en la avanzadilla de Benítez. El servicio se realizó sin novedad (*La Vanguardia*, 27-3-1924: 16).

El Alto Comisario de España en Marruecos, el teniente general Luis Aizpuru Mondéjar, dio la orden al teniente coronel Llano Encomienda de abastecer y levantar el asedio de las posiciones de Tizzi Assa y Benítez. Era, por tanto, la primera vez que se le daba el mando de una operación realmente importante, y para realizarla se le proporcionaron importantes tropas: dos tabores de Regulares de Larache n.º 5, dos banderas de la Legión, un tabor de la Mehala de Tafersit n.º 5, dos compañías de ametralladoras y los correspondientes servicios auxiliares. Aproximadamente unos 3000 hombres bajo su mando.

Entre el 4 de marzo y el 2 de abril de 1924, Llano Encomienda entró en combate, en el que pudo abastecer a la guarnición pero fracasó en el levantamiento del asedio a las posiciones de Tizzi Assa y Benítez. El general Aizpuru decidió disolver la columna de Llano Encomienda. Esta decisión demostraba que el teniente coronel había fracasado en la primera operación militar que había dirigido.

El general Aizpuru le sustituyó en la zona por el general de brigada Emilio Fernández Pérez, que levantaría el asedio de estas posiciones entre el 10 y 11 de mayo de 1924. A partir de abril de 1924 las órdenes que recibió Llano Encomienda se limitaron a inspeccionar posiciones, y a trabajar en el Negociado de Intervención de Melilla (Muñoz, 2011: 552).

Posición de Benítez (web *El Correo de Pozuelo*, 17-10-2018).

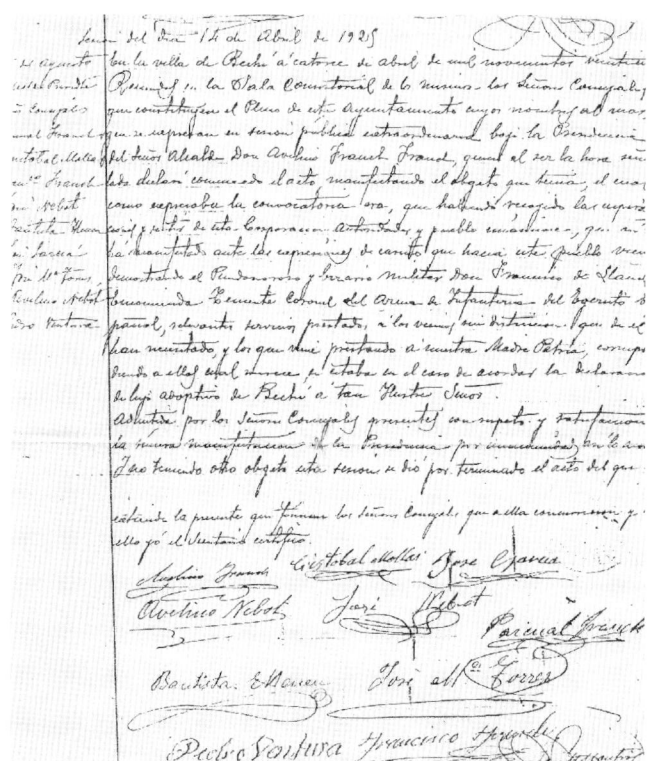

Acta nombramiento de Hijo Adoptivo de Betxí al teniente coronel
Francisco Llano Encomienda (Biblioteca Municipal de Betxí).

EL AYUNTAMIENTO DE BETXÍ NOMBRA AL TENIENTE CORONEL FRANCISCO LLANO ENCOMIENDA HIJO ADOPTIVO DE BETXÍ

La relación de Francisco Llano Encomienda con Betxí era muy cercana, ya que entre sus amistades contaba con muchos betxinenses, hasta el punto que los jóvenes del pueblo que tenían que hacer el servicio militar eran requeridos por Llano Encomienda a su regimiento, donde pasaban este periodo de tiempo lo más plácidamente posible (Sorribes, 2007: 32).

En reconocimiento por los favores que hizo a los vecinos de Betxí durante el servicio militar y por el gran apego que tenía al pueblo, el Ayuntamiento de Betxí, en sesión del Pleno celebrado el día 14 de abril de 1925, le nombró Hijo Adoptivo de Betxí.

> Sesión del día 14 de abril de 1925
> En la Villa de Betxí a catorce de abril de mil novecientos veinticinco. Reunidos en la Sala Constitucional de la misma los señores Concejales que constituyen el Pleno de este Ayuntamiento cuyos nombres al margen se expresan en sesión pública extraordinaria bajo la Presidencia del Señor Alcalde Don Avelino Franch Franch, quien al ser la hora señalada declaró comenzado el acto manifestando el objeto que tenía, el cual como expresaba la convocatoria era, que habiendo recogido las aspiraciones y el sentir de esta Corporación, Autoridades y pueblo unánime, que así ha manifestado ante las expresiones de cariño que hacia este pueblo viene demostrando el Pundoroso y bizarro militar don Francisco Llano Encomienda Teniente Coronel del Arma de Infantería del Egército (sic) Español, relevantes servicios prestados a los vecinos sin distinción que de él han necesitado, y los que viene prestando a nuestra Madre Patria, correspondiendo a ellos cual merece, se estaba en el caso de acordar la declaración de hijo adoptivo de Betxí a tan Ilustre Señor.
> Discutida por los Señores Concejales presentes con respeto y satisfacción la sincera manifestación de la Presidencia, por unanimidad así lo acordó. Y no teniendo otro objeto esta sesión se dio por terminado el acto del que se extiende la presente que firman los Señores Concejales que a ella concurrieron y de ello yó (sic) el Secretario certifico.

Firmaron el acta el Alcalde Avelino Franch Franch, el Secretario José María Montroy y los Concejales: Avelino Nebot, Bautista Meneu, Pedro Ventura, Cristóbal Mollar, José Nebot, José María Torres, Francisco Hernández, José García y Pascual Franch.

ACTO DEL NOMBRAMIENTO A FRANCISCO LLANO ENCOMIENDA COMO HIJO ADOPTIVO DE BETXÍ

Para poder realizar el acto del nombramiento de Hijo Adoptivo de Betxí al coronel Llano Encomienda, el Ayuntamiento de Betxí eligió la fecha del 18 de enero de 1926 en el marco de las fiestas de Sant Antoni, en el que se llevaría a cabo además la bendición de la bandera del Somatén local.

El Somatén era una milicia tradicional de Cataluña para mantener la paz, que en la Dictadura de Primo de Rivera (1923-1930) se institucionalizó, haciéndola extensiva a todo el país con el objetivo de cuidar el orden, la justicia, la moral y el progreso. Se concibió como una milicia de personas de clase media y de clase media alta y de origen noble, personas de probadas buenas costumbres, con profesiones reconocidas en sus localidades, separados del ejército. Se convirtió en un auxiliar de las autoridades en la conservación del orden público.

Para estimular el alistamiento e impulsar el apoyo social a la institución, se organizaron innumerables actos cívicos cuyo ritual describe así el historiador Eduardo González Calleja:

> acogida popular al representante militar del Directorio (gobernador civil, o militar); revista al Somatén local; misa de campaña, oficiada por el obispo o el cura párroco en la plaza principal con asistencia de las fuerzas de la guarnición en su caso, de las personalidades del pueblo y de la comarca (alcalde, secretario, concejales, maestros, médico, etc.); discursos de la madrina del Somatén, del cabo del distrito y de la autoridad civil o militar concurrente; bendición de las banderas de la Institución; desfile del Somatén, y banquete cívico en el Ayuntamiento, en un salón público o en el domicilio de un vecino destacado, frecuentemente un familiar cercano de la madrina (González, 2005: 166-168).

El acto de la bendición de la bandera del Somatén de Betxí comenzó a las 9 de la mañana con una misa solemne a cargo de mosén Salvador Duarte. Dos horas más tarde se llevó a cabo, en la plaza Mayor, la bendición de la bandera del Somatén, por el cura de la parroquia mosén Emilio Martorell. La madrina del Somatén fue la maestra Mercedes Soriano Palomo,[18] quien tomó la palabra, y después la tomó el comandante auxiliar del Somatén Raúl Salamero Ortiz. También habló el vocal del Somatén de la provincia de Castelló, Francisco Cazador Carpi. Después el secretario del Ayuntamiento de Betxí, José María Montroy, leyó el acta de la sesión del día 14 de abril de 1925, donde se nombraba Hijo Adoptivo de Betxí al coronel Francisco Llano Encomienda. Acto seguido, el alcalde Avelino Franch Franch, que además era el caporal del Somatén de Betxí, entregó un artístico pergamino con este nombramiento, y Rafael Doñate, que era el presidente de la comisión gestora de la suscripción popular, le entregó una vara de mando con empuñadura de oro, con las iniciales de brillantes y rubíes, y los escudos de España, de la Infantería y de Betxí.

Francisco Llano Encomienda en el acto de su nombramiento como Hijo Adoptivo de Betxí (Álbum de Avelino Doñate).
En esta fotografía, realizada enfrente del Ayuntamiento de Betxí el 18 de enero de 1926, podemos reconocer a la derecha a D. Raúl Salamero, comandante auxiliar del Somatén (el que está hablando), a la maestra Mercedes Soriano Palomo, que actuaba de madrina y es la que sujeta la bandera, y en la parte izquierda de la fotografía al coronel Francisco Llano Encomienda y al alcalde y caporal del Somatén, Avelino Franch Franch.

[18] Nació en l´Alcora en 1892 (según Miquel Ángel Badenes Martín). Ejerció de maestra en Betxí desde el 28 de noviembre de 1921 (Aguilella-Mollar-Miravet, 2000: 166).

El coronel Llano Encomienda se dirigió a la gente reunida en la plaza Mayor, y agradeció las muestras de afecto que el pueblo de Betxí le había hecho llegar, cosa que le emocionó. Su breve pero sentido discurso terminó con los *Vivas* de rigor, que fueron respondidos con aplausos y aclamaciones del público asistente. Llano Encomienda fue muy felicitado y recibió una multitud de telegramas.

A este acto asistieron el comandante auxiliar del Somatén Raúl Salamero, el vocal de los somatenes de la provincia de Castelló, Francisco Cazador, el delegado del gobierno, García Polo, el director de *La Provincia Nueva*, Miguel Armengot, el catedrático de Derecho de la Universidad de Barcelona, Joaquín Dualde Gómez, el juez de instrucción de Nules, el Ayuntamiento de Betxí en pleno, personas destacadas del pueblo *y no pocos forasteros*.

También asistieron delegaciones de La Vall d'Uixó (con Fernando Bovaira y Silvestre Segarra), de Nules (encabezado por Aníbal Vidal), de Eslida (con Miguel Miravet) y de València. Se excusaron por su ausencia el capitán general de la III Región Militar, y su ayudante, Antonio Romeo. Las autoridades invitadas fueron recibidas por el alcalde y los concejales, a los sones de la banda de música.

El acto terminó con un desfile del Somatén local, y con una comida que ofreció el Ayuntamiento al homenajeado, y a las personalidades invitadas a la una del mediodía en la Casa Consistorial, donde fue servido un banquete condimentado como en el mejor hotel. En la comida tampoco faltaron los discursos, uno de ellos del abogado Joaquín Dualde.

Después de Dualde, tomaron la palabra García Polo, representante del gobernador civil, Raúl Salamero y un tal Ibáñez Rizo, los cuales felicitaron y alabaron la figura del coronel Llano Encomienda, y defendieron el trabajo de la Dictadura de Primo de Rivera. El coronel Llano Encomienda agradeció las palabras de felicitación y añadió que «Su vida militar siempre la había inspirado en el amor a la Patria, ofreciéndose a todos para seguir laborando por Betxí, del que siempre se consideró hijo».

Los comensales decidieron enviar telegramas al comandante general del Somatén, a los gobernadores civil y militar de Castelló, y a la esposa del coronel Llano, Isabel Palmer Arizo, este decía así:

> Al hacer entrega a su esposo bastón mando título hijo adoptivo, este vecindario acuerda por aclamación rendir homenaje distinguida dama que supo compartir penalidades campaña gloriosa alentando espíritu del valiente militar sufriendo silencio en hogar u Hospital sangre efectos guerra. Betxí saluda Cataluña, actual residencia su hijo adoptivo y rinde su afecto a los pies valiosos campaña coronel Llano.

Al hacerse de noche los invitados volvieron a casa, mientras el vecindario de Betxí los despedía con gran entusiasmo. El coronel Llano Encomienda, el joven y heroico coronel de Infantería, marchó en tren hacia Lleida a la mañana siguiente, y en la estación de Castelló fue despedido por numerosos amigos (Sorribes, 2007: 15-21).

En 1925 el catedrático de hebreo D. Pascual Meneu Meneu estaba en la Universidad de Granada, y al no poder asistir al acto de homenaje del coronel Llano Encomienda, le escribió una carta para felicitarle por su nombramiento como hijo adoptivo de Betxí (Badenes, 2016: 300).

El 13 de julio de 1925 se firmaba el acuerdo entre España y Francia para poner fin a la rebelión de Abd el-Krim, acuerdo que hizo posible el desembarco de Alhucemas.

El 27 de julio de 1925 el teniente coronel Llano Encomienda, con 46 años, fue ascendido a coronel por méritos de guerra, contraidos entre el 1 de enero y el 31 de julio de 1925, y se le dejaba inicialmente en situación de disponible en Melilla, pero poco depués, el 18 de agosto se le enviaba a la IV Región Militar, también conocida como Capitanía General de Cataluña (Muñoz, 2011: 550-552).

Cuando consiguió el cargo de coronel, el Ayuntamiento de Betxí le felicitó mediante un telegrama, contestado por Llano:

> Agradezco felicitación querido pueblo deseándole muchas prosperidades.
> Coronel Llano (Sorribes: 2007, 28).

Su salida de Marruecos se produjo en un momento crucial, ya que el 8 de septiembre de 1925 se producía el desembarco de Alhucenas, que significó el principio del fin de la guerra de África, que se produjo el 27 de mayo de 1927. En este desembarco y en las operaciones posteriores, participaron el propio general Fernández Pérez, y los coroneles de la misma generación militar de Llano Encomienda: Orgaz, Mola, Fanjul, Goded, Franco o Ponte, lo que les permitió beneficiarse de la lluvia de ascensos que llevó aparejada el fin de la guerra, favorecidos por la legislación vigente (Muñoz, 2011: 552-553).

EN LA PENÍNSULA IBÉRICA (1925-1931)

Cuando el coronel Llano Encomienda llega a la IV Región Militar, es destinado a Lleida, donde se le concedió el mando del Regimiento de Infantería Albuera n.º 26. Estando en este destino, recibió dos cruces del Mérito Militar con distintivo rojo, y la pensión por la Cruz de San Hermenegildo (Muñoz, 2011: 552).

EXPEDIENTES ACADÉMICOS DE BACHILLERATO DE SUS HIJOS FRANCISCO Y LUIS

Su hijo mayor, Francisco, hizo el Bachillerato en Lleida, donde obtuvo, a la edad de 17 años, el título de Bachillerato en Letras. En el curso 1928-1929 se matriculó en la Facultad de Derecho de València, el 2.º curso lo hizo en la Facultad de Murcia, y los tres años siguientes los realizó en la Facultad de Derecho de València, obteniendo en 1933 el título de abogado.[19]

Con 15 años, su hijo, Luis, inició en el curso 1925-1926 el Bachillerato de Letras (plan 1903) en el Instituto de 2.ª Enseñanza de Lleida, obteniendo las siguientes calificaciones: Geografía general y de Europa, APROBADO; Nociones de Aritmética y Geometría, NOTABLE; Lengua castellana, APROBADO.

Cuando a Llano Encomienda le nombraron Hijo Adoptivo, su hijo Luis estaba en Lleida, donde hizo el curso 1926-1927 de Bachillerato y obtuvo las siguientes calificaciones:

---

[19] Arxiu Universitat de València. Expedients Acadèmics 490/19.

Religión 1er curso; Francés 1er curso, SOBRESALIENTE; Nociones de geografía e historia de América, SOBRESALIENTE; Nociones de Física y Química, NOTABLE; Historia de la Literatura española, SOBRESALIENTE con premio.

Sin saber el motivo, el curso 1927-1928 Luis cambió de instituto y de localidad, lo realizó en el Instituto de Castelló, y tras varios cursos terminó el Bachillerato en Castelló. Obtuvo en este curso las siguientes calificaciones: Elementos de Geometría, APROBADO; Francés 2.º curso, SOBRESALIENTE; Geografía e Historia de España, SOBRESALIENTE; Historia Natural, APROBADO; Fisiología e Higiene, SOBRESALIENTE. Deberes éticos y civíles, SOBRESALIENTE.

En el curso 1928-1929 Luis obtuvo las siguientes calificaciones: Lengua Latina, APROBADO; Nociones dc Algebra y trigonometría, APROBADO; Geografía política y económica, APROBADO; Historia de la civilización española... Universal, APROBADO; Agricultura, APROBADO.

Luis aprobó el curso 1929-1930 con las siguientes calificaciones: Latín 2.º curso, APROBADO; Literatura Española comparada con la Extranjera, NOTABLE; Psicología y Lógica, NOTABLE; Inglés 1er curso, APROBADO.

El curso 1930-1931 será definitivo para obtener el título de bachillerato en Letras, en el cual obtuvo las siguientes calificaciones: Literatura latina, NOTABLE; Ética, NOTABLE; Inglés 2.º curso, APROBADO.[20]

En 1929, el coronel Llano Encomienda fue destinado a Castelló, como jefe del Regimiento de Infantería Tetuán n.º 45, en el que ya había estado de comandante, donde permanecerá hasta su ascenso a general. En este puesto pudo observar que sus antiguos compañeros de África, como Mola, Goded o Franco, ocupaban destinos cada vez más importantes en el seno del Ejército, e incluso que su antiguo jefe, el teniente general Dámaso Berenguer, se convertía en presidente del Consejo de Ministros en febrero de 1930, sin que se acordara de su subordinado para ocupar algún puesto importante. También asistió, desde Castelló, al progresivo derrumbamiento del régimen monárquico de Alfonso XIII, que Berenguer no pudo evitar, y donde Llano Encomienda no jugó ningún papel, manteniéndose en la más estricta disciplina.

No hay ninguna constancia de que el coronel Llano Encomienda participase en la sublevación republicana de diciembre de 1930, ni jugó ningún papel en favor ni en contra del mismo, donde sí tuvieron un peso importante generales como Núñez del Prado o Queipo de Llano, y jefes y oficales como Felipe Díaz Sandino, Ramón Franco Bahamonde, Fermín Galán, Ángel García Hernández... (Muñoz, 2011: 552-553).

Durante el tiempo que permaneció en Castelló, su familia pasaba los veranos en Betxí, en la casa situada en la calle Piedad n.º 7, propiedad de Avelino Doñate. En uno de sus muchos viajes que hizo a Betxí, regaló una alfombra roja, elaborada y comprada en Ceuta, a la iglesia de Nuestra Señora de Los Ángeles de Betxí, y que durante mucho tiempo el día de la festividad del Cristo de la Piedad se ponía en el pasillo central de la iglesia.[21] Su mujer, Isabel Palmer, a sus hijos les hablaba en catalán.[22]

---

[20] Arxiu Universitat de València. Expedients Acadèmics 490/20.

[21] Según Eulalia Alcalá Nebot.

[22] Según su hija, Isabel de Llano Rivas.

Los amigos de su hijo Francisco eran Vicente Gumbau *Sento bota* y Rafael Doñate *el Metge*; y los de su hijo Luis Avelino Doñate, José Personat Meneu *Peral*, José Vilar Nebot *Pepe Calil*, Alfonso y Javier Piquer y Manolo Franch *Manolo el Curo*. Sus hijos siempre hablaban en valenciano con sus amigos.[23]

LA II REPÚBLICA (1931-1936)

El 12 de enero de 1931 al coronel Llano Encomienda se le consideró *Apto* para el ascenso a general, debiendo hacer el correspondiente curso desde el 3 de abril de 1931.

La declaración de la II República (14 abril 1931) le sorprendió haciendo el curso, que finalizaría el 18 de diciembre de ese año. Nueve días después de proclamado el nuevo régimen, Llano Encomienda juró fidelidad a la II República. El hecho de que jurara con prontitud no significaba que Llano Encomienda fuera un incondicional del nuevo régimen, ya que también lo hicieron Franco y Goded, que luego se sublevarían en 1936, sino que quería continuar en el Ejército donde tenía expectativas de ascenso a general, y de proporcionarle una importante posición social.

Muy pronto Llano Encomienda, con 52 años de edad se vió favorecido por el nuevo régimen. El entonces ministro de la Guerra y Presidente del Consejo de Ministros, Manuel Azaña Díaz, le ascendió a general de Brigada de Infantería, el 8 de enero de 1932, aunque con antiguedad del 13 de noviembre de 1931, y lo puso al frente de la 10.ª Brigada de Infantería, que estaba integrada por dos Regimientos: el n.º 20 con plaza en Huesca y el n.º 19 con plaza en Jaca, con Cuartel General en Huesca. Esta Brigada pertenecía a la V División Orgánica,[24] con capital en Zaragoza. Su ayudante de campo en este destino y en el siguiente fue su antiguo compañero de promoción, el entonces comandante Vidal Munárriz (Muñoz, 2011: 553).

Francisco Llano Encomienda perteneció a la llamada generación de *Generales del 23,* es decir, la integrada por aquellos militares que alcanzaron el generalato como consecuencia de las campañas marroquíes. Esta generación presentaba tres características distintivas:

1.- Desde un punto de vista cronológico, cubre un espectro de tiempo muy amplio, existiendo un grupo sénior de la misma, cuyos representantes podían ser Joaquín Fanjul Goñi (1880-1936), Luis Orgaz Yoldi (1881-1946), Miguel Ponte y Manso de Zúñiga (1882-1952), Manuel Goded Llopis (1882-1936), Alfredo Kindelan (1879-1962), Sebastián Pozas (1876-1946) o el propio Francisco Llano de la Encomienda (1879-1963), y un grupo júnior, al que pertenecían Emilio Mola Vidal (1887-1937), José Enrique Varela Iglesias (1891-1951) o Francisco Franco Bahamonde (1892-1975). Esta diferencia generacional hay que buscarla en la gran duración de las campañas de Marruecos (1909-1927), lo que proporcionó múltiples posibilidades de ascenso a los militares participantes en ellas.

2.- Desde el punto de vista ideológico, la inmensa mayoría de ellos eran liberales conservadores, pero su monarquismo no era tan intenso como el de los generales formados

---

[23] Según Ignacio Gumbau Traver y José Personat Meneu.

[24] Las Divisiones Orgánicas fueron el nombre que recibieron las antiguas Capitanías Generales durante la II República.

en el último tercio del siglo XIX. Además tenían una fuerte conciencia de la necesidad de que el Ejército participase en la gobernación del Estado, y de la superioridad de la organización militar sobre la civil. Estas características eran más acusadas en el caso del grupo *júnior* que en el *sénior* (Muñoz, 2011: 545).

3.- Desde el punto de vista histórico, la guerra civil coincidió en el momento de plenitud de sus carreras, por lo que fue el grupo más diezmado por el conflicto, ya que en 1936 ocupaban los principales destinos del Ejército.[25]

LUIS LLANO PALMER EN LA FACULTAD DE DERECHO

Luis Llano Palmer, en el curso académico 1931-1932 inició la carrera de Derecho en la Universidad de Zaragoza, con las siguientes asignaturas: Derecho romano (diario), Historia del Derecho (diaria) y Economía. El primer curso lo hizo en Zaragoza, porque su padre estaba al mando de la 10.ª Brigada de Infantería con sede en Huesca. Los restantes los hará en la Universidad de València, donde en 1933 su padre es destinado al mando de la 5.ª Brigada de Infantería, perteneciente a la III División Orgánica con capital en València.

El 2.º año (curso 1932-1933) lo hará en la Universidad de València, consiguiendo las siguientes notas: Derecho Político (diaria), SOBRESALIENTE; Derecho Canónico (diaria), SOBRESALIENTE; Derecho Civil (diaria), SOBRESALIENTE.

En el tercer año (curso 1933-1934), se matriculó en la Universidad de Madrid y se examinará en la de València. En este curso tuvo las siguientes asignaturas: Derecho Administrativo (diaria); Derecho Penal (diaria); y Derecho Civil (1er curso), (diaria), (parte general, derechos reales y obligaciones).

El 4.º año de Derecho (curso 1934-1935) Luis lo hizo en València con las siguientes asignaturas: Derecho Civil (2.º curso) (diaria); Derecho Internacional público (alterna); y Hacienda (alterna).

Luis Llano hizo el último año (curso 1935-1936) de la carrera de Derecho en la Facultad de València, donde estudió: Derecho Internacional Privado (alterna); Filosofía del Derecho (alterna); Derecho Procesal (diario); y Derecho Mercantil (diario).[26]

En una entrevista que le hizo el escritor Manuel García, a a Luis de Llano Palmer, para el libro *Memorias de posguerra. Diálogos con la cultura del exilio*, decía Luis de Llano que aún conservaba la orla de la época donde estaban los compañeros de estudios y profesores de la época. Esta la hizo el prestigioso grabador e ilustrador Fernando Cabedo Torrent, y las fotografías fueron hechas en el prestigioso Estudio Julio Derrey de València (García, 2014).

En 1932 Luis Llano, en la Universidad, se hizo militante de la Federación Universitaria Escolar (FUE),[27] organización universitaria que apareció en la etapa final de la dictadura de Primo de Rivera (1923-1930). Los logros que consiguió la FUE estuvieron relacionados con la participación democrática de los estudiantes en la Universidad, y en el fomento

---

[25] En actos de represión en la zona nacional murieron ocho generales del Ejército y dos de la Armada, en total, 10; y en la zona republicana 19 generales del Ejército y 11 de la Armada, en total, 30. Perdieron casi el 30 por ciento de sus miembros.

[26] Arxiu Universitat de València. Expedients Academics 213/20.

[27] CDMH_PS_ANTECEDENTES_EXP 89593_0004

de la cultura en el pueblo. Representaron una alternativa laica frente a las asociaciones convencionales (Confederación de estudiantes católicos de España) y tradicionalistas (falangistas). En la II República consiguieron la representación oficial de los estudiantes en los claustros universitarios, juntas de gobierno y consejo universitario. Participaron en la reforma de la enseñanza, intentando que las clases populares accedieran a la cultura y a la educación (web Portal de Archivos Españoles).

En la capital oscense el general Llano Encomienda permaneció hasta 1933, cuando pasó a mandar la 5.ª Brigada de Infantería, perteneciente a la III División Orgánica, con capital en València (Muñoz, 2011: 553).

Estando destinado en València, pasaban las vacaciones en Betxí, y si podían nunca faltaban a sus Fiestas Mayores. En un momento determinado, para el servicio doméstico de su casa de València necesitaron una sirvienta, y eligieron a la vecina de Betxí Josefina Hernández Franch. Muchos años despúes, estando Josefina en Betxí con su familia, hizo de comida olla, que era diferente a la que se hacía en el pueblo. Sus familiares le preguntaron que donde había aprendido a hacerla y Josefina les contestó que en casa del general Llano Encomienda.[28]

LUIS LLANO EN EL GRUPO DE TEATRO UNIVERSITARIO *LA BARRACA* Y EN *EL BÚHO*

La cultura y el acceso a ella fueron uno de los ejes principales en la política de la II República. En el marco de las Misiones Pedagógicas, creadas por Manuel Bartolomé Cossío y con dirección de Alejandro Casona, se propuso la creación de una compañía, *El Teatro del Pueblo,* con que acercar con sencillas representaciones teatrales, basadas en clásicos del Siglo de Oro, a aquellos pueblos donde estas manifestaciones rara vez habían llegado. Para ello, Casona empleó una cincuentena de estudiantes universitarios.

También con estudiantes universitarios y similar ideal, aparecieron otras dos agrupaciones: en 1932 *La Barrac*a en Madrid, y en 1934 *El Búho*, en València, quienes también sacaron su producción de sus Universidades respectivas para acercarla a pueblos de España y norte de África en el primer caso y, en el caso de *El Búh*o por los pueblos de la provincia de València.

Luis Llano, estando estudiando Derecho en la Universidad de Madrid, entró a formar parte del grupo de teatro universitario *La Barraca*, dirigido por Federico García Lorca. Con ella, Luis hacía realidad una de sus dos pasiones favoritas, el teatro y la lectura de los clásicos españoles.

La experiencia que cogió con este grupo de teatro le servirá muy bien en el futuro, cuando empiece a trabajar en la radio y televisión mexicana.

El 6 de febrero de 1933 se celebró en València el III Congreso de la Unión Federal de Estudiantes Hispanos, en cuyo programa se incluía una representación del grupo de teatro universitario *La Barraca*. Además, el primer punto del orden del día del Congreso se refería a la extensión universitaria, para que el fenómeno del teatro universitario no se limitara a *La Barraca*. Es decir, la semilla del teatro universitario ya estaba sembrada en

---

[28] Según Fina Ventura Hernández.

València. Tal presencia hizo que un grupo de estudiantes valencianos decidiese crear en 1934 un grupo de teatro universitario llamado *El Búho,* organizado por la FUE, mucho más modesto que *La Barraca.* En su primera etapa se caracterizó por tener una orientación nacional popular y antiburguesa, dirigido por Luis Llana Moret y Eduardo Muñoz Orts, que duró hasta el estallido de la Guerra Civil. *El Búho* siguió con la misma línea y un repertorio similar a *La Barraca,* basado en la obra de los clásicos del Siglo de Oro. Su primera representación tuvo lugar el 22 de abril de 1934, y sus obras fueron: *El gran teatro del mundo* de Calderón de la Barca, *El juez de los divorcios* de Miguel de Cervantes, a las que se sumó, con gran éxito, Fuenteovejuna de Lope de Vega. Cuando Luis Llano regresó de la Facultad de Derecho de Madrid a la de València, entró a formar parte del grupo de teatro *El Búho* (García, 2014).

FRANCISCO LLANO ENCOMIENDA EN LA POLÍTICA DE ASCENSOS

Más allá de los destinos que tuvo Llano Encomienda, cuya importancia era relativa, fue la política de ascensos del ministro de la Guerra la que le favoreció de forma muy clara. Azaña no solo procedió a anular los ascensos por elección, sino que también revisó los de méritos de guerra, cuya resolución se conoció el 28 de enero de 1933. Como resultado de esta política, Llano Encomienda, que en 1932 era el número 34 de 35 generales de Brigada, pasó a comienzos de 1934 a ser el número 14 de 47, adelantando al propio Francisco Franco, que pasó a ser el 15, cuando en 1931 era el número 1 del escalafón. Estos cambios, unidos al carácter apolítico y estrictamente profesional que había demostrado en los primeros años de la II República, hacían presagiar que Llano Encomienda estaba llamado a destinos más importantes en el seno del Ejército.

Todo cambió con la derrota de la izquierda en las elecciones celebradas el 19 de noviembre de 1933. El nuevo gobierno pasó a estar encabezado por el jefe del Partido Republicano Radical, Alejandro Lerroux. El ejecutivo se comprometió a revisar el trabajo que Azaña había realizado en el Ejército, que inició el ministro de la Guerra, Diego Hidalgo y Durán (PRR), con la *Ley de Amnistía* del 24 de abril de 1934, en la que fueron readmitidos en el Ejército militares que habían sido expulsados por Azaña, como Emilio Mola, y que pasaron a ocupar los primeros puestos del escalafón de generales de Brigada, todos ellos enemigos declarados de Azaña. A la vez, se ascendían a otros generales de empleo al siguiente, como el caso de Franco, que se convirtió en general de División desde marzo de 1934 (Muñoz, 2011: 553-554).

La insurrección revolucionaria contra la II República patrocinada por el PSOE y la UGT, con el apoyo del PCE, la CNT y la FAI entre los días 5 al 19 de octubre de 1934, con especial incidencia en Asturias y, en menor medida, en Cataluña y en Euskadi, que ocasionó más de 2000 muertos, obligó al Presidente de la II República Niceto Alcalá Zamora (Partido Republicano Progresista), a decretar el 7 de octubre el estado de guerra en todo el territorio nacional (*Gaceta de Madrid*, 7-10-1934: CCLXXX, 194).

Al estar el general Llano Encomienda al mando de la III División Orgánica, le ordenó Alcalá Zamora que hiciese un bando declarando el estado de guerra en todo el territorio que estaba bajo su mando, y que declarase la Ley marcial.

Desde la noche del sábado 6 de octubre en que se proclamó el estado de guerra, Llano Encomienda asumió el mando de la provincia de València, y al día siguiente publicó un bando. Este domingo no llegaron los periódicos de Madrid, circularon pocos tranvías, que eran conducidos por soldados del Ejército y custodiados por la Guardia Civil. Fueron suspendidos los partidos de fútbol, la novillada en la plaza de toros y los espectáculos nocturnos. Los cines y teatros abrieron por la tarde, viéndose bastante concurridos. La presencia del ejército en varios sitios estratégicos de la ciudad era lo único que denotaba que la ciudad estaba en estado de guerra. La animación en las calles puede decirse que fue la misma de todos los domingos, viéndose los cafés y los bares llenos de público. La gente se retiró a sus casas al lado de sus aparatos de radio, atenta a las noticias que se transmitían. Ese domingo la radio dio a conocer repetidas veces una nota del general Llano Encomienda, en la que se conminaba a los obreros a que se reintegrasen al trabajo el lunes por la mañana.

Llano Encomienda dictó el lunes 8 de octubre una ampliación del bando publicado el día 6, que decía:

> Don Francisco Llano Encomienda, general de brigada encargado del mando de la III División Orgánica y comandante militar de Valencia.
>
> Ordeno y mando:
>
> De conformidad con lo establecido en el artículo quinto del bando dictado el día 6 de octubre último y como ampliación del mismo:
>
> Art.1º Quedan sometidos a la jurisdicción de guerra y serán sancionados en procedimiento ordinario o sumarísimo como responsables de un delito de rebelión, o desobediencia a la autoridad militar, todos los empleados técnicos dependientes y jornaleros de ferrocarriles, teléfonos, limpieza pública, panaderos, tranviarios, electricistas, transportes, matarifes, abastecedores de mercados, que impidan o dificulten la realización de cualquier servicio de los enumerados, o similares, causen algún daño en las instalaciones, o sin motivo justificado dejen de prestar su habitual trabajo.
>
> Art.2º Quedan también sometidos a la jurisdicción de guerra, los funcionarios públicos o de corporaciones que cometieren la comisión de algunos de los delitos señalados en el artículo anterior, sin perjuicio de la responsabilidad señalada en el artículo 15 del bando antes señalado.
>
> Art.3º Los directores gerentes y propietarios de las empresas e industrias, y los jefes de oficinas públicas y corporativas a que contraen los artículos anteriores, vienen obligados a dar cuenta a mi autoridad, bajo responsabilidad en caso de incumplimiento de desobediencia grave, de los nombres de sus empleados y obreros que dejen de presentarse al trabajo o abandonen el que tengan encomendado.
>
> Valencia 8 de octubre de 1934.- El general comandante militar Francisco Llano (*Las Provincias*, 9-10-1934: 1-2).

El 16 de noviembre el ministro de la Guerra, Diego Hidalgo y Durán, fue forzado a dimitir y le sucedió José María Gil Robles (Acción Popular-CEDA), que continuó con la misma política que su antecesor, ascendiendo a otros generales que habían demostrado su enemistad con el anterior gobierno de izquierdas, como el del general de Brigada de Estado Mayor Joaquín Fanjul Goñi, nombrándole su Subsecretario; Franco se convirtió en Jefe del Estado Mayor Central (EMC); Goded en Director de la Aeronáutica Militar; y Mola en Jefe Superior de las Fuerzas Militares en Marruecos.

Mientras esto ocurría, Llano Encomienda veía que no solo no ascendía a general de División sino que su posición apenas variaba en el escalafón de generales de Brigada (número 13 en 1935 y 12 en 1936), y además tampoco se modificó su destino, ya que continuaba al frente de la 5.ª Brigada de Infantería.

Fue en ese momento cuando introdujo un cambio en su apellido, con la adición de la partícula *de la*, pasando a llamarse Francisco Llano de la Encomienda, también fue entonces cuando tuvo sus primeras manifestaciones políticas, encabezando el acto que el partido Derecha Regional Valenciana (DRV), integrado en la CEDA, organizó el 5 de noviembre de 1934 por las víctimas de los sucesos revolucionarios de Cataluña y Asturias (*Las Provincias*, 6-11-1934: 6).

No hay duda de que con estos actos el general de Brigada Llano de la Encomienda trataba de granjearse el favor del gobierno derechista. Sin embargo no consiguió su objetivo, pues continuó en el mismo destino. La razón habría que buscarla tal vez en el hecho de que para la derecha gubernamental, el general Llano de la Encomienda no era un militar de fiar, porque se hizo público entonces que era masón, condición de la que le acusó el diputado del Partido Republicano Conservador por Huelva, Dionisio Cano López, en la sesión de las Cortes del 15 de febrero de 1935 (Muñoz, 2011: 554).

El estado de guerra se amplió el 12 de diciembre de 1934, por lo que la Comandancia General de València se dispuso a la publicación del siguiente bando:

> Don Francisco Llano Encomienda, general de la III División Orgánica, comandante militar de Valencia.
> Hago saber:
> Como ampliación de mi bando de 6 de octubre del presente año, declarando el Estado de Guerra en el territorio que a efectos de Justicia corresponde esta jurisdicción.
> Ordeno y mando
> Art 1º. Quedan sometidos a la jurisdicción de guerra, todos los delitos previstos y penados en la ley de 11 de octubre de 1934.
> Art 2º. De acuerdo con lo previsto en los artículos 649 y 651 del Código de justicia militar, serán sometidos a juicio sumarísimo, con arreglo al procedimiento fijado en el título 19 del tratado tercero del citado Código, los delitos de incendio o robo con ocasión del mismo o con armas, y cualquier otro atentado contra las personas o la propiedad que se cometa o intente cometer por medio de explosivos, elementos incendiarios o con armas de cualquier clase, ya sea con fines sociales, políticos o económicos-sociales y especialmente los delitos señalados en la ley antes mencionada de 11 de octubre de 1934.
> Valencia 12 diciembre 1934.- Francisco de Llano.[29]

El 1 de febrero de 1935 su hijo Miguel entraba de alumno en la Academia militar de Ingenieros de Segovia, y permanecerá en ella hasta el 31 de julio de 1935 (*ABC*, 2-1-1935: 2).

El 13 de abril fue levantado por Decreto Ley el estado de guerra, y se declaraba en su lugar el estado de alarma. Con este nuevo estado el orden público pasó de la jurisdicción militar a la civil.

---

[29] *Las Provincias,* 13 de diciembre de 1934, página 5.

NOMBRAMIENTO DE HIJO ADOPTIVO DE BETXÍ A JOAQUÍN DUALDE

En enero de 1935 el Pleno del Ayuntamiento de Betxí aprobó por unanimidad el nombramiento de otro hijo adoptivo de Betxí, el prestigioso abogado y catedrático de derecho, D. Joaquín Dualde Gómez, entonces ministro de Instrucción Pública y Bellas Artes (Educación) del gobierno del republicano radical Alejandro Lerroux, por:

> La simpatía y el cariño que a este pueblo ha demostrado tenerle, el residente casi continuo en este término, el Excmo. Señor Don Joaquín Dualde Gómez, y como agradecimiento a cuanto en bien de la localidad que consideró siempre como suya, está haciendo en pro de la cultura en general, y en particular de este pueblo.

En esta misma sesión se acordó, «en animada y amistosa discusión por unanimidad, que este nombramiento se realizara durante algún acto público, en que personalmente se le demuestre la gratitud de su vecindario que le quiere y distingue, homenajeándole con el esplendor y familiaridad que merece».

A este acto fueron invitados: el general Gómez Morato, Capitán General de la III División Orgánica; el general Llano de la Encomienda; José Nofre, Gobernador Civil de Castelló; Carlos Selma, presidente de la Diputación de

Fotografía tomada en el mas que Joaquín Dualde Gómez tenía en Betxí (hoy colegio de Fomento Torrenova). Podría haberse realizado el sábado 6 de julio de 1935, día en que le nombraron hijo adoptivo de Betxí. De izquierda a derecha: José Morelló del Pozo (diputado Partido Radical), Fernando Gasset Lacasaña, Joaquín Dualde Gómez (que en esa fecha era Ministro de Instrucción Pública y Bellas Artes por segunda vez) y Carlos Selma Roig (Presidente de la Diputación de Castelló). Fuente fotográfica: Elisa Gil Gasset, Centre de Documentació de Recuperació de la Memòria Històrica Local de la UJI.

Castelló; Vicente Tirado, alcalde de Catelló; y los exdiputados a Cortes, Ernesto Ibáñez Rizo y Juan Barral Pastor (*Heraldo de Castellón*, 8-7-1935: 2).

Dicho acto se celebró el sábado 6 de julio de 1935. Se conoce la lista de invitados, y el tercero era «D. Paco Llano», por detrás del gobernador civil y del Capitán General. Este *Paco* denota familiaridad y proximidad (Sorribes, 2007: 32).

El general Llano de la Encomienda no podía faltar al acto, al igual que hizo Joaquín Dualde cuando nombraron al general hijo adoptivo de Betxí. Vino desde València, donde estaba al mando de la 5.ª Brigada de Infantería.

LOS PROLEGÓMENOS DE LA GUERRA CIVIL. LA SUBLEVACIÓN DE LA IV DIVISIÓN ORGÁNICA (18-20 DE JULIO DE 1936)

En enero de 1936, los partidos de izquierda (excepto la anarquista CNT) se unieron en una coalición electoral, el Frente Popular, con un programa bastante moderado. La derecha, por su parte, se agrupó en torno a la CEDA (excepto el pequeño partido Falange Española). Las elecciones se celebraron el 16 de febrero y ganó el Frente Popular por escaso margen (4 654 116 votos frente a los 4 503 524 de las derechas). Sin embargo, una Ley Electoral que favorecía a las mayorías otorgó al Frente Popular 278 escaños del Parlamento y a las derechas solo 130.

Manuel Azaña (Izquierda Republicana), nuevo presidente de la República, designó como primer ministro a Casares Quiroga (Izquierda Republicana), un hombre demasiado débil que no estará a la altura de las circunstancias. Los acontecimientos se precipitaron. La derecha comenzó a conspirar contra el gobierno. Los sindicatos de izquierda tampoco ayudaron mucho con su actitud revolucionaria. La confrontación se radicalizó. Eran frecuentes los enfrentamientos armados con palos o con pistolas entre militantes jóvenes de uno u otro signo, especialmente en Madrid.

Una de las decisiones del nuevo ministro de la Guerra, el general de División Carlos Masquelet Lacaci, fue retirar de sus cargos a los militares cercanos a la derecha. Así, Franco fue destinado como Comandante General a Canarias; Goded pasó con el mismo cargo a las Baleares; Mola se convirtió en Gobernador Militar de Pamplona. Para sustituir a estos mandos se tomó la decisión de elegir a militares apolíticos, en vez de los militares más comprometidos, lo que provocó un fuerte enfado entre los miembros de la Unión Militar Republicana Antifascista (UMRA), organización clandestina que agrupaba a los generales, jefes y oficiales más izquierdistas, la mayoría masones. El general de División José Sánchez-Ocaña Beltrán, entonces General Jefe de la IV División Orgánica con sede en Barcelona, pasó a hacerse cargo del Estado Mayor Central (EMC), dejando su anterior destino vacante. Para cubrirlo, Azaña y Masquelet optaron por nombrar a Llano de la Encomienda (21-II-1936), aunque solo era general de Brigada, y la Jefatura de una División Orgánica correspondía a un general de División. Este hecho demostraba la enorme confianza que Masquelet tenía en la disciplina de este general, no solo por darle un mando de superior categoría, sino además de tanta transcendencia política como era la IV División Orgánica, que tras Madrid tenía la guarnición más importante de la Península. Este destino, aunque colmaba las aspiraciones militares de Llano de la Encomienda, le iba a colocar en el epicentro de la conspiración militar, convirtiéndole en un protagonista inesperado y contra su voluntad (Muñoz, 2011: 554-555).

Esta conspiración empezó a gestarse en la primavera de 1936. Hasta ese momento habían existido cinco grupos militares conspiratorios:

Los monárquicos alfonsinos: con los generales García de la Herrán, Orgaz, Ponte, y el coronel de Estado Mayor, Valentín Galarza Morante. No tenían un fuerte predicamento en el resto del Ejército, lo que hacía casi imposible que un golpe de Estado militar de carácter monárquico tuviera éxito.

Los monárquicos carlistas: con el coronel Varela. Contaban con una organización paramilitar, denominada el Requeté. En el Ejército, las simpatías hacia los carlistas eran casi nulas, pero sí se daba importancia al Requeté como milicia para apoyar al Ejército. Un golpe de Estado militar de carácter carlista era una quimera.

Los constitucionalistas: con el teniente general Sanjurjo y los generales de División Goded y Cabanelles. Su objetivo era dar un golpe de Estado y establecer una república de orden.

La Unión Militar Española (UME): con el teniente coronel de Infantería Rodríguez Tarduchy. Se trataba de una organización conspirativa, integrada única y exclusivamente por Jefes y Oficiales, partidaria de dar un golpe de Estado que pusiera fin a la II República. Sus miembros pertenecían a la extrema derecha. La UME como organización no podía dar ese golpe de Estado sino contaban con el apoyo de los generales. Era un útil auxiliar para cualquier empresa golpista, pero sin capacidad para liderarla.

La Junta de Generales: estaba presidida por el general Goded, y la integraban los generales Fanjul, Villegas y Rodríguez del Barrio. Fue la más importante de las organizaciones conspirativas. El objetivo de esta Junta no era tanto la destrucción de la II República mediante un golpe de Estado, como acabar con el gobierno de Azaña. Mientras gobernó la derecha entre 1933 a 1935, se mantuvo inactiva, pero vigente, volviendo de nuevo a la actividad tras el triunfo del Frente Popular.

Por tanto, en febrero de 1936 nos encontramos con una serie de núcleos conspirativos cuyos miembros en numerosas ocasiones estaban en varios a la vez y con dos figuras militares claves: Sanjurjo y, sobre todo, Goded, que mantenía excelentes relaciones con la UME a través de su ayudante, el comandante de Infantería Carlos Lázaro Muñoz[30] (Muñoz, 2011: 557-559).

Los militares conjurados se reunieron en marzo de 1936, para decidir quién ostentaría el mando supremo. Los idóneos parecían ser Franco o Goded, pero era evidente que ninguno de los dos aceptaría subordinarse al otro. Por otra parte, Franco se mostraba bastante tibio y evasivo, evitaba comprometerse. En esta tesitura, los generales designaron a Sanjurjo, el héroe del Rif, un general que fracasó en un golpe de Estado (14-X-1932), y desde entonces vivía exiliado en Lisboa. Los conspiradores contaron, además, con importantes apoyos civiles provenientes de grupos de extrema derecha: los tradicionalistas, algunos católicos y el joven partido fascista Falange Española, cuyo líder, José Antonio Primo de Rivera, estaba encarcelado en Alicante por tenencia ilícita de armas (Eslava, 2005).

El general Mola tejió una vasta conspiración cívico-militar, que abarcaba desde los republicanos moderados y masones hasta monárquicos de extrema derecha, agrupados bajo la bandera del rechazo al Frente Popular. Incluso hubo contactos con el Partido Nacionalista Vasco (PNV), que inicialmente se comprometió a participar en la sublevación, pero poco después se echó atrás, cuando el líder socialista Indalecio Prieto les prometió el ansiado estatuto de autonomía.

En esta conspiración la IV División Orgánica era clave para Mola, por su posición geográfica y por la propia riqueza de Cataluña. Sin embargo comprendió que se iba a encontrar con cuatro grandes problemas en esta región, que dificultaban enormemente el triunfo de la sublevación en la misma:

---

[30] El teniente coronel Carlos Lázaro Muñoz, jefe de la 2.ª Brigada de la 55 División, el 1 de julio de 1938 tomará Betxí (Mallench, 2014: 15).

1. *La situación militar.* Si bien la inmensa mayoría de los oficiales eran neutrales y disciplinados, Mola podía contar con el fuerte grupo de la UME dentro de la guarnición de Cataluña, cuya alma era el capitán de Artillería Luis López Varela. Pero frente a este grupo se alzaba otro, también muy potente, ligado a la organización contraria, la Unión Militar Republicana Antifascista (UMRA), muy favorecida por el gobierno de la Generalitat, y de la que formaban parte, entre otros, el comandante de aviación Felipe Díaz Sandino y el comandante de Infantería Vicente Guarner Vivancos, Jefe de Servicios de la Comisaría General de Orden Público. A esto hay que añadir la presencia de otros militares izquierdistas notorios, como el coronel de Infantería Críspulo Moracho que el 3 de julio de 1936 sufrió un atentado a manos de la UME. Esto implicaba que en Cataluña no se podría contar con la totalidad del Ejército para la sublevación y lo que es más importante, que era factible su división, lo que debilitaría las fuerzas de los golpistas. En la oficialidad de la guarnición abundaban los tibios, indiferentes o rotundamente adversos a toda rebelión. Resultaba decididamente peligroso con alguno de los cuerpos, como el Regimiento de Infantería Alcántara, dada la filiación de su jefe Críspulo Moracho, y lo propio ocurría con el grupo de Intendencia. Por otra parte, numéricamente estos cuerpos eran endebles por sus reducidas plantillas y los permisos de verano, concedidos con excesiva generosidad. En cifras globales puede decirse que entre todos ellos no se superaban los siete mil hombres.

2. *La situación social.* Cataluña era, sin discusión, la región menos afecta a una intervención militar en España, ya que si bien las fuerzas de la derecha, desde la Lliga Catalana de Cambó hasta la CEDA y los carlistas estaban muy bien organizadas, también eran muy minoritarias frente a las fuerzas anarquistas que podría movilizar la Confederación Nacional del Trabajo (CNT), muy potente en Cataluña y sobre todo la Federación Anarquista Ibérica (FAI), e incluso una pequeña burguesía simpatizante de Esquerra Republicana de Cataluña (ERC). De hecho, las milicias de la CNT y las fuerzas de la FAI jugaron un papel clave contra cualquier movimiento militar contrario al Gobierno. La CNT-FAI disponía de unos veinte mil militantes, organizados en comités de defensa de barriada, y dispuestos a empuñar las armas.

3. *Las Fuerzas de Orden Público.* Mola siempre vio a la Guardia Civil como un útil auxiliar del Ejército en la sublevación. Sin embargo, en Cataluña la situación no era fácil. Por el estatuto de autonomía, la Generalitat, a través del Consejero de Gobernación, José María España Sirat, y el Comisario General de Orden Público, el capitán Federico Escofet Alsina, controlaba esta institución y las otras fuerzas de Orden Público, que entre Policía, Carabineros, Guardia Civil y Mossos de Esquadra sumaban más de cuatro mil profesionales, armados y adiestrados. Por razones obvias, Mola no podía contar ni con José María España ni con el comandante de Estado Mayor Vicente Guarner Vivancos, que era el jefe superior de los servicios de Orden Público de la Generalitat. Tampoco podía hacerlo con el jefe accidental del cuerpo de Seguridad y Asalto, comandante Alberto Arrando Garrido, ni con el de los Mossos de Esquadra, teniente coronel Felix Gabarri, ambos muy leales al gobierno de la Generalitat. Por su parte, los Carabineros, que dirigía el coronel José de Lera Darnell, jefe de la 1.ª Zona del Cuerpo, con un fuerte componente republicano, no estaban dispuestos a participar en la sublevación. Dentro de las Fuerzas de Seguridad y Asalto figuraban en Cataluña tres grupos de infantería, tres compañías ordinarias y una de especialidades (1800 hombres), dos escuadrones (250 hombres) y nueve compañías locales (810 hombres). Los

jefes de los grupos eran los comandantes Alberto Arrando Garrido, Enrique Gómez García y Germán Madroñero López. En conjunto se trataba de una fuerza muy poderosa, que solo en Barcelona se cifraba en cerca de 2800 hombres, perfectamente armados y adiestrados en luchas callejeras. Su ideología, en su mayoría, era pro revolucionaria. Algo parecido podía decirse de la 1.ª Zona de Carabineros, con una Comandancia en la provincia de Barcelona y tres compañías en la capital.

Cataluña disponía como unidad armada propia a los Mossos d´Escuadra, unos 300 hombres, al mando del teniente coronel de la Guardia Civil Félix Gabarri. Con ellos poco o nada hubiese podido hacer la Generalitat ante una sublevación militar, si no fuese porque también dependían de ella la Guardia Civil, la de Seguridad y Asalto y los Carabineros.

En Cataluña se encontraba ubicada la 5.ª Zona de la Guardia Civil, bajo el mando del general de Brigada José Aranguren Roldán, el coronel Francisco Brotons Gómez al mando del 3er Tercio, y el coronel Antonio Escobar Huerta al mando del 19 Tercio, y un total de seis Comandancias y 24 compañías, estando situadas en Barcelona capital hasta tres Comandancias, con nueve compañías y cuatro escuadrones, y un total de más de 2.000 hombres, bien pertrechadas y disciplinada, con oficiales, suboficiales y números entrenados y eficaces. La ideología predominante en sus filas y a cualquier nivel era conservadora, pero su adhesión al poder constituido era tradicional y sólida, y primaba sobre las opiniones personales. Los tres mandos citados no eran de la confianza de Mola, ya que mantenían una adhesión incondicional a los gobiernos de Madrid y Cataluña, aunque no faltasen tampoco algunos partidarios de la sublevación militar. Ninguno de estos mandos se sublevó en 1936, siendo claves en la victoria del Gobierno sobre los sublevados (*Martínez Bande*, 2007: 305-306).

Pero el hecho de que los mandos de las fuerzas no estuvieran a favor de la sublevación no significaba que los hombres bajo su mando pensaran igual. Numerosos mandos intermedios de las Fuerzas de Orden Público, sí que estaban dispuestos a sublevarse, como el capitán de la Guardia de Asalto Pedro Valdés, y los tenientes del mismo cuerpo Conrado Romero y Manuel Villanueva. Este hecho era especialmente patente en la Guardia Civil, donde hombres como el comandante Agustín Recas Marcos o los capitanes Luis Oller Gil y Eladio Pin Ruiz llegaron a sublevarse. De hecho, para Escofet la actitud de la Guardia Civil era una incógnita y, al igual que Mola, consideraba que podría ser decisiva para el resultado final de la sublevación en Cataluña.

4. *El mando supremo de la sublevación*. Mola contó desde un principio con dos generales de Brigada de la guarnición de Barcelona, Álvaro Fernández Burriel y Justo Legorburu. Sin embargo, ninguno tenía la talla para encabezar una sublevación en Cataluña. Se necesitaba un militar de mayor prestigio. Los primeros en ofrecerse fueron dos tenientes generales ya retirados, Emilio Barrera Luyando y Severiano Martínez Anido. Mola rechazó a ambos, ya que ninguno de los dos tenía buena imagen en Cataluña. De ahí que tuviera que recurrir al general de División Manuel González Carrasco, en quien no confiaba, ni tampoco en la guarnición de Barcelona, que bajo su mando se negó a sublevarse. En el golpe que perpetró el general Sanjurjo el 10 de agosto de 1932 desde Sevilla, estaba previsto que el general González Carrasco se sublevase en Granada, cosa que no sucedió. Al no lograr sublevar a la guarnición en Granada, González Carrasco se

fue a Francia, junto a otros de los implicados en la intentona. Tras descartar al general González Carrasco, Mola se puso en contacto con Goded para que fuese el jefe del alzamiento en Cataluña. Goded aceptó el ofrecimiento, a pesar del peligro que entrañaba, ya que un triunfo en Cataluña le daría la supremacía entre los generales sublevados. Mola, no estaba de acuerdo con la decisión de Goded, porque prefería que fuese a la III División Orgánica (València), donde el triunfo de la sublevación se consideraba más factible, pero no pudo oponerse a ella, dado el empleo superior de Goded y su subordinación a él.

A Mola la situación en Cataluña se le antojaba muy complicada. Sin embargo, todo podría variar si se lograba el apoyo del jefe de la IV División Orgánica, y este no era otro que su amigo y antiguo compañero en los Regulares de Melilla, Francisco Llano de la Encomienda. Si Mola conseguía su apoyo y este se sublevaba, muchos militares neutrales y disciplinados se pondrían a las órdenes de su general y le obedecerían. Es más, si el Ejército se sublevaba en bloque, bajo sus mandos naturales, es muy posible que la Guardia Civil se uniera a él, lo que daría el triunfo a los alzados.

Entre Mola y Llano de la Encomienda había una diferencia importante. El primero no había sido muy bien tratado por Azaña y el Frente Popular; el segundo, por el contrario, había sido muy favorecido. Por tanto, esa animadversión que fue clave para atraer a militares, como Queipo de Llano por ejemplo, no servía en el caso de Llano de la Encomienda. Pero además, existía otra diferencia muy importante entre ellos: Llano de la Encomienda, ocho años mayor que Mola, se había formado en los cuarteles del Ejército durante el periodo más estable y de mayor crecimiento económico del siglo XIX, la Restauración, donde el ejército era el auténtico sostén del Régimen, lo que hacía de él un militar muy obediente al poder constituido y un soldado muy disciplinado, la gran característica de su personalidad, junto a la valentía. Por el contrario Mola, nacido en Cuba y que entró en la Academia de Toledo cuando el régimen de la Restauración se desintegraba (1904), no tenía ese respeto por la legalidad constituida, a pesar de su ideología liberal y republicana. De hecho, Llano de la Encomienda y Mola reflejaban la diferencia existente entre el grupo sénior y el júnior dentro de la generación de los generales de 1923 (Muñoz, 2011: 562-563).

La falta de conformidad entre el general Llano de la Encomienda y el Comisario General de Orden Público de la Generalitat, Federico Escofet, comenzó con el atentado al coronel Críspulo Moracho. El 2 de junio de 1936, cuando el coronel Moracho, del Regimiento de Infantería Alcántara, iba a subir a su coche en la plaza de Cataluña junto a su hijo Félix, varios desconocidos arrojaron cuatro bombas Laffitte contra su vehículo. Por suerte ninguna explotó en el interior del coche y solo resultó herido un transeúnte. Las primeras indagaciones demostraron lo que era evidente, que las bombas que se lanzaron eran del propio ejército. Tras diversas averiguaciones se realizaron algunas detenciones y se relacionó la acción con la UME. Era el tercer atentado que sufría en un mes. Escofet informó a Llano de la Encomienda. El general no le hizo caso, y este tomó entonces una decisión de enorme transcendencia: acusó del atentado a sectores del Ejército y afirmó que estaba dispuesto a hacer registros en domicilios de oficiales y a proceder a su detención, en lo que estaba de acuerdo Llano de la Encomienda. Estas palabras de Escofet indignaron a los generales, jefes y oficiales de la guarnición, que se trasladaron al despacho de Llano de la Encomienda y protestaron ruidosamente ante él, haciendo los generales amago de entregar los bastones de mando. Al final, se demostró que el responsable había sido el capitán de Infantería retirado Francisco López Llinás.

Otro hecho que aumentó la desconfianza entre ambas autoridades se produjo cuando Escofet se entrevistó con Llano de la Encomienda, con objeto de informarle de que algo raro estaba pasando en las tropas bajo su mando, ya que su Jefe de Estado Mayor, el coronel Moxó, uno de los cerebros de la conspiración en Cataluña, estaba organizando ejercicios de instrucción nocturnos donde las tropas ocupaban los puntos neurálgicos de Barcelona. Escofet se opuso a que continuasen, ya que podía ser la excusa perfecta para desencadenar un golpe de Estado, y adueñarse de la ciudad de forma perfecta. Así se lo explicó al general Llano de la Encomienda, pero «no fue empresa fácil convencerlo de que llamara al jefe de su Estado Mayor para la anulación de la inoportuna orden» (Muñoz, 2011: 563).

El 4 de julio de 1936, quince días antes de la sublevación militar, Vicente Guarner Vivanco fue nombrado Jefe de los Servicios de la Comisaría General de la Generalitat.

Los conspiradores, al tener la necesidad de encontrar simpatizantes o de neutralizar a posibles enemigos, cometieron imprudencias, pues se vieron obligados a tantear a los compañeros o conocidos. Como consecuencia de esas gestiones de captación, la policía practicó un registro en casa del capitán de Asalto Pedro Valdés Martel, de la 8.ª compañía de Seguridad, donde encontraron un gran sobre lacrado escondido en la caja de un gramófono, en el que se hallaba el bando sin fecha de proclamación del estado de guerra, firmado por el general González Carrasco (que era a quien en el plan conspirativo se le había encargado sublevar Cataluña), un manifiesto dirigido al país firmado por la Junta Suprema Militar de Defensa de España, y las órdenes de instrucción para los distintos comandantes de las unidades. Valdés, dos tenientes y un suboficial, ingresaron en prisiones militares.

A Vicente Guarner, que era el delegado de la UMRA en Barcelona, sus afiliados le entregaron listas de los jefes y oficiales de los implicados en cada guarnición, que se suponían comprometidos, por lo que se recomendaba su inmediata detención.

La preparación de la sublevación en Barcelona contó con la plena complicidad del Estado Mayor de la IV División Orgánica, que se mantuvo enlazado con Mola, y más tarde con el general Goded.

Escofet refiere que documentos recogidos a los conspiradores tenían un sello del Estado Mayor que, según el coronel Moxó, Jefe del Estado Mayor, no era auténtico. Para Guarner, Moxó formaba parte de la trama golpista y también para Escofet, quienes días antes habían tenido conocimiento de detalles del plan golpista (García Álvarez, 2017: 195).

El encontronazo más importante entre Llano de la Encomienda y Escofet ocurrió el 16 de julio, la víspera del comienzo de la sublevación. Escofet se entrevistó con el general para informarle de que se había procedido a la detención del capitán Valdés y de los tenientes Romero y Villanueva, y que en un registro del domicilio del capitán Valdés se encontró un bando firmado por el general González Carrasco y otros documentos vinculados con la organización de la sublevación en Cataluña. Llano de la Encomienda no hizo ningún caso de esos documentos, limitándose a decir que si se producía alguna rebelión, se limitaría a una batería o compañía aislada, y que él podría acabar con ella sin problemas. Escofet salió de la reunión completamente fuera de sí por su actitud.

Producto de la reunión que tuvieron Llano de la Encomienda y Escofet el día anterior, el general se limitó a ordenar al coronel de Artillería Francisco Serva Castells que instruyera un sumario sobre estos sucesos, ya que los tres procesados (capitán Valdés y los tenientes Romero y Villanueva), por su condición de militares, y tras ser interrogados por Guarner, fueron llevados al Castillo de Montjuich.

Es muy posible que Llano de la Encomienda pensase que la sublevación en ciernes no era tan grave como después resultó ser, y que si actuaba contra ella se podría acelerar la misma y provocar un auténtico desastre. De ahí que optase por mantener una actitud pasiva con la esperanza de que al final no ocurriese nada.

Los temores de un golpe de Estado se confirmaron el viernes 17 de julio, con la sublevación del ejército que estaba en Marruecos, y continuó escalonadamente a la mañana siguiente en Andalucia, Canarias y Valladolid. En Cataluña estaba proyectado para el domingo 19 de julio, fecha que coincidía con el comienzo de la denominada Olimpiada Popular, programada como respuesta a la oficial de Berlín. En Madrid el Gobierno había dimitido, y de momento había sido imposible crear un gobierno de concentración nacional capaz de hacer frente a los hechos. El Presidente de la Generalitat, Companys, y Escofet necesitaban urgentemente saber con quién se podía contar y con quién no, para establecer el plan de defensa.

El viernes 17 Escofet se presentó otra vez ante Llano de la Encomienda, avisándole sobre la rebelión y recomendándole la adopción de las medidas necesarias. El general se mostró dubitativo, quizás por el exceso de confianza que tenía respecto a sus hombres, pero ante las noticias que iba recibiendo sobre la sublevación militar, ese mismo viernes, consultó al Ministerio de la Guerra si podía destituir a los mandos de dudosa lealtad a la República y se le contestó afirmativamente (*La Vanguardia*, 12-8-1936: 1).

En Barcelona hubo una reunión entre Escofet, Guarner, el Conseller de Governació, José María España y el Presidente de la Generalitat Lluís Companys, en la que acordaron luchar contra la sublevación, mientras los jefes de la Guardia Civil, el general Aranguren, y los coroneles Escobar y Brotons celebraron una reunión esa misma mañana, donde se comprometieron a defender la legalidad republicana, y de la que informaron inmediatamente a Escofet. Esa misma noche Aranguren constituiría su puesto de mando en la Consellería de Governació.

Escofet y quienes le rodeaban sabían que entre los guardias civiles había bastantes desafectos al régimen, o por lo menos al Gobierno, y conocían los nombres de los principales. Pero en la Comisaría de Orden Público aún se temía que la Guardia Civil adoptase una actitud pasiva, que sin sublevarse tampoco se enfrentasen a sus compañeros de armas. Y hasta podía ocurrir que, por una vez, quebrantaran la disciplina.

En la Comisaría se habían reunido en los últimos días un conjunto de informes bastante completos sobre el posible alcance de la sublevación. Basándose en estos informes, Escofet y Guarner habían trazado un plan de defensa, suponiendo cuáles pudieran ser las intenciones y objetivos de las fuerzas que se sublevasen. Confiaban en la Guardia de Seguridad y Asalto, que mandaba el comandante Arrando, quien esa noche se hallaba también presente en la Comisaría General de Orden Público. Mediante cambios en la oficialidad realizados en los últimos meses, se había conseguido unos mandos en los que, salvo contadas excepciones, cabía confiar. Los guardias y los suboficiales eran diestros en su oficio y se hallaban en buena forma (más los de Asalto que los veteranos de Seguridad), disponían de buen armamento y organización y estaban motorizados. Aunque su armamento era inferior al del Ejército, era adecuado en los combates callejeros. Para defender el edificio de la Generalitat de eventuales ataques, contaban con unos trescientos Mossos de Escuadra, también veteranos, mandados por el comandante de artillería Enrique Pérez Farrás. De llegar a producirse la rebelión, estaban convencidos de que la aviación militar de la base del Prat estaría activamente de su parte, de acuerdo con las garantías que les había dado su jefe, el teniente coronel Felipe Díaz Sandino.

Desde la Comisaría General de Orden Público, Escofet y Guarner, con la colaboración de Arrando, establecieron un plan defensivo, y situaron a las fuerzas de Seguridad y Asalto en los puntos clave, con preferencia en aquellos lugares en que tenían noticia en que iban a coincidir las unidades sublevadas. Igualmente distribuyeron las reservas. La Comisaría fue aspillerada y se retuvieron fuerzas suficientes para su defensa, por si llegaba el caso.

A las 10 de la mañana del sábado 18, el general Mola, desde Pamplona, telefoneó a su antiguo superior a Barcelona, para explicarle que pensaba sublevarse para evitar un estado comunista. Llano de la Encomienda le respondió que «defiende y defenderá el poder constituido contra viento y marea. Que no cree en lo del comunismo, aunque tampoco le importaría, en último caso» (Muñoz, 2011: 564). La conversación la terminaba el gobernador militar de Pamplona explicando al General Jefe de la IV División Orgánica que contaba con el apoyo de la V (con cabecera en Zaragoza, al mando del general Cabanelles), la VI (con cabecera en Burgos, abarcando Navarra y País Vasco, al mando del general Batet) y la VII División Orgánica (cabecera en Valladolid, abarcando Zamora, Salamanca, Valladolid, Segovia, Ávila y Cáceres, al mando del general Nicolás Molero Lobo), y que pensaba marchar sobre Madrid con ellas.

Mola buscaba crear desasosiego en el gobierno con esta llamada telefónica más que intentar convencer al general de que se uniese a él. Pensaba, y con razón, que el general avisaría de manera inmediata al gobierno de la Generalitat y al de Madrid, y pondría en alerta a toda la IV División Orgánica. Era lo lógico en estas circunstancias. Aunque también podría ser el último intento de Mola para atraerse a su antiguo compañero de armas. La negativa de Llano de la Encomienda privó a Mola probablemente de su mejor baza en Cataluña.

Llano de la Encomienda después de esta llamada empezó a preocuparse, ya que conocía muy bien a Mola, que lo tuvo a sus órdenes en los Regulares de Melilla en la guerra de África, y sabía perfectamente de su inteligencia, frialdad y capacidad de organización. Si Mola estaba en la operación, esta era realmente peligrosa y amplia. Llano de la Encomienda no modificó en apariencia para nada su postura anterior, limitándose a mantener una actitud pasiva ante la sublevación que se avecinaba. Así, poco después de hablar por teléfono con Mola, tuvo una nueva reunión con Escofet, donde éste le entregó una lista que contenía los nombres de 70 jefes y oficiales de la guarnición de Cataluña comprometidos con la sublevación, y le pidió permiso para detenerlos. El general se negó, añadiendo que «se opondría a que se realizaran porque no quería dar lugar que fueran precisamente las detenciones el hecho que provocase la indignación de la guarnición, y que esta indignación fuera aprovechada posteriormente como pretexto para lanzarse a la calle» (Muñoz, 2011: 565).

Escofet no aceptó el argumento de Llano de la Encomienda, y se dirigió a Companys para solicitar su apoyo. El presidente de la Generalitat creyó a su Comisario General, y telefoneó inmediatamente a Madrid, donde Santiago Casares Quiroga, a la sazón presidente del Consejo de Ministros y ministro de la Guerra, le prometió hablar con el general para darle las órdenes oportunas y que realizase todas esas detenciones. No obstante, Escofet, con el beneplácito de Companys y el Conseller de Governació José María España, elaboró un informe sobre la situación en Cataluña, para hacérselo llegar de manera inmediata al presidente del Consejo de Ministros. Este informe era muy crítico con el general, y finalizaba con dos párrafos demoledores sobre su actuación en ese momento:

> Pero, ¿Cuáles serán las medidas tomadas por el general Llano de la Encomienda? Su ceguera y su falta de energía me hacen temer que no serán las más rigurosas que exigen la inminencia de los graves acontecimientos que se avecinan, ni estarán de acuerdo con las por mí solicitada. Y estos temores se confirman ante el silencio del general, ya que considero que la colaboración de las fuerzas de Orden Público fuera indispensable para el rápido y eficaz logró de nuestro objetivo. Insisto en la conveniencia de que el señor Casares Quiroga, como Ministro de la Guerra, de órdenes más enérgicas y taxativas al General de la División, o que le anule, permitiendo la actuación de esta Comisaría General de Orden Público (Muñoz, 2011: 560-565).

Este informe se lo entregaron a Joan Casanellas, que era subsecretario del Ministerio de Trabajo y que esa noche cogía el expreso de Barcelona a Madrid. A su paso por Calatayud fue apresado por los sublevados, y el informe nunca llegó a Madrid. Condenado a muerte por las autoridades franquistas, tras ocho meses de encarcelamiento fue intercambiado por el aristócrata catalán José María Milá Camps.

Tras esta reunión, Llano de la Encomienda decidió no detener a ningún oficial, tal como le había ordenado Casares Quiroga, limitándose a dejar a tres en situación de *disponibles*, que al día siguiente también se sublevarían con sus respectivas unidades. Entre los *disponibles* se encontraba el comandante Mut, del Estado Mayor

Mientras Escofet redactaba ese informe, en la tarde de ese mismo día Llano de la Encomienda decidió reunirse con los generales San Pedro, Fernández Burriel, Legorburu y el coronel auditor Ferrer, quienes les dieron toda clase de seguridades de que en Barcelona no ocurría nada anormal. Y para confirmarlo los citados generales fueron a pasar la noche en sus respectivos cuarteles, desde donde le comunicaron que la normalidad era absoluta, resultando luego que al dar órdenes para reprimir a los sublevados que habían salido a la calle, los jefes de los regimientos le contestaron con vacilaciones. En esta reunión el general Llano de la Encomienda, «había advertido a sus oficiales que aunque personalmente apoyaba al partido de Unión Republicana, si las circunstancias le obligaban a escoger entre dos movimientos extremistas, no vacilaría en apoyar al comunismo antes que al fascismo» (Thomas, 1976: I, 257). Esto lo escuchó el general Fernández Burriel, que encabezaría el alzamiento en Barcelona.

Ante el cariz que iban tomando los acontecimientos, Llano de la Encomienda encargó inmediatamente al general San Pedro, jefe de la 7.ª Brigada de Infantería, que visitara los cuarteles de este arma, que observara el ambiente y que en caso necesario les redujera a la obediencia legal. El general San Pedro, persona apolítica, disciplinada y ponderada, alcanzó un cierto éxito en los cuarteles del Regimiento Alcántara n.º 14, donde la oficialidad se hallaba dividida y equilibrada, pero cuando llegó a Pedralbes encontró al Regimiento Badajoz n.º 13 prácticamente sublevado. La oposición que halló a sus requerimientos fue tan violenta que el capitán Mercader acabó disparando al aire (la bala pasó muy próxima a la gorra del general). Cuando el general San Pedro quería arengar a la tropa formada en el patio, los oficiales arrestaron al general y lo encerraron en el mismo cuarto en que ya lo estaba el coronel del Regimiento, Fermín Espallargas, que también había tratado de oponerse a sus subordinados.

Según el periodista Joaquín Arrarás, esa noche el general Llano de la Encomienda expulsó de la División al comandante Mut del Estado Mayor, al sospechar que era un traidor. Mut fue el elemento más activo, representante del Estado Mayor en la junta catalana, enlace con Mola en Pamplona y con Goded en Mallorca. Mut mantendría informado a su jefe, el coronel Moxó, y éste conocería los desplazamientos conspirativos de Mut (García Álvarez, 2017: 102-104).

El comandante Mut estuvo «desaparecido el día siguiente y no está claro el porqué. Según su hoja de servicios, tomó parte en el levantamiento de la guarnición de Barcelona la noche del 18 al 19, quedando aislado en la mañana del último día en la calle, consiguiendo ocultarse» (García Álvarez, 2017: 195).

El anochecer de este mismo sábado 18, Barcelona aparentaba una cierta normalidad. La gente asistía a los espectáculos, ocupaba las terrazas de los bares, de los cafés, y paseaba por calles y avenidas. A pesar de esta aparente calma, se observaban retenes de guardias, de grupos de obreros y coches que circulaban a gran velocidad. La mayor parte de los habituales noctámbulos se recogieron temprano, y en las primeras horas de la madrugada del domingo 19 las calles quedaron casi desiertas. Los piquetes se concentraron en determinados puntos, rodearon los cuarteles, se situaron en los alrededores de los centros políticos de izquierda o custodiaron los ateneos libertarios (los locales de derecha estaban clausurados). Los edificios públicos aparecieron cerrados, con vigilancia externa en alguno de ellos. Frente a la Consellería de Governació empezaron a concentrarse obreros de la CNT que pedían armas. A diversos cuarteles conseguían acercarse otros jóvenes a quienes, mediante tres palabras pronunciadas ante la mirilla, les era franqueada la entrada. La consigna, que circulaba aquella misma tarde era: Fernando Furriel Ferriol. Eran falangistas, requetés o monárquicos de Renovación Española.

En los cuarteles no se durmió. Si en alguno de ellos los soldados se acostaron, pronto les despertaron intempestivos toques de diana. La oficialidad permaneció en vela. Tampoco descansaron los guardias de Seguridad y Asalto: en las salas incautadas de algunos cines dormitaban incómodos, con el correaje aflojado y la tercerola o el mosquetón entre las piernas; o trataron de dar unas cabezadas en las comisarías o lugares de concentración que les habían sido señalados. Muchos de ellos, a pie o a caballo, patrullaron o custodiaron edificios. La Guardia Civil permaneció acuartelada: la tensión entre oficiales, suboficiales y números era al tiempo causa y reflejo de la que dominó a los jefes.

Pocos dirigentes políticos durmieron, y de los sindicales, ninguno. La guarnición de Barcelona iba a sublevarse de madrugada. No toda, como muchos creyeron, pero sí una parte considerable de ella. En algunos cuarteles los más decididos arrastraron a los tibios, en otros, no. Los jefes y oficiales resueltos a apoyar al Gobierno esperaron la ocasión propicia para hacerlo y entre tanto afectaron posturas inhibitorias.

A los voluntarios de filiación derechista, que iban presentándose en número muy inferior al prometido, se les hizo sentar plaza y en el almacén se les proveía de correaje, fusil con su dotación, de guerrera y de gorro o casco. Luego, se les encuadró al mando de oficiales, cuya proporción era muy alta en comparación con el número de soldados. Las calles estuvieron dominadas por guardias, policías y por los anarcosindicalistas de los comités de Defensa de barriada. Llegar a los cuarteles se hizo dificultoso y arriesgado para los voluntarios derechistas, cuyas organizaciones habían sido desbaratadas y muchos de cuyos miembros encarcelados.

El presidente del Consejo de Ministros, Santiago Casares Quiroga, dimitió la tarde del 18 de julio. Le abrumó la responsabilidad de no haber tomado medidas más severas para evitar la sublevación.

En la Comisaría General de Orden Público, el comisario Escofet y el Jefe de Servicios, Guarner, permanecieron en vela hasta muy tarde ese mismo 18. Llevaban varios días analizando la situación y estaban convencidos de que esa noche iban a sublevarse los militares golpistas. De acuerdo con el Conseller de Governació, José María España, y con el presidente de la Generalitat, habían tomado disposiciones para combatir a los sublevados, ya que no confiaban en el general Llano de la Encomienda, quien no creía que la sublevación se produjese.

Los golpistas acordaron que hasta que llegase Goded tomase el mando supremo el general Legorburu. Este declinó el encargo, por razón de antigüedad, en su colega de caballería Fernández Burriel. Este pasó la noche en el cuartel de la calle Tarragona, donde estaba alojado el Regimiento de Caballería Montesa, y estuvo en continuo contacto con el coronel del regimiento, Escalera Hasperué.

La trayectoria intachable del general Burriel y su lealtad a la República, le había permitido obtener el grado de general de la 5.ª Brigada de Caballería, y desempeñar eficazmente este cargo en Barcelona. Por esta razón el 19 de julio de 1936, cuando las tropas sublevadas se dispusieron a tomar Cataluña, ninguno de sus superiores sospechaba de su implicación en el golpe. No en vano Burriel aseguró varias veces a Llano de la Encomienda, bajo palabra de honor, que nunca se sublevaría. Pero la realidad fue otra.

El domingo 19 de julio Azaña encargó al moderado Diego Martínez Barrio (Unión Republicana) la formación de un gobierno centrista, que atemperase los ánimos de las izquierdas y de las derechas, un gobierno que integrase a cuantos partidos respetasen la Constitución «desde las derechas republicanas a los comunistas». Con este gobierno ideado para amansar a la derecha, Martínez Barrio se dirigió a los sublevados para que reconsiderasen su actitud. Para ello llamó por teléfono al general Mola. Mientras tanto se produjeron manifestaciones callejeras contra el gobierno propuesto por Martínez Barrio, al que tildaron de «traidor, vendido y fascista enmascarado». Martínez Barrio, desolado, dimitió ese mismo día. Azaña, después de una noche de intensas consultas y componendas, nombró ese mismo día 19 nuevo jefe de gobierno a su amigo y correligionario José Giral (Izquierda Republicana), prestigioso químico que había sido diputado y ministro de Marina (Eslava, 2005).

Llano de la Encomienda estaba seguro de que no pasaría nada en el territorio de su demarcación. Pero Escofet no pensaba igual. A las dos de la madrugada del domingo 19, se entrevistó con el general para que realizara las detenciones que le había solicitado.

El general le explicó que había tenido una reunión con sus generales, y que le habían asegurado que no se sublevarían, por lo que no tenía sentido realizar dichas detenciones, negándose de nuevo a autorizarlas.

La orden de salir a la calle a las cinco de la mañana del domingo 19, le llegó al *director* en Barcelona, capitán Luis López Varela, del Regimiento de Artillería n.º 1, que comunicó la consigna a los comandantes de Estado Mayor, Mut y Rubio, y al capitán de Infantería Fernando Lizcano de la Rosa, quienes terminaron a toda prisa las últimas instrucciones que debían darse a las unidades comprometidas.

Tres horas después de la reunión con Llano de la Encomienda, tal como temía Escofet, se puso en marcha la consigna: «María dio luz hermoso niño día 14, a las 5 de la madrugada. Ambos hoy perfectamente bien», que significaba que la sublevación debería comenzar el día 19 a las cinco de la mañana. Y así ocurrió (García Álvarez, 2017).

Los generales, jefes y oficiales comprometidos en la sublevación, encabezados por los generales Burriel y Legorburu, movilizaron sus tropas, comenzando por el Regimiento de Infantería Badajoz n.º 13, con objeto de converger sobre la Plaza de Cataluña y controlar Barcelona. Ese era el plan que habían diseñado los sublevados

Ese día de madrugada, en el cuartel del Bruch, situado en la calle Pedralbes, sede del Regimiento de Infantería Badajoz, se sublevaron un grupo de oficiales mandados por el comandante López Amor. De aquí, al romper el alba salieron dos pequeñas columnas que luego se separaron por distintos trayectos. La primera, una compañía, reforzada por treinta paisanos, la mandaba el capitán López Belda, cuya misión fue dirigirse al cuartel de la IV División (antigua Capitanía General) y actuar allí de acuerdo con los sublevados. Se dio la paradoja que esta compañía fue requerida por el propio jefe de la división, general Llano de la Encomienda, con intenciones opuestas, o sea, para apoyar su adhesión a la República. Esta columna fue tiroteada al final del Paralelo, y en el corto trayecto que desde allí les separaba de la Puerta de la Paz, donde estaba el edificio de la IV División, arreció el tiroteo.

Teatro de operaciones de los sublevados el 19 de julio de 1936 (Martínez Blande, 2007: 315).

Guardias de Asalto del 16 Grupo se habían desplazado en tres camiones a lo largo del paseo de Colón. Esta compañía sufrió bajas, pero también los de Asalto. Venciendo dificultades, la compañía de López Belda llegó al edificio de la IV División, y una sección

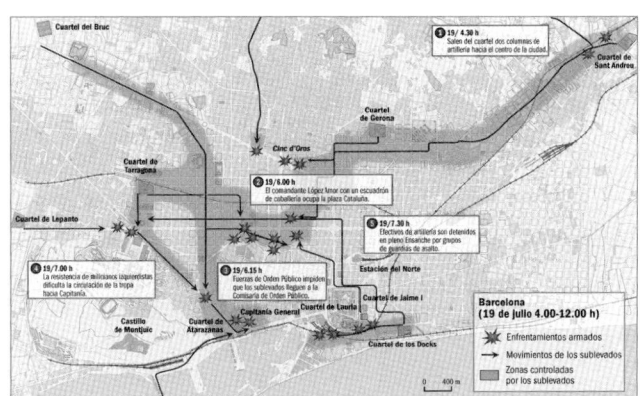

Teatro de operaciones de los sublevados el 19 de julio de 1936 (Martínez Blande, 2007: 315).

de falangistas, que llevaban un fusil ametrallador, se quedaron a reforzar la guardia de Dependencias Militares. En estas habían destinados numerosos oficiales con misiones administrativas y burocráticas en los Juzgados militares. Soldados había pocos, escribientes y los que cubrían la guardia. Mandaba allí, como de mayor grado y antigüedad, el coronel Silverio Cañadas. El edificio, sólido, era de fácil defensa y la mayoría de los que estaban dentro se mostraron de acuerdo, con distintos grados de entusiasmo, con la sublevación.

La columna principal del Badajoz, bajo el mando del comandante López Amor, tenía como primer objetivo la plaza de Cataluña, y debía juntarse allí con otras fuerzas para atacar en el casco viejo a los edificios oficiales (Comisaría de Orden Público y Generalitat). Esta columna, la más importante de las que se formaron, estaba compuesta por dos compañías de fusiles, otra de ametralladoras, dos piezas de acompañamiento, y una sección de morteros, un par de carros regimentales con la impedimenta, y una sección de paisanos uniformados, falangistas en su mayoría. Iban las compañías con la oficialidad completa pero escasas de soldados, ya que muchos de ellos estaban de permiso.

Al enterarse Escofet de lo que estaba sucediendo, y tras alertar a todos y cambiar impresiones con Guarner, decidieron que la Comisaría General de Orden Público era un edificio más seguro que la Generalitat, y enviaron al hermano de Vicente Guarner, capitán José Guarner, quien se encargó con reducida escolta de trasladar al presidente Companys a través de las callejas del barrio antiguo, desiertas a aquella temprana hora, hasta la Comisaría General de Orden Público, donde se instaló. Mientras, las tropas sublevadas se ponían en marcha. El Comisario General de Orden Público, Escofet, decidió ponerse en contacto con Llano de la Encomienda, llamando a la sede de la IV División, donde le informaron que estaba durmiendo. Escofet ordenó que le levantasen de la cama, y en la conversación subsiguiente con el general fue muy duro con este:

> Mi general aquí Escofet, Comisario General de Orden Público. Tengo el sentimiento de anunciarle que las tropas del Regimiento nº 13 de Infantería, con cuarteles en Pedralbes, han salido sublevadas, avanzando hacia el centro de la ciudad. Estoy convencido de que el resto de la guarnición secundará el movimiento. De acuerdo con lo convenido, corresponde a usted intentar reprimir la rebelión, en cuyo caso yo me limitaré a defender nuestro objetivo. Pero me veo obligado a prevenirle, mi General que si descubro en usted la menor muestra de deslealtad, dispongo de medios para ocupar la división.
> Escofet, usted no tiene derecho a dudar de mi lealtad. Pero debo confesarle que carezco de medios para dominar la revuelta.
> Entonces, mi general, le comunico a usted que yo asumo la dirección.

Y sin darle tiempo a contestarle, cortó la comunicación. Según la propia declaración judicial de Llano de la Encomienda, una vez tuvo conocimiento de lo que estaba pasando, a las cinco de la mañana, llamó a El Prat para que la aviación bombardease a los sublevados, y a las distintas unidades, «resultando luego que al dar órdenes para reprimir a los facciosos que habían salido a la calle, los jefes de los regimientos le contestaron con vacilaciones». Así, por ejemplo, el teniente coronel Jacobo Roldán Fernández que mandaba provisionalmente el Regimiento de Infantería Alcántara n.º 14, por la baja del coronel Críspulo Moracho, no dudó en contestarle: «Este Regimiento, mi general, no sale a luchar contra sus hermanos del Ejército», a lo que Llano de la Encomienda le respondió furioso: *Usted me desobedece,* reiterando Roldán: «Mi general, ya le he dicho que este Regimiento no sale a luchar contra sus hermanos» (Muñoz, 2011: 564-565).

Al enterarse Llano de la Encomienda de la llegada de la compañía de López Belda al edificio de la IV División, le dio unas órdenes que este se negó a obedecer. A continuación, y como muestra del ambiente que reinaba en la sede de la IV División, se produjo un violento incidente con uno de sus oficiales, el capitán de caballería Fernando Lizcano de la Rosa, que el general narra así: «Al pedir nuevamente refuerzos se dio cuenta de que estaba intervenida la comunicación telefónica y refiere una escena violenta con el capitán Lizcano, al exponerle éste sus temores de que pudiera ser asaltado el edificio de la División, dada la poca fuerza con la que se contaba y el peligro que corrían todos en tal caso. El declarante arrancó entonces la Laureada al capitán Lizcano, diciéndole que no era digno de ostentarla quien tanto temía por su vida. El capitán hizo además de sacar la pistola, cosa que impidieron los ayudantes del que declara» (La Vanguardia, 12-8-1936: 1). Nadie obedecía entonces al general en el edificio de la IV División. Pero los jefes y oficiales sublevados no se atrevieron a detener a Llano de la Encomienda, que seguía libre en el edificio e intentaba hablar con las diferentes unidades militares, aunque con resultado nulo.

Uno de los fracasos más decisivos del plan insurreccional ocurrió en la zona portuaria y marítima, en la Barceloneta, en cuya periferia tenía su cuartel el Regimiento de Artillería de Montaña n.º 1. El coronel Serra ni colaboró ni se opuso abiertamente a la sublevación. Al amanecer estaban formadas en el patio tres baterías con sus mulos y fueron bombardeadas por un avión de la base del Prat, causando alguna baja y cierta desmoralización. Aquí como en otros sitios, un corto número de voluntarios fueron encuadrados y salieron a la calle en vanguardia. Aunque los del cuartel lo ignoraban, estaban semirrodeados por guardias del 16 grupo de Asalto, que mandaba el comandante Gómez García, y por los obreros de la Barceloneta, la mayoría de la CNT.

En los momentos que antecedieron al alba había salido del cuartel del Regimiento de Artillería de Montaña n.º 1 media batería (dos piezas) en camiones, mandada por el capitán Sancho Contreras. En conversación mantenida la noche anterior con otro capitán, enlace de la caballería de Montesa, se les ocurrió cambiar el itinerario, y esa prevención permitió que las dos piezas y sus servidores llegaran a la plaza de España a la hora convenida y cooperaran con la caballería. Un cañonazo disparado contra una barricada en la entrada del barrio de Sans, causó muchas víctimas entre los civiles.

Esa mañana, mientras los sublevados intentaban avanzar por las calles de Barcelona, en el edificio de la IV División se vivió una situación extraña. Mientras que el Estado Mayor estaba en connivencia con los sublevados, Llano de la Encomienda se mantuvo en su puesto ejerciendo el mando, siempre acompañado de sus dos ayudantes y por su hijo, alumno de Ingenieros, a la postre los únicos que le permanecieron leales (García Álvarez, 2017: 196).

Desde la Consellería de Governació se expuso a Llano de la Encomienda la conveniencia de que urgentemente salieran tropas leales a la calle, y se encontró con que solo respondieron a su requerimiento una compañía de Intendencia con un comandante y un capitán. El general llamó a la Guardia Civil, pero su Estado Mayor, que estaba a favor de la sublevación, no la llamó. Si hubiese acudido la Guardia Civil, las cosas hubieran cambiado.

La columna del comandante López Amor del Regimiento Badajoz, en la primera parte del trayecto no fue hostilizada; pasó por la plaza de la Universidad ya ocupada por la caballería de Montesa, y tras sostener algunos cortos tiroteos con guardias de Asalto y paisanos, a media mañana se apoderó de la plaza de Cataluña. Aprovechando la sorpresa llegaron algunos a penetrar en la Telefónica, aunque el edificio no llegó a ser abandonado por los guardias que lo custodiaban. Debido a la confusión existente, unos oficiales de Asalto hicieron prisionero en las inmediaciones de la calle Fontanella al comandante López Amor y se lo llevaron detenido, con tanta rapidez que los que lo presenciaron no se atrevieron a disparar por no herir a su propio comandante. Los tiroteos fueron continuos a lo largo de la mañana. El Ejército ocupó algunos edificios, pero también guardias y paisanos les combatieron desde otros situados en la parte baja de la plaza.

Por la mañana, terminada la lucha en la Barceloneta, fuerzas del 16 grupo de Asalto se dirigieron a la Comisaría General de Orden Público. Escofet, Guarner y Arrando establecieron un nuevo plan para que lo pusiera en práctica el comandante Gómez García, con sus oficiales y dos compañías del Grupo de Asalto 16. Siguiendo los túneles del metro, llegaron a la estación subterránea de *Aragón*, y cambiando de línea descendieron a la de *Cataluña*. Los militares que estaban siendo arrollados, por negligencia o falta de hombres no vigilaron el subsuelo laberíntico de la plaza de Cataluña, por donde los guardias de Asalto se asomaron por las salidas del Metro; pero no pudieron arriesgarse porque la plaza estaba batida por el fuego de los militares que ocupaban el Hotel Colón, el Casino militar y la *Maison Doré*.

En la plaza de Cataluña se combatió. Los civiles avanzaron hacia el Hotel Colón, donde los de Infantería se habían hecho fuertes, ponían rodilla en tierra, disparaban, avanzaban algunos pasos y volvían a disparar. Los de Asalto surgieron de diversos puntos y los civiles que atacaban eran numerosos. La resistencia fue corta; oficiales y soldados fueron hechos prisioneros. Más adelante los soldados en su casi totalidad, lo mismo los de aquí como los de otros puntos, serían puestos en libertad.

A la misma hora casi que los de Pedralbes, se echaron a la calle tropas a pie del Regimiento de Caballería Montesa n.º 4, abandonando el cuartel de la calle de Tarragona. El coronel Escalera, jefe del regimiento, se hallaba igualmente de acuerdo con la sublevación. Se presentaron bastantes voluntarios, un grupo de ellos uniformados porque eran oficiales de complemento. Entre los civiles predominaban los monárquicos, tradicionalistas y alfonsinos, y les sentó mal la arenga del coronel Escalera quien, de acuerdo con las instrucciones de Mola, dijo que iban a salir en defensa de la República. Algunos evidenciaron su desinterés. Al advertirlo, el general Burriel solucionó el conflicto a su manera, dando un viva a España. Salieron a la calle tres escuadrones a pie; uno de ellos, con el comandante Manuel Mejías de la Cuesta, ocupó la plaza de España, en donde había un cuartel de la Guardia de Asalto, que, de momento no se opuso a los sublevados y hasta parecía que querían colaborar con ellos, cacheando a los civiles que merodeaban por la plaza.

Un escuadrón, a las órdenes del capitán Santos Villalón Pérez, avanzó por el Paralelo y se detuvo en la llamada Brecha de San Pablo, en la confluencia de aquella vía y las Rondas. Allí se detuvieron, emplazaron ametralladoras y establecieron puestos de vigilancia en los alrededores. No tardarían en ser enérgicamente hostilizados por los civiles y tuvieron que asaltar el Sindicato de la Madera, que se hallaba próximo.

Una columna compuesta por un escuadrón y unos pelotones de voluntarios, que mandaba el comandante Luis Gisbert de la Cuesta, se dirigió a la plaza Universidad y la ocupó, no sin sostener ambiguas escaramuzas con guardias y civiles. Ocupada la plaza, facilitó el paso de la Infantería de López Amor hacia la plaza Cataluña y ambas fuerzas quedaron precariamente enlazadas. Los de Caballería detuvieron a varias personas, muchas de ellas armadas con pistolas. También hicieron prisioneros a los guardias de Asalto que transitaban en un camión, mientras que otros dos camiones lograron pasar no sin sostener tiroteos con los soldados y sufrir algunas bajas. Los combates experimentaron alternativas de intensidad y apaciguamiento, pero este escuadrón, igual que los otros dos, quedó frenado, sufrió bajas y tuvo que luchar a la defensiva. La irrupción de los guardias civiles desconcertó a las tropas de Caballería, que llevaban diez horas en la plaza Universidad; no hicieron fuego, dudaron que viniesen a combatir contra ellos. El comandante Gisbert de la Cuesta dio la novedad al general Aranguren, pero éste le increpó y le hizo detener por los guardias civiles. La operación fue rápida e inesperada. Todos los de caballería fueron hechos prisioneros, dentro o fuera de la plaza Universidad.

Simultáneamente al primer choque de la Caballería de Santiago con los guardias y civiles, a menos de quinientos metros de allí éstos obtuvieron otro señalado éxito. Del cuartel del 7.º Ligero de Artillería, situado en el barrio de San Andrés, había salido a primeras horas media batería sin piezas (unos cincuenta hombres) en dos camiones mandados por el capitán Dasi y tres tenientes. Guardias de la 7.ª compañía de Seguridad, que conocían el itinerario de los camiones puesto que les esperaban apostados en terrados y puntos estratégicos, abrieron fuego sorprendiéndoles y causándoles bajas. Los camiones habían rodeado por la parte alta de la ciudad y descendían por la calle de Balmes en dirección a la plaza de Cataluña. En el primer choque, que tuvo lugar en la confluencia de Balmes y Diagonal, cayó herido el capitán Dasi y uno de los tenientes, si bien aquél aún telefoneó desde un portal para comunicar al cuartel la mala nueva. Los demás reaccionaron como pudieron y aguantaron el fuego durante un par de horas. Tras sufrir muchas bajas, los supervivientes fueron hechos prisioneros.

En la periferia de la ciudad, en San Andrés, y en edificios muy próximos, estaban el cuartel del Regimiento de Artillería Ligera n.º 7 y la Maestranza de Artillería. Llegaron bastantes voluntarios aunque no tanto como los esperados, entre otras cosas porque los dirigentes anarcosindicalistas tenían los ojos puestos en el armamento que allí se almacenaba, y recomendaron a los comités de San Andrés, Santa Coloma, San Adrián y demás barrios próximos que se concentraran en aquella zona y mantuvieran vigilancia. Los voluntarios, casi todos monárquicos, recibieron mal los vivas a la República con que se arengó a las tropas formadas y evidenciaron su desacuerdo (en los cuarteles a los cuales acudieron falangistas no hubo problema). Aparte de las dos secciones del capitán Dasi a las cuales acabamos de referirnos, sólo salieron de este cuartel una batería tirada por caballos reforzada por una sección de ametralladoras. El mando estaba a cargo del capitán Montesinos, a quien acompañaba el también capitán Reilein, a quien por considerarle sus compañeros de ideas izquierdistas, no le habían prevenido de lo que se tramaba hasta el día anterior. Mostrándose conforme Reilein con lo acordado por sus compañeros, salió al mando de la batería integrada por soldados de las quintas, mientras que los jefes y oficiales más directamente comprometidos y los voluntarios quedaban en el cuartel, para la defensa eventual en caso de que fueran atacados.

Las fuerzas de Montesinos y Reilein fueron poco hostilizadas y girando por una de las rectas vías que bajan hacia el mar, se adentró hacia el centro de la ciudad. Su misión consistía en unirse también a los sublevados de Infantería en la plaza de Cataluña, y una vez juntos atacar la Comisaría de Orden Público. En las calles de Lauria y Bruch, en los cruces con Diputación y Consejo de Ciento y en sus inmediaciones, fueron atacados y la marcha hacia Claris se hizo muy lenta. Se habían concentrado varias compañías de Asalto y los civiles acudían al ruido de los disparos. Llegaron a emplazarse las piezas y a disparar, se ocuparon algunas azoteas, pero quedaron detenidos entre otras cosas porque los caballos que tiraban de piezas y armones cayeron muertos o heridos. La lucha fue violenta, tanto que llegó al cuerpo a cuerpo. Murió Montesinos y Reilein resultó herido. Sufrieron muchas bajas y no llegaron a apoyar a la infantería que se batía en la plaza de Cataluña.

No es posible narrar los hechos con la simultaneidad con que se producían. Lo hasta ahora explicado sucedía entre las cuatro y media y las diez de la mañana, hora en la cual, al no haberse logrado ninguno de los objetivos, las posibilidades de éxito del golpe militar eran muy reducidas.

Hasta aproximadamente las once y media de la mañana, hora en que se presentó el general Burriel en el edificio de la IV División, el general Llano de la Encomienda dictaba órdenes, en apariencia acatadas aunque a veces saboteadas por su Estado Mayor. Llano de la Encomienda pidió a Gobernación que mandasen a la Comandancia Militar una compañía de la Guardia Civil, que no acudió por una contraorden del Estado Mayor. Escofet calificó de *completamente absurda* esa situación en que Llano de la Encomienda dictaba órdenes contra los sublevados, sus subordinados no le obedecían, pero daban la impresión de que todavía le respetaban (el coronel Moxó se mantenía a sus órdenes). Llano de la Encomienda mantenía comunicaciones con el aeródromo del Prat, la Conselleria de Governació, los regimientos (sublevados o no) y las guarniciones catalanas de provincias (García Álvarez, 2017: 196-197).

Mientras esto ocurría, Fernández Burriel, como jefe provisional de la sublevación hasta que llegase el general Goded, se mostraba preocupado por la situación, ya que este último debería haber estado a las seis y media de la mañana y no llegaba. Entonces, desde el cuartel de la calle de Tarragona llamó por teléfono al general Goded en Palma de Mallorca, quien le preguntó cómo marchaba las cosas en Barcelona. Eran las diez de la mañana y un capitán que venía de la plaza de España le dio noticias optimistas referidas exclusivamente a aquel escenario de lucha; Burriel generalizó. Cuando Goded se enteró de que Llano de la Encomienda continuaba en su despacho y que daba órdenes por teléfono, se sorprendió y mandó a Burriel que se trasladase a la sede de la IV División, le arrestase y que se hiciese con el control de la IV División.

Para cumplimentar la orden, Burriel salió del cuartel de la calle Tarragona en un coche blindado puesto a su disposición. Gracias al fuerte blindaje que lo protegía, el automóvil pudo atravesar indemne el fuego de un grupo de civiles armados y llegar al edificio de la IV División. Encontró a Llano de la Encomienda en uno de los despachos del Estado Mayor, rodeado de su ayudante, el coronel de Ingenieros Cañadas, el auditor coronel, el coronel jefe del Estado Mayor Moxó, el teniente coronel Sanfélix y otros jefes y oficiales. Llano de la Encomienda, al ver a Burriel se puso en pie. El saludo entre los dos generales fue sumamente frío. Burriel le pidió que declarase el estado de guerra. Llano de la Encomienda se negó, y se produjo entonces otro violento incidente, que el jefe de la IV División Orgánica narró así: «Al negarse a aceptar la indicación de Burriel de declarar el estado de guerra, Burriel dijo que se rendía. Dos capitanes entre ellos Lizcano se opusieron a tal cosa, y amenazando al general Llano con sus pistolas, le dijeron que era él quien había de rendirse. Burriel contuvo a los impulsivos capitanes, diciendo que la primera condición que él había puesto al sumarse al movimiento era la que se tenía que respetar la vida del general Llano» (*La Vanguardia*, 12-8-1936: 1). El otro capitán era López Belda. Mientras esto sucedía, Llano de la Encomienda gritaba dando vivas a la República.

A pesar de que Burriel respetó la vida de Llano de la Encomienda, ordenó su arresto, pasando por indicación del coronel Moxó a una habitación contigua a su despacho. Mientras Burriel se hacía con el control de la IV División (Muñoz, 2011: 566).

Hasta este día Llano de la Encomienda no había dudado de la lealtad de su jefe de Estado Mayor, coronel Moxó, quien había permanecido junto a él en su despacho desde la víspera anterior. A continuación se dispuso que algunos militares y un piquete de ingenieros, que en estos momentos se encontraban en Dependencias Militares fueran a esperar al general Goded al muelle de la Aeronáutica Naval. En el coche blindado salieron el capitán Ramón Mola y el teniente de Aviación Bravo, y en una camioneta veinte soldados al mando del teniente Ezpeleta.

Hacia las doce llegaba una escuadrilla compuesta de cuatro hidros Savoya, que venían de Mallorca. Descendió de su hidro el general Goded, y después, de los otros dos el hijo del general, Manuel Goded, y el capitán Casares, que había llevado a Mallorca las instrucciones para el viaje. En cuanto los viajeros pusieron pie en el muelle, el comandante Lázaro, que había observado desde su aparato la situación de Barcelona, se acercó a Goded, impaciente por comunicarle sus impresiones.

Abría la comitiva un auto de la Aeronáutica Naval, siguiendo el coche de Goded e inmediatamente el camión ocupado por los soldados de Ingenieros. Los vehículos, después de atravesar los muelles, se dirigieron a la sede de la IV División por el paseo de Colón. A su paso, los civiles, apostados y parapetados en el camino, les hicieron algunas descargas pero las balas se estrellaban contra el blindaje del coche. A Goded le había bastado aquel breve recorrido por la ciudad para advertir que la situación era aún más grave de lo que había imaginado.

En el despacho en que quedó confinado, Llano de la Encomienda esperó a Goded, y a su llegada se produjo una escena violenta entre ellos. Goded se encontró a Llano de la Encomienda retenido en el puesto de mando de los sublevados. Al entrar Goded, Llano de la Encomienda le recriminó la falta de consideración con la que había sido tratado y le llamó traidor a España y al Ejército. Goded sacó la pistola, al mismo tiempo que decía:

—A ver si te mato.

A lo que contestó el general Llano:

—No lo harás, porque eres un cobarde.

Ante este incidente, miembros del Estado Mayor partidarios de la sublevación, intervinieron desarmando a Goded (*La Vanguardia*, 12-8-1936: 1).

Llano de la Encomienda quedó encerrado en una habitación contigua, bajo la vigilancia del comandante Carlos Lázaro Muñoz, ayudante de Goded. Allí permanecerá hasta la rendición de este.

Una vez Goded tomó el mando de los sublevados, estudió sobre planos las informaciones que recibía de los oficiales adictos y se hacía cargo de la extrema gravedad de la situación. No se había alcanzado ninguno de los objetivos y estaban siendo derrotados. El plan era malo y fue mal conducido. Se esforzaba por enderezar la situación, pero comprendía que, como le había dicho su ayudante al saltar al muelle, se había metido en una ratonera. Tampoco podía hacer otra cosa, cumplía su compromiso. Los sublevados, antes de la llegada de Goded no tuvieron una dirección coordinada. Ni siquiera se ocuparon de apoderarse de Radio Barcelona y la Telefónica, desde donde se cortaron las comunicaciones con los cuarteles. Se fueron sublevando escalonadamente, el Ejército perdió la iniciativa y dio tiempo al Gobierno para preparar su defensa. Ante tal estado de cosas Goded pensó que el objetivo inmediato para intentar superarlo era tomar la Consellería de Governació, donde se había organizado la contraofensiva catalana-republicana, y para esto carecía absolutamente de la fuerza militar indispensable.

La Guarda Civil no había intervenido todavía, ni en un sentido ni en otro, estaba concentrándose desde el Parque de la Ciudadela y la estación de Francia hasta la Consellería de Governació. Goded habló por teléfono con el general de la Guardia Civil Aranguren, para que se pusiese a sus órdenes. Aranguren no sólo se negó sino que le instó a que se rindiese él y todas las fuerzas sublevadas.

Por medio de arriesgados enlaces o comunicaciones telefónicas, fueron llegándole a Goded las malas noticias. El capitán Reilein y sus hombres, tras una larga y mortífera lucha, habían sido casi aniquilados, y él herido y hecho prisionero. Las piezas de artillería, las ametralladoras útiles y los fusiles cayeron en poder de los leales a la república. Cada vez era mayor el número de civiles armados, y ellos y los guardias, que dominaban las líneas interiores, acudieron a los lugares a que se les mandaba o ellos mismos decidían.

Goded envió un enlace en coche desde el edificio de la IV División a la Aeronáutica Naval, con orden de que los hidros en que él se había trasladado bombardeasen la base del Prat y destruyeran los aparatos que estaban allí. Oficiales que habían permanecido leales, apoyados por cabos y marinería, dominaban ahora la Aeronáutica. Además, los pilotos de los hidros, en vista de la situación, optaron por regresar a Baleares.

Llegó el momento en que Goded hubo de convencerse de que ya no podía esperar nada de las fuerzas de Barcelona. Había, pues, que levantar su asedio, como se levanta el de una ciudad cercada, mediante tropas que llegaran del exterior. Primero acudió a las más próximas a Barcelona, enviando al teniente de navío Lecuona en coche a Mataró. Al poco volvía Lecuona diciendo que era imposible llegar a Mataró, ya que las carreteras inmediatas a la Ciudad Condal estaban ocupadas por fuertes grupos de civiles armados.

Entonces Goded planeó pedir fuerzas más lejos, a Palma de Mallorca, a Girona y a Figueres. Tardarían más, pero aún podían llegar a tiempo. Con las dos últimas ciudades no pudo obtener comunicación telefónica. A las dos de la tarde Goded comunicó a Palma, por medio de Radio Montjuic (modesto y único medio de comunicación disponible) un telegrama que decía: «Envíen urgentemente refuerzos convenidos». Eran estos un batallón de Ametralladoras y una Batería del 15, que según ya se consideró en una previsión antes de salir Goded de Mallorca, se transportarían en los navíos Mallorca, *Jaime I* y *Jaime II*.

El plan de Goded era aguantar durante toda la noche en el edificio de la IV División, y hacer casi una cabeza de puente hasta que a las cinco o seis de la mañana desembarcaran esos refuerzos de Baleares. Pero hasta que rayara el día había que resistir. Para ello pidió al teniente coronel Jacobo Roldán, que mandaba accidentalmente el Regimiento de Caballería Alcántara y era amigo suyo, que se pusiese al frente de dos compañías y que se dirigiese al cuartel del Docks, donde estaba el Regimiento de Artillería de Montaña n.º 1, que no estaba demasiado distante, y que, protegiendo a las dos baterías del comandante Fernández Unzúe, consiguiesen los objetivos, que esa mañana no alcanzaron. Sacó Roldán a la calle ambas baterías, pero el cuartel de Artillería se encontraba rodeado de civiles, ahora bien armados, y de guardias de Asalto que habían quedado de retén. No logró enlazar con los artilleros ni forzar la situación.

Goded no se entregaba, pidió refuerzos a Zaragoza, ordenó que los hidroaviones bombardeasen la Generalitat y que volasen sobre Girona dando instrucciones suyas a aquella guarnición, pero la Aeronáutica Naval se negó. Goded estaba solo con su hijo, con su ayudante, con Lizcano de la Rosa y capitanes que les acompañaban y que, con una ametralladora desde las ventanas del edificio de la IV División, hostilizaban a los tiradores de los cañones republicanos. Resultaba muy difícil mantenerse así por mucho tiempo. Los principales cuarteles y focos de resistencia se estaban rindiendo.

La Guardia Civil no intervino en los momentos iniciales y más decisivos del enfrentamiento, y mantuvo una actitud suspensiva hasta que, avanzada la mañana, cerca de las once (cinco horas después de iniciada la rebelión militar) inició su movilización. Una columna de alrededor de mil efectivos se desplazó hacia la Conselleria de Governació para defenderla del ataque de los sublevados y, posteriormente, procedió a intervenir en el centro de la ciudad, en la rendición de los golpistas en la plaza de la Universidad, y en la plaza de Cataluña, donde tuvo una trascendencia indudable.

El coronel Escobar de la Guardia Civil subió al despacho del conseller de la Governació, José María España, donde se celebró una especie de consejo militar, para convenir las nuevas operaciones. A él asistieron, sentándose al lado de los jefes de la Guardia Civil, los anarquistas Buenaventura Durruti y Juan García Oliver. Se llegó a la conclusión de que la tarea más urgente era atacar el edificio de la IV División y reducir al general Goded. Se formaron fuertes columnas de Asalto, de Guardia Civil y de civiles. Para colaborar en esta tarea, fueron llevados frente al edificio de la IV División los cañones tomados por la mañana a las fuerzas de artillería.

Al edificio de la IV División iban llegando malas noticias, y con ellas la desmoralización de los defensores. Hubo revuelo de reuniones y conciliábulos, el general Burriel y el comandante Sanféliz opinaron que, perdida toda esperanza de auxilio de otras guarniciones, no existía posibilidad de resistir, y lo más conveniente era pedir las condiciones para la capitulación. Al enterarse Goded se negó a la rendición.

Pero era demasiado tarde, la puerta principal del edificio de la IV División había sido abierta por los milicianos. Ante esta situación Goded quiso suicidarse, pero falló la munición. El comandante Farrás, jefe de los Mossos d´Escuadra, detuvo personalmente a Goded, que fue llevado a presencia de Companys, y este le propuso que hablase por la radio ordenando la rendición a los militares que aún estaban luchando.

Poco después de la rendición de los sublevados llegó Escofet, con la orden del Conseller de Governació de trasladar al general Llano de la Encomienda a la Conselleria de Governació. Escofet encontró a Llano de la Encomienda en un grave estado de depresión, y con su salud muy resentida, ya que había sufrido un amago de infarto de miocardio. Tal vez por ello, ni Escofet ni España le recriminaron su falta de previsión y su ingenuidad, tratándole con suma amabilidad. Las fuerzas de Companys retuvieron prisionero a Llano de la Encomienda durante unos días. Este aclaró su situación y quedó en libertad.

El hecho de que inicialmente al general Llano de la Encomienda no se le criticase su actitud en los días previos a la sublevación, no quiere decir que el gobierno de España, presidido por José Giral Pereira, y su ministro de la Guerra, el general de Brigada Luis Castelló Pantoja, olvidara lo que había ocurrido en Cataluña. Así, el 23 de julio, Llano de la Encomienda era destituido del mando, que pasaba a manos del general de la Guardia Civil Aranguren.

Por los hechos sucedidos en la semana anterior a la sublevación de Barcelona, el general Llano de la Encomienda fue citado por varios novelistas. Unos solo lo citan una vez y sin ninguna valoración ni protagonismo, como es el caso de Mercedes Salisachs y de Camilo José Cela. En cambio en la obra de José Luis Olaizola y de Max Aub, la presencia del general Llano de la Encomienda es mayor, siendo citado en diferentes ocasiones y opinándose sobre su actuación. José Luis Olaizola obtuvo el Premio Planeta en 1983 con *La guerra del general Escobar*, donde se nombra seis veces al general, siempre haciendo referencia a su fidelidad a la República, a pesar de que Companys lo llegara a poner en duda:

> El general Llano de la Encomienda, jefe de división, contaba con la lealtad del resto de la guarnición, así como con las fuerzas aéreas del Prat (pág 23). [...] Por eso le recordé (Escobar a Companys) que las fuerzas aéreas del aeródromo estaban bajo el control del coronel Díaz Sandino, y que el mismo jefe de la división, general Llano de la Encomienda, seguía a las órdenes del Gobierno (pág 40). [...] Aquella misma tarde fui requerido para asistir a la rendición del general Goded. Tuvo lugar en el edificio de Capitanía General y, que yo recuerde, estaban el presidente Companys, el jefe de la división, general Llano de la Encomienda, el general Aranguren y otros jefes de menor graduación. También había paisanos, algunos armados, y uno de ellos era Durruti (pág 49). [...] Yo entendía que los núcleos de sublevados renuentes deberían ser reducidos por las tropas del general Llano de la Encomienda y que a la Guardia Civil le correspondía, en aquellos momentos, la restauración del orden público callejero (pág 52).

La obra narrativa más conocida de Max Aub es la serie *Campos* o *Laberinto mágico*, compuesta por seis novelas donde se reconstruyen los momentos de la preguerra, el conflicto y el posterior exilio, con una fuerte presencia de sus pequeñas vivencias y mezcla de personajes reales y ficticios. Son horas de dudas y de noticias contradictorias y España, conseller de Governació, y el general Llano de la Encomienda mantienen dos diálogos, donde el general se muestra confiado en que los militares cumplirán con su obligación con la legalidad:

> ¿General Llano de la Encomienda? Aquí, otra vez, España. Me dicen que en el cuartel de Pedralbes entran paisanos después de dar el santo y seña.

Ahora mismo mando otro general. Pero le advierto que mis subordinados responden de que no ocurre ni ocurrirá nada en Barcelona (Tercera Parte, Capítulo 1, pág 201).
Aquí el general Llano de la Encomienda. ¿Es usted, señor consejero? ¿Ve usted? Son las cuatro de la mañana, y no ha pasado nada. ¡Lo que yo decía! Me voy a dormir. ¡Buenas noches! (Tercera Parte, Capítulo 1, pág 203).

Según el relato de la novela de Aub, la imagen del general Llano no era nada buena entre los militares sublevados. El coronel Manuel Moxó, jefe de su Estado Mayor, habla con el personaje Salomar, delegado de Falange, de las zonas de la ciudad que controlan y dice:

Tenemos la sartén por el mango. El general se quedará bobo. No le costará mucho (Tercera Parte, Capítulo 1, pág 204).
Por el único teléfono que funciona en Barcelona el general Llano de la Encomienda llama al consejero de Gobernación.
—¡Que me tirotean, señor consejero!
—Venga usted aquí, mi general.
—No puedo. Estoy encerrado en mis habitaciones. Dé usted las órdenes oportunas para que no disparen.
—Lo siento mucho, mi general.
España se vuelve al teniente coronel Escobar:
—Han llegado a la plaza de Cataluña, ocupan el hotel Colón y la Telefónica:¡Desalójelos! (Tercera Parte, Capítulo 2, pág. 219) (Badenes, 2011).

Ante la actitud mantenida ante la sublevación en Barcelona del general Llano de la Encomienda, el Gobierno presidido por Manuel Azaña lo puso en cuarentena y lo apartó de los acontecimientos bélicos durante algunos meses, ya que las autoridades republicanas no estaban muy seguras de su lealtad, dada la ineficacia y su poca operatividad para sofocar el levantamiento en la unidad de su mando, y a pesar de haber sido testigo de cargo en el juicio sumarísimo que se siguió el día 11 de agosto de 1936, a bordo del buque prisión *Uruguay*, contra los generales Goded y Fernández Burriel.
En Barcelona, Llano de la Encomienda vivía en un pabellón del edificio de la IV División. Una tarde de mediados de agosto fue a tomar el ascensor que le había de dejar en sus habitaciones particulares. Como de costumbre, un miliciano guardaba la puerta del ascensor.

—¡Alto! ¿Dónde vas tu?
Llano de la Encomienda se detuvo sorprendido. Su ayudante se apresuró a aclarar:
—Camarada, ¡que es el general Llano de la Encomienda!
El camarada, el fusil a la cara, sonrió con sarcasmo. Y exclamó:
—¡Qué general ni qué narices! ¡Aquí todos somos iguales! Camarada sube por la escalera como ha subido siempre su asistente.

Al día siguiente Llano de la Encomienda salió del edificio de la IV División y alquiló un piso modesto en un barrio alejado de la ciudad (web Pérez, 2016).
Después de su cese, el general Llano de la Encomienda siguió residiendo en Barcelona, donde recibió la dolorosa noticia de la muerte de su hijo Miguel (Muñoz, 2011: 567-568).

MUERTE DE SU HIJO MIGUEL EN SIÉTAMO

El 18 de julio su hijo, Miguel Llano Palmer, estaba en Barbastro de alférez de Ingenieros en el Batallón Seo de Urgel, bajo el mando del coronel de infantería José Villalba Rubio, que se mantuvo fiel a la República. Miguel desde el primer momento solicitó un puesto en el frente y quedó al mando de unos automóviles blindados.

El 29 de julio el ejército republicano atacó Siétamo (Huesca), dejando en el campo de batalla una treintena de muertos, varias decenas de heridos, numerosos prisioneros y la pérdida de un camión blindado.

Miguel Llano fue el primero en entrar en Siétamo, fue hecho prisionero y le fusilaron. Este hecho afectó mucho a su hermano Luis, que siempre decía a sus allegados que a su hermano Miguel lo mataron por ser hijo del general Francisco Llano de la Encomienda (*La Vanguardia*, 7-8-1936: 6; y Orte, 2016: CXXVI, 1-3).

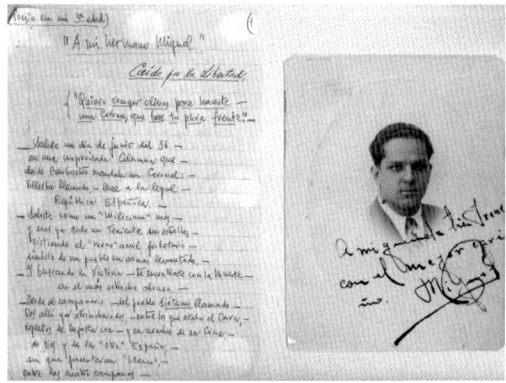

Poema original escrito por Francisco Llano Palmer a su hermano muerto. A la derecha fotografía de Miguel Llano Palmer dedicada a su tía Irene, mujer de Avelino Doñate (Álbum de Avelino Doñate).

En 1986, estando su hermano Francisco en España, le escribió a su hermano Miguel, el siguiente poema:

Poesía en mi 3ª edad «A mi hermano Miguel» Caído por la libertad.

> «Quiero coger olivas para hacerte
> una Corona, que bese tu pura frente»
>
> - Saliste un día de julio del 36
> en una improvisada Columna que
> desde Barbastro mandaba un Coronel:
> Villalba llamado,
> leal a la legal
> República Española.

- Saliste como un «Miliciano» más
y eras ya todo un teniente sin estrellas
vistiendo el «mono» azul proletario
símbolo de un pueblo en armas levantado.

Y buscando la Victoria
te encontraste con la Muerte
en el más estrecho abrazo.

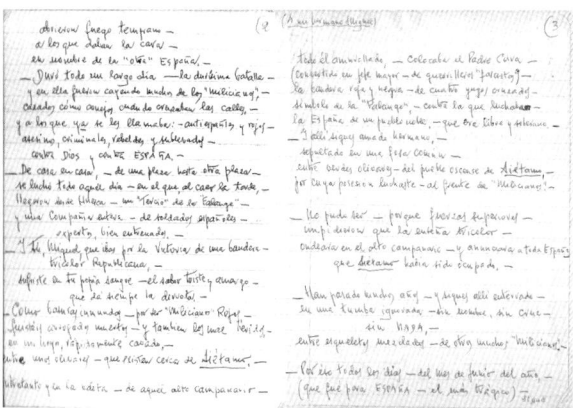

- Desde el campanario
del pueblo Siétamo llamado
los allí atrincherados,
entre los que estaban el Cura,
repletos de injusta ira
y en nombre de la Cruz,
de Dios y de la «otra» España,
sin que presentaran «blanco»,
entre las cuatro campanas
abrieron fuego temprano
a los que daban la cara
en nombre de la «otra» España.

- Duró todo un largo día
la durísima batalla
y en ella fueron cayendo muchos de los «Milicianos»,
cazados como conejos cuando cruzaban las calles,
y a los que ya se les llamaba:
antiespañoles y rojos
asesinos, criminales, rebeldes y sublevados
contra Dios y contra ESPAÑA.

- De casa en casa,
de una plaza hasta otra plaza
se luchó todo aquel día
en el que al caer la tarde,
llegaron desde Huesca
un «Tercio» de la «Falange»
y una Compañía entera
de soldados españoles
expertos, bien entrenados.

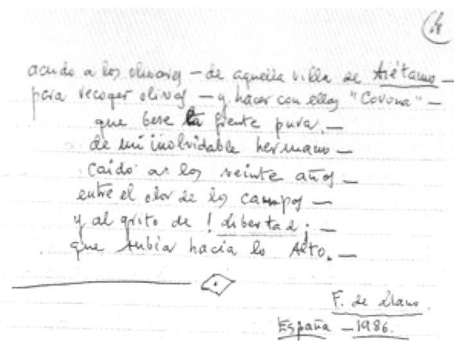

Y tú, Miguel, que ibas por la Victoria de una bandera
tricolor Republicana,
sufriste en tu propia sangre
el sabor triste y amargo
que da siempre la derrota.

Como basuras inmundas
por ser «Milicianos Rojos»,
fuisteis arrojados muertos
y también los mal heridos,
en un hoyo, rapidamente cavado,
entre unos olivares
que existen cerca de Siétamo.

Entretanto y en la veleta
de aquel alto campanario
todo él amurallado, colocaba el Padre Cura
(convertido en jefe mayor
de guerrilleros «fascistas»)
la bandera roja y negra
de cuatro yugos cruzados
símbolo de la «Falange»,
contra la que luchaba

la España de un pueblo noble,
que era libre y soberano.

Y allí sigues amado hermano,
sepultado en una fosa común
entre verdes olivares
del pueblo oscense de Siétamo,
por cuya posesión luchaste
al frente de «Milicianos».

No pudo ser
porque fuerzas superiores
impidieron que la enseña tricolor
ondeara en el alto campanario
y anunciara a toda España
que Siétamo había sido ocupado.

Han pasado muchos años
y sigues allí enterrado
en una tumba ignorada
sin nombre, sin cruz
sin NADA,
entre esqueletos mezclados
de otros muchos «Milicianos».

Por eso todos los días
del mes de julio del año,
(que fue para ESPAÑA
el más trágico)
acudo a los olivares
de aquella villa de Siétamo
para recoger olivas
y hacer con ellas «Corona»
que bese la frente pura,
de mi inolvidable hermano
caído a los veinte años
entre el olor de los campos
y al grito de ¡Libertad!
Que subía hacia lo alto.

Francisco de Llano[31]
España – 1986

---

[31] El original de este poema está en el álbum de Avelino Doñate.

A Luis Llano la sublevación militar le sorprendió en Barcelona junto a su padre. Una de las historias que más le impactó a lo largo de su vida fue la traición del general Goded, militar sublevado y compañero de promoción de su padre (Muñoz, 2011: 569).

El 18 de agosto llegaron a València procedentes de Barcelona los hermanos Francisco y Luis. Luis permaneció en València, y Francisco, que era alférez procedente de la escala de complemento, marchó a Castelló para incorporarse a las columnas que luchaban en el frente de Teruel (*La Vanguardia*, 20-8-1936: 12). Con antigüedad del 1 de septiembre de 1936 fue ascendido a teniente, y a capitán el 1 de enero de 1937 (*Diario Oficial del Ministerio de la Guerra*, 13-5-1937: CXV, 329). Entró en la 3.ª Promoción (enero-marzo 1938) en la Escuela Popular de Estado Mayor, donde aprobó el curso y fue destinado a la Inspección General de Infantería (web combatientes.es>EscuelaPopulardeEstado).

Luis Llano vivía en la calle de Gandía n.º 7.[32] Cuando vio lo que le pasó a su padre en Barcelona, unido a la muerte por fusilamiento de su hermano Miguel, y como su hermano Francisco, se fue a luchar al frente de Teruel. Con 21 años se alistó en el Ejército Popular Republicano.

Luis Llano en València en 1936. En la parte posterior de la foto aparece la siguiente frase: «Fijaos que delgado se ha quedado, pero fuerte como una roca y con mucho apetito». Isabel. Es lógico pensar que dicha dedicatoria se la enviase su madre Isabel a sus amigos de Betxí, Irene y Avelino (Álbum de Avelino Doñate).

LLANO DE LA ENCOMIENDA EN EL FRENTE DEL NORTE

En noviembre de 1936, la situación política y militar de la Guerra Civil se encontraba estabilizada: la zona sublevada contaba desde el primero de octubre con el general Franco como Jefe de Estado y Generalísimo de los Ejércitos, estableciendo su capitalidad en Burgos durante el resto de la guerra. La zona republicana, tras la inestabilidad gubernamental de los primeros meses, contaba desde el 5 de septiembre con un presidente que se mantendría hasta la crisis de mayo de 1937, el socialista Francisco Largo Caballero; además, a primeros de noviembre realizó su primera y única remodelación ministerial, para dar entrada, por primera vez, a los anarquistas; inmediatamente después, el 17 de noviembre de 1936 la capitalidad republicana se trasladó a València, para alejarla del frente de guerra.

El bando republicano carecía de generales de confianza, y pensaron en el general Llano de la Encomienda para Jefe del Ejército del Norte por ser un hombre disciplinado. Por tal motivo se trasladó a Madrid el 6 de noviembre para informarse del nuevo mando que iba a recibir. Su intención era entrevistarse con el Presidente del Gobierno y ministro de la Guerra. Sin embargo, dada la situación crítica que atravesaba Madrid en ese momento, atacada por las tropas sublevadas, Largo Caballero

---

[32] CDMH_PS_ANTECEDENTES_EXP 89593_0004

no pudo hablar con Llano de la Encomienda. El único ministro con el que pudo hablar el general fue con el de Marina y Aire, el también socialista Indalecio Prieto, quien al no tenerlo a sus órdenes directamente, se limitó a explicarle la situación social y política del norte de España, pero sin darle instrucciones concretas. Por tanto, realmente no tenía claro cual debía ser su función como jefe de dicho ejército, aunque debió comprender, de acuerdo con una orden del Ministerio de la Guerra, fechada el 9 de noviembre y dirigida a todos los jefes de todos los Teatros de Operaciones, que su función era *salvar Madrid del ataque enemigo,* mediante el desarrollo de operaciones proporcionales a los medios disponibles, que obligasen a los sublevados a aflojar la presión sobre la capital de España, al verse obligados a trasladar fuerzas a otros frentes (Muñoz, 2011: 569).

El 14 de noviembre de 1936 el general Llano de la Encomienda fue designado Jefe del Ejército del Norte, con el socialista Ramón González Peña como Comisario Político, y el general Toribio Martínez Cabrera como Inspector Delegado del Ministerio de la Guerra en el Ejército del Norte. Dos días después se publicó su nombramiento en la Gaceta de la República. Se trataba de un mando de enorme importancia, ya que agrupaba las fuerzas militares en la zona cantábrica republicana, que se extendía desde Vizcaya hasta Oviedo, ocupando una extensión de 300 km de longitud por 50 km de ancho. Era sin duda una zona de trascendencia estratégica vital para la República por su riqueza y población, y por constituir una amenaza para la zona norte de los sublevados (Álava, Castilla y León). Pero también era un importante mando militar, pues tenía a sus órdenes, tres Cuerpos de Ejército: el de Euskadi, Santander y Asturias.

Cuando el general Llano de la Encomienda llegó a Bilbao, el Jefe de Operaciones del Ejército del Norte era el comandante Francisco Ciutat, que pasó a las órdenes de Llano de la Encomienda como Jefe de su Estado Mayor. El 15 de noviembre el lehendakari Aguirre recibió en Bilbao al general Llano de la Encomienda, que había llegado de Santander procedente de Barcelona. Acompañaban al general su ayudante y un teniente coronel (*La Libertad*, 16-11-1936: 2).

Llano de la Encomienda no había tenido ninguna relación previa con los territorios del Norte y tenía que hacer frente a una situación política y militar complicada, sin tener un mandato claro de cuales eran sus responsabilidades, y sabiendo, como afirma el político, periodista y escritor socialista Zugozagoitia, que «fue recibido con desgana, acaso con antipatía» (Muñoz, 2011: 570).

Su nombramiento como Jefe del Ejército del Norte no fue aceptado por el PNV, que pretendía establecer un mando militar propio reducido al frente vasco. Para la dirección militar de este frente preferían al general José Asensio Torrado, uno de los organizadores del Ejército Popular Republicano (Salgado, 2007: XXVI, 181-182).

El presidente del Gobierno, Largo Caballero, pidió que se reactivara el Frente Norte, a pesar de que la aviación era allí muy escasa y el proceso de militarización ni siquiera había comenzado y las milicias vascas, santanderinas y asturianas actuaban cada una por su cuenta. Se prepararon dos ofensivas: una contra Oviedo y otra contra Vitoria.

Cuando Llano de la Encomienda llegó a Bilbao, vio que el comandante Ciutat, Jefe de Operaciones del Ejército del Norte, estaba preparando una gran ofensiva sobre Villarreal

El general Francisco Llano de la Encomienda junto al comandante Francisco Ciutat, Jefe de su Estado Mayor, en un balcón viendo las tropas que desfilan debajo de él en Bilbao (Foto David Seymour).

de Álava,[33] siguiendo las órdenes dictadas por Largo Caballero.

El periódico *La Voz de Menorca*, del 28 de noviembre de 1936, en su página dos, informaba que el general Llano de la Encomienda fue vitoreado por el pueblo bilbaíno, en un impresionante desfile de las milicias vascas.

El comandante Francisco Ciutat acordó con el Estado Mayor vasco una ofensiva contra Vitoria, que correría a cargo de una columna vasca y otra santanderina. Una columna vasca de 9000 gudaris, organizados en 29 batallones y apoyados por 25 piezas de artillería, tomaría Villarreal de Álava y luego proseguiría hacia Vitoria y Miranda del Ebro. Dos días después, una fuerza montañesa avanzaría por la carretera de Santander.

A finales de noviembre el mal tiempo en los montes vascos retrasó tres días la ofensiva. En vez del 27 tendría lugar el 30, día de San Andrés, que al ser el sexto aniversario de la fundación de Acción Nacionalista Vasca tenía especial significación para el mundo nacionalista. El general Llano de la Encomienda había llegado a Bilbao apenas dos semanas antes, y se limitó a observar una ofensiva que debía toda su planificación al comandante Francisco Ciutat (Salgado, 2007: XXVI, 188).

Ciutat retrasó la ofensiva santanderina contra Miranda del Ebro, con el objetivo de que las tropas de Santander y Asturias cooperasen en el éxito del ataque sobre Vitoria. Tres batallones asturianos llegaron a desplazarse a Castro Urdiales durante la batalla, pero el Gobierno vasco, celoso del protagonismo local, no autorizó su entrada. «Aguirre se opuso terminantemente a que participasen en la ofensiva tropas que no fueran vascas» (Ciutat, 1978, 45-46). No obstante, se desplazaron las mencionadas unidades al

José Antonio Aguirre y Francisco Llano de la Encomienda, con un sonriente Ciutat en medio, durante la batalla de Villarreal de Álava. Eran días en los que aún había cordialidad entre ellos, que se rompería tras el desastroso devenir de las operaciones y el descrédito en que cayó el propio Ciutat. Fondo Bidasoa/Sancho de Beurko, Archivo Histórico de Euskadi.

---

[33] La importancia estratégica de Villarreal de Álava se debía a que en ella confluyen tres carreteras entre Bilbao y Vitoria: la de Aramayona, la de Ochandiano y la de Ubidea. Teniendo en cuenta que los blindados republicanos unicamente podían desplazarse por carretera, la necesidad de conquistar Álava estaba clara (Salgado, 2007: XXVI, 184).

límite con Vizcaya, con la esperanza de hacerle cambiar de opinión (Salgado, 2007: XXVI, 183).

Tras un cañoneo aparentemente rutinario, el 30 de noviembre la infantería vasca atacó Villarreal de Álava y cercó el pueblo. El éxito parecía asegurado cuando aparecieron los aviones nacionales, que bombardearon y atacaron a las milicias y su base de Ochandiano. Los escasos aviones republicanos multiplicaron sus salidas sin poder compensar su inferioridad.

Los defensores de Villarreal de Álava se animaron por la presencia de su aviación. Cuando este parecía a punto de caer, el elevado número de bajas hizo fracasar a los atacantes, que debieron retirarse. El 2 de diciembre, el teniente coronel Camilo Alonso Vega, contando con fuerzas de Regulares, rompió el cerco y la aviación machacó a los vascos, que detuvieron la ofensiva el día 3.

En la mañana del 3 de diciembre, bastante temprano, el lendakari Aguirre y el general Llano de la Encomienda, salieron de Bilbao para el frente de Ochandiano-Ubidea, con objeto de presenciar las operaciones que habían de realizarse en varios sectores del frente (*El Cantábrico*, 3-12-1936: 1).

Una semana más tarde, el 10 de diciembre, hicieron una nueva tentativa y los defensores de Villarreal de Álava resistieron, aunque ya estaban reducidos a la mitad. Era imposible atacar bajo el acoso constante de la aviación de los nacionales, y los batallones vascos abandonaron el intento. La columna santanderina no se presentó y, tras el fracaso, el lendakari Aguirre rompió relación con el capitán Ciutat, de quien desconfiaba por ser comunista. Aquel fracaso convenció al Gobierno vasco de que era preferible fortificar Vizcaya y confiar en una estrategia defensiva, avalada por el éxito francés en la I Guerra Mundial y por la batalla de Madrid. Sin embargo, no se contaba con el futuro progreso de la aviación como arma ofensiva (Cardona, 2007: XXXV, 414-415).

Durante esta ofensiva las pérdidas de material fueron cuantiosas. La mayor parte del material ligero perdido lo fue por el desgaste que presentaba, por vejez o mala conservación. De hecho, el Ejército nacional sólo dio cuenta de la captura de 32 ametralladoras, unos 500 fusiles, dos morteros y ocho blindados, aparte de municiones y granadas (Vargas, 2012: XXXVIII, 871-872).

Llano de la Encomienda se dio cuenta de que esta ofensiva fracasó por la falta de apoyo aéreo y artillero, por la inexperiencia de la tropa, la descoordinación de los mandos y por la rapidez de reacción del ejército nacional.

Desde un punto de vista aeronáutico la zona Norte era muy poco defendible, dada su estrechez. Desde que los aparatos enemigos eran detectados, hasta que ya estaban en la vertical de los campos de aviación republicanos, pasaba muy poco tiempo, sin surtir efecto la alarma. Tampoco existía una retaguardia donde reorganizarse con cierta tranquilidad, por haber quedado aislada del resto del territorio republicano.

Razones geográficas, orográficas y climatológicas dificultaron notablemente el despliegue de la aviación republicana en las provincias cantábricas, en tanto que Franco podía reunir la totalidad de la propia, si así le fuera necesario. Por añadidura, las frecuentes lluvias y nieblas anclaban a los aviones republicanos al suelo muy a menudo. El Ejército del Norte hasta el 31 de marzo de 1937 tenía los siguientes aeródromos en servicio: Carreño, Colunga y Llanes en Asturias, La Albericia y Orzales en Santander, y Lamiaca y Sondica en Vizcaya.

Desde los primeros momentos la Aviación Republicana del Norte estuvo compuesta por un grupo heterogéneo de aparatos, mezcla de unos pocos ya obsoletos, como los *Breguet 19* y *Nieuport Ni 52* y aviones civiles como los *Monospar ST-12* y *ST-25*, *Farman 190* y *Fokker F-VII3m* entre otros. Los *saltos* de aparatos desde la zona centro y catalana, eran siempre una aventura que a menudo no finalizaba bien. Si a esto se unía la situación geográfica de la zona, que hacía de dichos traslados una misión muy difícil.

Ante la escasez y lo anticuados de los aparatos, Llano de la Encomienda y el lendakari le pidieron al presidente del Gobierno que les enviasen más aviones. Ante la dificultad que tenían de enviarlos, se recurrió entonces a comprarlos en diversos países, y que los envíos se realizasen directamente a esta zona, casi siempre por medios marítimos. Las compras se produjeron por medio de terceros, enviados poco o nada preparados para esta misión o por simples especuladores. Con lo cual el escaso material recibido casi nunca fue el ideal para la lucha, bien por ser obsoleto, bien por no tratarse de modelos puramente militares. Se recibieron, entre otros, aparatos franceses como los *Gourdou Leseurre GL-32* y *Potez 25*, británicos, de países bálticos, como los *Bristol*, *Letov* checoslovacos, que llegaron sin instrucciones de montaje, y los *Koolhoven* holandeses.

Entrado el otoño de 1936, llegó el material soviético al Norte: *Polikarpov I-15* (Chatos) y *Polikarpov I-16* (Moscas) y se formaron unidades de caza. Aunque acababan de llegar por mar, quince *Chatos* soviéticos, que establecieron su base en Lamiaco (Vizcaya) y a pesar del mal tiempo, estas exiguas fuerzas debían reconocer las carreteras Vitoria-Guipuzcoa y las líneas de tren de Burgos-Vitoria-Guipuzcoa, además de bombardear los objetivos militares de la capital y el frente alavés, incluidos los aeródromos (Salgado, 2007: XXVI, 186). A comienzos de 1937 llegaron al puerto de Bilbao dos *Koolhoven FK-51*, y desde Cataluña, en vuelo, otros ocho aparatos. Igualmente llegaron al norte un *Beech 17* y dos *Lockheed*. Sus misiones fueron generalmente de bombardeo en dicho frente, protegidos ocasionalmente por cazas tipo *Chato*.

Sobre la operatividad de aquella singular formación y las desventuras de la aviación republicana del norte resulta ilustrativo el parte del 16 de julio de 1937:

> A las 18:50 salieron dos Breguets, cuatro Kolhoven y tres Gordous a bombardear el frente de Burgos, protegidos por nueve cazas biplanos y siete monoplanos. (…) Han salido nueve aparatos de bombardeo y sólo han llegado al objetivo cuatro. Movilizar para esto 25 aparatos supone un desgaste inútil de material, salvo la circunstancia favorable presentada hoy de haberse derribado dos aparatos enemigos. Las causas por las que cinco aparatos de bombardeo no han cumplido la misión son: uno de ellos por avería (Breguet). Un Gordou porque pierde a sus anteriores. Otro porque sigue a éste a quien no pierde. Un Koolhoven porque su motor le impide seguir a su patrulla y un Breguet porque con anterioridad a un lugar de reunión no encuentra los aparatos. Estas razones, motivo de una sanción si de material del mismo tipo se tratara, tiene la leve disculpa de que aparatos de tres tipos no pueden seguir una formación exacta y mucho menos cuando ocurre, como en este caso, diferencias de velocidades que obligaron a ordenar salidas con intervalos (…) En traslado de campos un biplano capotó, probable reparación. En Llanes un ayudante, burlando la

vigilancia, trató de despegar con un Gordou, destruyéndolo, resultando ileso y siendo detenido e instruyendo expediente. Al parecer se trata de un demente.[34]

La Aviación Republicana del Norte efectuó básicamente acciones de aviación táctica de ataque a tierra. No hubo una unidad que se pudiera considerar de bombardeo, solo había aparatos ligeros de aviación táctica y escasos cazas. Por otra parte en la aviación de los sublevados las unidades alemanas e italianas tenían una formidable dotación de bombardeos medios y pesados. Pese al esfuerzo y sacrificio de los pilotos republicanos, fue el factor decisivo para la derrota republicana en el Frente del Norte (web Álvarez: 2019, 3-5).

El Gobierno republicano encargó al general Llano de la Encomienda la creación y la organización en Bilbao de la Escuela Popular de Guerra n.º 6 de Infantería. En diciembre, el gobierno vasco creaba la Academia Militar de Euskadi, promulgándose una Orden de convocatoria de ingreso para el curso de oficiales de infantería, artillería e ingenieros. A pesar de los esfuerzos realizados, la Escuela Popular de Guerra n.º 6 de Infantería nunca llegó a ser una realidad, por falta de medios económicos (Castells, 2007: IV, 450; y *Diario Oficial del Ministerio de la Guerra*, 22-12-1936).

El lendakari Aguirre se opuso enérgicamente a la creación de esta Escuela Popular, pues ello hubiera supuesto la absorción de las Academias de Infantería, Artillería e Ingenieros que venían funcionando desde la creación del Ejército vasco. En opinión del lendakari Aguirre, el general Llano de la Encomienda, además de ser un militar incompetente, se encontraba influido por elementos del Partido Comunista. Se basaba el lendakari Aguirre, en que desde el primer momento el general Llano de la Encomienda tomó en alta consideración al comandante Francisco Ciutat, jefe de su Estado Mayor, y a los asesores soviéticos que estaban en la zona, en los que se apoyó y a los que dio copia de todos sus informes (García, 2014).

Muchos oficiales republicanos veían con disgusto que se hablase de milicias vascas o de Ejército de Euskadi y apostillaban, como el teniente coronel Antonio Ortega en diciembre de 1936, que «ni vasco ni español, ni ningún otro idioma. Aquí estamos luchando por el ideal común, y como resultante de ello, no quiero que se hable de las milicias vascas. Todos somos iguales» (Núñez, 2007: XXXV, 580).

Uno de los puntos del acuerdo entre el PNV y el Gobierno de Largo Caballero, tras arduas negociaciones, había sido que las milicias vascas sólo combatirían en su territorio, salvo aquellos voluntarios que *individual o colectivamente* quisiesen luchar *en otros frentes del Estado español*.

Los combatientes nacionalistas no sentían un especial apego por una República que no se correspondía con los modelos de orden social y observancia católica con los que se identificaban la mayoría de ellos. El País Vasco era concebido como una tierra de señores propietarios, en la que cada vasco originario poseía casa, tierra y sepultura, lo que equivalía a la continuidad de la raza (Núñez, 2007: XXXV, 575-577).

En las posiciones ocupadas por el Ejército vasco, al frente de sus batallones únicamente ondeaba la ikurriña (a menudo acompañada por la Cruz de San Andrés o de Borgoña, emblema también utilizado por los carlistas) por estas fuerzas. Por el contrario, ninguno de

---

[34] Archivo General Militar de Ávila: c.684, cp.12

esos símbolos, incluida la ikurriña, eran usados por las unidades vascas no nacionalistas, excepto en algunas ocasiones por batallones comunistas. La bandera tricolor republicana brillaba por su ausencia en las unidades nacionalistas (Núñez, 2007: XXXV, 567-573).

El periódico alicantino El Luchador informaba el 6 de enero de 1937, en su tercera página, del fallecimiento en ValÈncia de José Llano Encomienda, hermano del general e inspector de Hacienda, que residió muchos años en Alicante.

El 9 de enero de 1937 el general Llano de la Encomienda, en la revista CNT n.º 9, en su página 8, felicitaba a las Fuerzas Aéreas del Norte:

> Con el orgullo de estar a vuestro frente, quiero hacer constar mi felicitación por vuestro heroismo. Luchar uno contra cuatro y vencer es empresa reservada a los que por bajo de la capa fría y serena del deber siempre cumplido, sentía la palpitación de un entusiasmo que nace en la entraña misma de vuestro espíritu. Hombres como vosotros han hecho posible con la victoriosa resistencia de Madrid la magnífica realidad de un presente que asegura un mañana triunfal. No importan vuestros nombres, sois el pueblo con toda la grandiosidad y pujanza de su firme decisión de conquistar su libertad, ser árbitro de sus destinos. Los aviadores del Ejército Popular os habéis cubierto una vez más de gloria y reafirmado vuestra situación, en la extrema vanguardia del mañana. Vuestro general. Francisco Llano.

El cantonalismo impidió un aprovechamiento racional de la industria de armamento existente en el norte republicano. Asturias y Santander contaban con fábricas, las de Trubia y Reinosa, capaces de fabricar armamento pesado, mientras Euskadi podía acometer la fabricación de armas de fuego, morteros y vehículos blindados. La munición era escasa y debía traerse de la otra zona republicana o importarse del extranjero (Salgado, 2007: XXVI, 182).

Varios factores contribuyeron a que el esfuerzo industrial bélico del Norte fuese escaso comparado con su potencial: la desorganización inicial de la zona republicana, la difícil adaptación a una economía de guerra y la importante merma que para la producción suponía la movilización de las masas proletarias. Decenas de miles de trabajadores, muchos de ellos especialistas, se sumaron a las unidades combatientes privando a la industria de un potencial humano fundamental. A esto se unió que tanto Trubia como Reinosa trabajaron a un ritmo pobre. Ambas quedaron demasiado cercanas a la línea de frente, y sufrieron las consecuencias de ello. Trubia fue atacada repetidas veces, y las instalaciones de la Naval de Reinosa sufrieron importantes daños por un bombardeo aéreo el 20 de diciembre de 1936. En Euskadi, el esfuerzo movilizador, la evacuación y los traslados de maquinaría, y la adaptación de nuevos espacios industriales, fruto de los tiempos bélicos, impidieron igualmente desarrollar una producción a gran escala. El recurso a las importaciones fue, por tanto, un hecho indiscutibleble. Y dio lugar a las naturales suspicacias al procederse al reparto entre Asturias, Euskadi y Santander.

Para tratar de aclarar la situación sobre el armamento, el 9 de enero de 1937 Llano de la Encomienda envió un documento al Gobierno de Largo Caballero, en el que planteaba una serie de preguntas reveladoras del deterioro de las relaciones entre el Gobierno vasco y el mando del Ejército del Norte. En la primera formulaba: «¿Las municiones son adquiridas para Euzkadi o para el Norte?» Y continuaba: «La producción, ¿pertenece a la región donde la fábrica está enclavada o es del conjunto? ¿El armamento es de Euzkadi o del

Norte?» Y otras por el estilo. Terminaba con la siguiente: «¿Se reconoce la autoridad del general como jefe del Ejército del Norte, constituido por los tres cuerpos de ejército de Euzkadi, Santander y Asturias?» (web Rodríguez, 2013). Esta última pregunta, como dice el historiador y militar, Ramón Salas Larrazabal, era una auténtica claudicación, pues solo aspiraba a ser jefe de un ejército formado por tres cuerpos diferentes (Muñoz, 2014).

El 13 de enero, el Gobierno vasco hizo un escrito ratificándose en la política que venía realizando:

> Todas las cuestiones vinculadas con la guerra, relativas a la utilización de los efectivos humanos y de los recursos materiales en el territorio de Euzkadi, a excepción de la dirección de las operaciones militares, son competencia directa del Gobierno de Euzkadi y de su ministro de la Guerra, fue la respuesta (web Rodríguez, 2013).

Acogiéndose a unas declaraciones del jefe de Gobierno Largo Caballero, el 28 de enero de 1937 el lendakari Aguirre hizo unas manifestaciones por las que declaraba extinta toda subordinación del Ejército de Euskadi al Ejército del Norte y su Estado Mayor. También declaraba la militarización unilateral de industrias de guerra por parte del Gobierno Vasco así como las reticencias nacionalistas a admitir la presencia de tropas no vascas en territorio de Euskadi, lo que en parte provocó el fracaso de la ofensiva del Ejército vasco sobre Vitoria a finales de noviembre de 1936, y la pretensión del Gobierno vasco de promover ascensos entre los militares vascos al margen de las normas del Ejército de la República. Ello suponía la ruptura de la unidad del Ejército del Norte (Núñez, 2007: XXXV, 568).

Tras esta declaración, Llano de la Encomienda remitió al ministro de la Guerra y presidente del Gobierno de la República, Largo Caballero, el siguiente telegrama:

> El Gobierno vasco me comunica que el ministro de la Guerra, Largo Caballero, ha declarado clara y categóricamente que el Ejército del Norte y su Estado Mayor no existen. Por ello, el gobierno de Euzkadi prepara un proyecto de coordinación de las acciones en Santander y Asturias, que remitirá a Valencia. En cuanto a las fuerzas armadas que se encuentran en territorio vasco, pasan a depender plena y exclusivamente del Gobierno de Euzkadi, por lo que debo de abstenerme de dar cualquier orden. Así ha contestado el Gobierno vasco a mi solicitud de apoyo a las operaciones militares que preparo en Asturias. He acusado recibo al documento del Gobierno vasco y le he comunicado que, en espera de órdenes del Gobierno de la República, traslado a Santander mi Estado Mayor.

Largo Caballero ratificó su confianza al general Llano de la Encomienda, pero no tomó ninguna medida que hiciera desistir de su actitud al Gobierno vasco. En adelante, en el Norte hubo un llamado Ejército de Euskadi, cuyo mando supremo ostentaba el propio lendakari Aguirre, y un ejército de Santander-Asturias, cuyo mando ostentaba el general Llano de la Encomienda, como jefe superior (web Rodríguez, 2013).

A principios de 1937 el problema del armamento era fundamental en el Norte republicano. No había suficientes armas individuales para todos los combatientes. Muchas, dado el deficiente estado en que habían llegado desde el exterior, se habían inutilizado en las ofensivas lanzadas por los tres Cuerpos de Ejército a finales de 1936. El material importado se repartía proporcionalmente entre los tres Cuerpos del Ejército republicano del Norte, una cantidad que no equivalía a calidad. La República compraba lo que podía a precios desorbitados, ya que la política de no intervención de las democracias (Francia y Reino Unido) le había vetado la compra libre y transparente en los mercados mundiales. Los mismos mandos franquistas del frente Norte reconocían que el armamento republicano no era el mejor. El general Aranda, refiriéndose al capturado en los combates anteriores decía: «ametralladoras, fusiles ametralladoras, morteros, fusiles de multitud de marcas, chatarra [...]» y un comunicado de su Cuartel General añadía: «[...] siendo de notar el empleo de ametralladoras y fusiles de modelo más anticuado, tales como Remington, Gras y Level, en uso hasta hace treinta o cuarenta años, y ametralladoras Colt, viejísima chatarra con la que se engaña a los hombres reclutados [...]» (Vargas, 2012: XXXVIII, 871).

En el tiempo que transcurrió desde finales de 1936 a la primavera del año siguiente, Llano de la Encomienda, a pesar de sus serios tropiezos con el lendakari Aguirre, consiguió que el Ejército del Norte fuera una realidad, y que el II Cuerpo de Ejército de Santander fuera tomando forma. De los escasos 1500 hombres que se agruparon en las primeras columnas, a mediados de diciembre su fuerza comprendía ya a unos 19 000 combatientes, dotados de 147 ametralladoras, 87 fusiles ametralladores y 31 cañones. A finales de ese mismo mes ya se habían alcanzado los 25 000 soldados, a los que había que sumar diez compañías de Ingenieros y un batallón de Transmisiones, todos encuadrados en unos 20 batallones, cifra que en agosto llegaría a ser de 43 (Solla, 2010: 321).

En una reunión del Departamento de Defensa del Gobierno vasco del 25 de enero de 1937, presidida por el lendakari Aguirre, el jefe de información del Departamento, José M.ª Arbex Gussi, afirmaba que «el 90% de los milicianos no combate por un ideal, sino por darse la buena vida, y no se quiere someter a una rígida disciplina», señalando específicamente como los más indisciplinados al batallón Perezagua (comunista) y a todos los comunistas, pero también a los nacionalistas Itxasalde (del PNV, formado en su mayoría por pescadores de la costa) y alguno de Acción Nacionalista.

Según estas imputaciones la guerra en Euskadi estaría siendo perdida, sobre todo, por la ineptitud de las unidades de combatientes no vascas, que se retiraban en desorden hacia sus regiones de origen procurando de paso saquear lo que podían. Por las mismas fechas informaba extensamente Jesús María de Leizaola (Consejero de Justicia y Educación en el gobierno vasco) a Manuel Irujo (ministro sin Cartera en el gobierno de Largo Caballero), rebatiendo las opiniones de Indalecio Prieto y de otros dirigentes republicanos, que culpaban a las unidades de obediencia nacionalista de escaso ardor guerrero. Una vez más se hacía eco del malestar entre los batallones del Ejército vasco hacia las unidades santanderinas y asturianas que combatían a su lado:

En general, la pérdida de posiciones no es nunca imputable a batallones nacionalistas ya solos, ya en combinación con otros. Un batallón asturiano abandonó por falta de vigilancia el Sollube al día siguiente de una gran victoria nuestra; un batallón comunista perdió con la misma insustancialidad la cumbre del Bizcargui. Una brigada de Santander (muy fatigada, desde luego) ha dejado sin combate serio todo el sistema al sur del Sollube, que el enemigo por su agotamiento no ha explotado todavía. [...] Quien haya apuntado la idea de saboteo, no podrá imputarle objetivamente a las tropas de infantería reclutadas en el País Vasco, porque estas dan resultados muy superiores a las asturianas y santanderinas que actúan en estos frentes. Por lo que hace a la infantería es imposible pedir más. Ni aún en número se puede pretender más, puesto que no hay fusiles que darles.

A ello se unirían, según Leizaola, los frecuentes incidentes que tenían lugar entre tropas no nacionalistas, tanto vascas como, sobre todo, no vascas, y la población rural vascófona de las zonas del frente y la retaguardia: Las evacuaciones forzadas, las vejaciones terribles por parte de elementos que tú conoces, porque los que componían la Checa de Ondarreta no han sido detenidos aún, y que han dado algún golpe en Elorrio, Abadiano y en Zeanuri especialmente, pueden haber dado lugar a que alguno observe cierta frialdad en algún caso. Evidentemente no es fácil hacerse a la idea de que un ejército sea un azote de nuestro propio país. Sin embargo la población rural está lealísima y nada se puede decir en contra de ella. He aquí el caso más fuerte que conozco: En Zeanuri al ocupar el enemigo el alto de Barazar dos soldados asturianos llegaron a un caserío y se disponían a pasar a las filas del enemigo; los aldeanos los denunciaron y aquellos dos milicianos fueron aprehendidos no sé si ejecutados. Dos noches después aparecían muertos cinco nacionalistas de Zeanuri, el párroco, un teniente Alcalde, un religioso... Al barrio de Ipiñaburu (Zeanuri) al pie del Gorbea llegó la noticia de que en Zeanuri estaban asesinando a los nacionalistas y toda la población de dicho barrio emigró a campo enemigo. Hubo que mandar una compañía de soldados arratianos nacionalistas con orden de defender a su pueblo contra nuestras propias fuerzas.[35]

Semejantes opiniones compartían otros gudaris, ya perdida Vizcaya (Núñez, 2007: XXXV, 594-595).

A principios de 1937 se cambiaron la denominación de los distintos Cuerpos de Ejército, pasando a ser el XIV (Euskadi), XV (Santander) y XVI (Asturias) y estaba prevista también la formación de otro cuerpo, para el que se reservó el número XVII, sin adscripción territorial, cuya función era la de operar como fuerza de maniobra del mando del ejército (web Rodríguez, 2013). De acuerdo con los planes del general Llano de la Encomienda en esta misma época, se procedió a una profunda reorganización de las fuerzas a su mando, que culminó en abril del mismo año. A resultas de la misma el XV Cuerpo de Ejército de Santander quedó integrado por tres divisiones que sustituían a los antiguos sectores y columnas (Solla, 2010: 323).

Ante los constantes enfrentamientos con el lendakari Aguirre, en febrero de 1937 Llano de la Encomienda se estableció en Santoña, donde instaló su Cuartel General y renunció a dirigir a los vascos que combatían en Vizcaya. Ante todos estos acontecimientos Llano de la Encomienda careció de autoridad y libertad de movimientos para coordinar la defensa de la zona cantábrica.

Cada una de las tres regiones (Asturias, Santander y Vizcaya) tenía su moneda propia, e incluso fronteras «*mucho más difíciles de atravesar que una frontera internacional*». Una vez el general Llano de la Encomienda quiso pasar de Asturias a Santander (dos regiones que estaban a su cargo), le registraron el coche y le confiscaron un queso (Thomas, 1976).

---

35 Carta de Jesús María de Leizaola a Manuel de Irujo, Bilbao, 17-5-1937, en AHNV, GE 538/12.

Desde hacía tiempo venía elaborándose por los oficiales republicanos un plan para tomar Oviedo. Una vez más el Estado Mayor Central exigió al Ejército del Norte que iniciase una potente ofensiva para que el ejército nacional tuviese que restar fuerzas del frente de Madrid para reforzar Oviedo.

A primeros de febrero Llano de la Encomienda pidió refuerzos al gobierno vasco para emprender la ofensiva contra Oviedo, pero el lendakari a regañadientes solo envió dos brigadas vascas. El PNV, algunos de cuyos miembros se habían opuesto a que tropas vascas lucharan fuera de *su territorio*, criticó duramente las operaciones en Asturias. Apenas mes y medio más tarde, en el mes de abril de 1937, cuatro brigadas asturianas acudieron a Euskadi a defender Vizcaya. Nadie del PNV rechistó (web Rodríguez, 2013).

Entre enero y marzo llegaron al Norte varios barcos, con armamento de importación. Este hecho permitió reponer el consumido en las ofensivas de finales de 1936, emprender la ofensiva sobre Oviedo y, por último, sostener la ofensiva franquista sobre Vizcaya, iniciada el 31 de marzo de 1937. Para entonces, los tres Cuerpos de Ejército del Norte republicanos disponían de un potencial claramente insuficiente para arrastrar las consecuencias de una ofensiva enemiga, manifiestamente superior en los planos artillero y aéreo.

A partir de enero los envíos de armamento fueron fundamentalmente a Santander, pasando todo el material a nutrir al XV Cuerpo de Ejército y, sobre todo, al XVI de Asturias, donde a finales de febrero se iba a lanzar una ofensiva contra Oviedo y su pasillo (Vargas, 2012: XXXVIII, 872).

A mediados de febrero Llano de la Encomienda consiguió reunir unos 59 batallones de Infantería, con un total de 35 000 hombres, frente a unos 30 000 hombres que el ejército nacional alineaba en el frente de Asturias. Con tan exigua superioridad de tropas (un 15% más) y gran número de ellas pésimamente equipadas (una buena parte de milicianos calzaban alpargatas y madreñas), el 21 de febrero de 1937 el Ejército republicano del Norte lanzaba la ofensiva para tomar Oviedo. En un primer momento consiguieron hacerse con objetivos parciales, pero las divisiones de Trubia y Avilés que efectuaron el ataque sobre el pasillo de Grado quedaron completamente paralizadas en los días siguientes, por la falta de reservas que fuesen relevando a las tropas de vanguardia.

La ofensiva consiguió su logro táctico más importante en la Loma de Pando, al cortar la carretera entre Oviedo y Grado por el Alto del Escamplero. Pero al no cerrarse completamente el cerco sobre Oviedo, el ejército nacional pudo construir una pista militar que le permitió mantener un pasillo para el aprovisionamiento.

El paso de los días y las duras condiciones meteorológicas convirtieron la ofensiva en una mera guerra de desgaste, y las fuerzas republicanas, aunque persistían en sus ataques, ni estaban coordinadas ni contaban con objetivos tácticos o estratégicos precisos. La ofensiva de Oviedo fracasó. Aunque hubiera tenido éxito no hubiese cambiado el signo de la guerra, porque Oviedo tenía un pequeño valor estratégico; y el objetivo final era distraer las fuerzas nacionales de la batalla del Jarama.

Las previsiones del Estado Mayor solo fueron cumplidas de una manera parcial. La comunicación Grado-Oviedo fue cortada por los republicanos. La Brigada vasca se distinguió en esta operación, pero los asturianos, faltos de disciplina, no resistieron los contraataques del enemigo y obligaron a los vascos a replegarse y perder importantes posiciones, dejando en el campo numerosas bajas y gran cantidad de material de guerra.

El plan, construido sobre la base de obtener en cuarenta y ocho horas un éxito rotundo, fracasó. Al cabo de siete días de vanos intentos, los republicanos hubieron de abandonar el proyecto sin haber conseguido ventajas estratégicas de importancia.

Uno de los graves problemas del Ejército del Norte fue la falta de coordinación y las disputas entre las dos provincias republicanas y la vasca, que nunca se resolvieron bien, además de los desacuerdos entre el Gobierno vasco y el de la República. La falta de preparación, la improvisación, el pésimo entrenamiento de los soldados, muy mal mandados, el escaso mantenimiento del material, un equipo a todas luces, anticuado y escaso en calidad en muchas ocasiones los contingentes que no eran verdaderos soldados sino efectivos que tenían más voluntad que preparación, con, el mal tiempo, las discrepancias sobre el mando y la mejor preparación militar de los sublevados, que enseguida llevaron a sus mejores unidades, dieron como resultado un gran fracaso, con numerosas bajas y escasos logros (Aizpuru, 2009: 64-65).

Fracasado el intento, los frentes volvieron a sus posiciones iniciales. Se fortificó el terreno por ambas partes y las tropas se limitaron a defender sus trincheras y a efectuar esporádicamente algún bombardeo. Desde el momento en que los republicanos fracasaron en su segunda tentativa de apoderarse de Oviedo, no volvieron a emprender ninguna otra ofensiva de valor estratégico.

Con la llegada de la primavera y la proximidad del buen tiempo, Llano de la Encomienda mandó atender con urgencia la rectificación del frente de Santander, especialmente en aquellos puntos débiles y más próximos a los objetivos más importantes del enemigo. Esto obligó a iniciar una serie de operaciones con objetivos limitados, que al mismo tiempo que proporcionaron la seguridad necesaria, sobre todo a Reinosa, permitieron apoderarse de algunos objetivos interesantes de por sí, como era Barruelo en el aspecto económico, y sobre todo, como lo era en el orden militar la dominación completa del páramo de La Lora.

Los meses invernales habían estado caracterizados por la falta de movimientos significativos, pero la primavera de 1937 registró una intensa actividad en casi todos los sectores. En la mayoría de los casos, los enfrentamientos fueron consecuencia de las ofensivas republicanas que, más o menos ambiciosas, resultaron constantes en este periodo. Especialmente importantes fueron las realizadas en el norte de Burgos, aunque también hubo algunas en el frente palentino.

El principal objetivo de estas operaciones fue obligar al ejército nacional a emplear más efectivos en sus tareas defensivas, con el fin de aliviar de forma indirecta la presión que en aquellas semanas ejercieron los nacionales sobre Euskadi. Sin embargo, el resultado de esos esfuerzos fue más bien escaso y, aunque lograron algunos éxitos menores, en ningún caso pusieron en verdaderos apuros los planes del bando nacional.

Las ofensivas republicanas comenzaron el 6 de marzo con un ataque simultáneo sobre el pueblo de Lorilla, en el norte de Burgos, y sobre la posición de El Moral, avanzadilla nacional de Revilla de Pomar (Palencia). En el primer escenario fueron rechazados sin muchas dificultades por los nacionales, pero en el segundo consiguieron sorprender a los ocupantes de la posición y se apoderaron de ella. Este golpe de mano obligó a los nacionales a movilizar sus reservas y a lanzar un fuerte contraataque, gracias al cual consiguieron recuperar El Moral a las pocas horas, aunque para ello tuvieron que sacrificar algunos hombres.

De acuerdo a los planes trazados por los mandos republicanos, la siguiente operación debía tener como objetivo el pueblo minero de Barruelo de Santullán (Palencia). El general Llano de la Encomienda, reveló ese propósito en un informe dirigido el 8 de marzo al Ministerio de la Guerra:

> El avance en el frente de Santander es todavía pequeño; responde a tantear las fuerzas del enemigo y fijarlas [y a] mejorar posiciones con vistas a operaciones que están en realización sobre Barruelo de Santullán, con objeto de apoderarse de la cuenca carbonera de Barruelo [y] cubrir la amenaza por el oeste de Mataporquera-Reinosa con vistas a posibles operaciones de primavera (…) Parece que el enemigo debilita el frente de Santander, si bien ha reforzado últimamente las fuerzas de Barruelo y busca por todos medios la conservación de este sector hullero y volver a disponer de comunicaciones para transporte de carbón. El interés de Barruelo para el enemigo es doble: por un lado el interés económico de las minas de carbón y por otro lado el de su situación al flanco de Mataporquera, que permite, apoyándose en él, una acción conjunta sobre este importante nudo de comunicaciones, vía natural de invasión para el objetivo político militar de Reinosa, uno sin duda de los más importantes para la acción enemiga…[36]

La documentación disponible sugiere que el ataque estaba previsto para finales de marzo, y debía ser un movimiento de envergadura que tenía como objetivo no solo la conquista de Barruelo sino de todas las posiciones que los nacionales ocupaban hasta el pueblo de Nestar (Palencia). Sin embargo, como ya había ocurrido el mes anterior, la ofensiva sobre la población minera se suspendió en el último momento. Según explicó Francisco Ciutat, jefe del Estado Mayor del Ejército del Norte, la operación se vio frustrada por la fuga a territorio enemigo de uno de los mandos republicanos de Reinosa. Tras esta evasión, los planes fueron modificados y en vez del ataque a Barruelo se realizó otro en el frente de La Lora, sobre Lorilla y Sargentes, en la provincia de Burgos.

En el Norte republicano se esperaba desde mediados de marzo la ofensiva del ejército nacional. Todo el mundo se cansaba de advertir que era preciso prepararse, pero no todos, ni mucho menos, se preocupaban de tomar las medidas necesarias para ello. Tras los fracasos de las ofensivas para tomar Madrid, el 22 de marzo de 1937 el general Franco desistió definitivamente en su empeño de conquistar la capital, por lo que cambió de estrategia. La prioridad pasaría ahora al Ejército nacional del Norte al mando del general Mola, con el objetivo de tomar Vizcaya, Santander y Asturias. Para conseguirlo se apoyaba en su división de élite, la 4.ª División de Navarra, formada por 4 brigadas con 18000 hombres. Al mismo tiempo recibía la ayuda de la brigada de *Flechas Negras* compuesta por 8000 españoles al mando de oficiales italianos. El dominio aéreo fue garantizado por aviones de la Aviazione Legionaria italiana y la Legión Cóndor alemana, y el bloqueo por mar por la escuadra nacional con los cruceros, *Canarias* y *Almirante Cervera,* el acorazado *España* y el destructor *Velasco.*

El fracaso de la ofensiva republicana sobre Oviedo tuvo como consecuencia que el nacionalismo vasco, a través de su lendakari, llevase a la práctica una separación absoluta de las tropas de Euskadi respecto a las del resto del Norte.

---

[36] Centro Documental de Memoria Histórica, Incorporados, c. 715, cp 4.

El XIV Cuerpo Ejército del Norte, acabó haciendo caso omiso de las ordenes emanadas de la jefatura militar del Norte, Llano de la Encomienda vio como sus competencias no eran reconocidas por Aguirre y el PNV, que apostaron por relacionarse con el Ejército del Norte de igual a igual, y no como una parte subordinada. A pesar de que las relaciones necesariamente se mantuvieron, dada la necesidad de refuerzos del resto de la zona Norte, que Euskadi hubo de recibir para contrarrestar la ofensiva del ejército nacional iniciada el 31 de marzo y que duró hasta principios de junio de 1937, el gobierno republicano no logró que Aguirre admitiera para el Cuerpo de Ejército de Euskadi un general en jefe designado por el poder central, Mariano Gámir, Pero actuando no bajo las órdenes de Llano de la Encomienda sino con mando independiente y exclusivo sobre el Cuerpo de Ejército Vasco (Vargas, 2012: XXXVIII, 881-882).

En vísperas del ataque del ejército nacional a Euskadi, los distintos Cuerpos de Ejército republicano del Norte agrupaban a unos 160000 hombres, de los cuales 67000 estarían encuadrados en el Ejército vasco, unos 58000 en el asturiano y 35000 en el santanderino (Solla, 2010: 325).

Las tropas de Mola iniciaron el 31 de marzo de 1937 su ofensiva sobre Vizcaya, y desde un principio se caracterizaron por el empleo sistemático de la aviación y la artillería con una tremenda potencia de fuego, revelándose imposible pararla. Las operaciones se llevaron a cabo con parsimonia y lentitud, en parte por el exceso de precaución del general Mola.

El lendakari, asustado, llamó en su ayuda a Llano de la Encomienda, y el general, junto a Ciutat, se instaló en Bilbao, y ordenó el traslado de 7 a 9 brigadas santanderinas y asturianas en apoyo de los nacionalistas vascos.

A primeros de abril de 1937 se reorganizó el XV Cuerpo de Ejército (Santander), según los criterios generales en toda la zona del Frente Popular. Para acabar de complicar la situación sobre las autoridades locales y las de carácter militar enviadas desde el Centro (aparte de Llano, Gamir y Ciutat) se superponían los asesores soviéticos. Largo Caballero, en un momento de indignación, llegó a afirmar que «no hay Ejército del Norte; no hay más que milicias organizadas, mejor o peor, en Euzkadi, Asturias o Santander» (Tusell, 2007).

En plena ofensiva del Ejército nacional sobre Vizcaya, por Decreto de 26 de abril de 1937 se constituyó el denominado Ejército regular de Euskadi, agrupado en Brigadas y Divisiones, suprimiéndose toda clase de enseñas e insignias, aunque interinamente los batallones iniciales perdurarían en su nominación y adscripción ideológica hasta el final del conflicto bélico (Castells, 2007: IV, 450-451).

La ayuda de los refuerzos no fue suficiente. Los nacionales avanzaron sin oposición, creando una situación insostenible. Por tal motivo, el 29 de abril, en una reunión de altos mandos políticos y militares en Bilbao, Llano de la Encomienmda aseguró que Bilbao no podría resistir más de cinco días, si no llegaba un refuerzo poderoso. Fue su última actuación en Vizcaya (Muñoz, 2011: 572).

El 5 de mayo, en medio de la niebla, los republicanos realizaron una nueva tentativa. Sus batallones se lanzaron contra Espinosa de los Monteros y Cilleruelo de Bricia, en el norte de Burgos, desplegando una ofensiva de gran virulencia. Tras duros enfrentamientos lograron conquistar la primera de las localidades y consiguieron poner en verdaderos aprietos la segunda, lo que obligó a los nacionales a movilizar de nuevo sus reservas. Trabaron un durísimo combate cuerpo a cuerpo, con el resultado de decenas de muertos y heridos en uno y otro bando. A pesar del quebranto causado a los nacionales, la operación de Bricia agotó también las fuerzas de los republicanos, y sus acometidas se fueron apagando con el paso de los días sin haber logrado triunfos sustanciales.

El XV Cuerpo de Ejército de Santander llevó a cabo un esfuerzo considerable, para intentar auxiliar a las asediadas tropas vascas, pero la secuencia de ataques desplegados en el norte de Burgos terminó por anular su capacidad ofensiva. Además, a esa circunstancia se unió el envío de seis de sus batallones a Vizcaya, una contribución que apenas dejó margen para nuevos movimientos. Desde este momento, los frentes recobraron una relativa calma que duró varias semanas, a pesar de lo cual se siguieron produciendo algunas escaramuzas de menor entidad.

A las deficiencias de dirección de la guerra hubo que sumar, los problemas de dotación y aprovisionamiento. Para los defensores fue siempre obsesiva la superioridad del adversario en aviación, que cifraron en diez a uno, como pudo haber sucedido en algún momento en que apenas tenían una quincena de aviones en uso. Debe tenerse en cuenta también que la utilización masiva de la aviación y su coordinación con la infantería se produjo por vez primera en esta operación, y que no podía menos que afectar a la moral de las tropas un período prolongado de bombardeo sin respuesta. Desde la zona central se trató de enviar refuerzos al Norte, pero la voluntad de utilizar la aviación en masa, el criterio contrario de los asesores rusos, las dificultades puestas por los franceses para autorizar el paso por su territorio y las dificultades para mantener a salvo los aeródromos propios en una franja tan estrecha de terreno, explican que ese auxilio resultara insuficiente o inexistente.

La superioridad artillera de los atacantes, aumentada por la mejor utilización de los recursos, también jugó un papel importante en la campaña, donde el Ejército Popular según el mayor Francisco Ciutat, llegó a disponer de 14 tipos diferentes de piezas artilleras. Más injustificable es el hecho de que la superioridad naval de la República no se tradujera en el auxilio a la zona Norte. Aunque no pudieron llevarlo a cabo por insuficiencia de medios, Sin embargo fueron unidades improvisadas, como los pesqueros armados vascos (bous), que demostraron una mayor moral de combate, coincidente también con las de las fuerzas de tierra. Éstas, sin embargo, partían de unas concepciones estratégicas defensivas y, lo que es peor, exclusivamente pasivas que fueron juzgadas *un error* por Franco y que también criticaron los dirigentes republicanos. El llamado *cinturón de hierro* alrededor de Bilbao,[37] según Julián Zugazagoitia, *tácticamente desconsolaba*, y para Azaña se hablaba de él *suponiendo que existe lo que debiera existir*, porque era mucho más vulnerable de lo que se suponía. Sin embargo, todavía son más duros los juicios del mayor Francisco Ciutat. Según él, era *descabellado*, puesto que no se apoyaba en obstáculos naturales sólidos, las trincheras no estaban protegidas contra los ataques aéreos y estaba más protegido en la zona occidental que en la oriental, cuando lo lógico debiera haber sido lo contrario. Si a todo ello sumamos que los atacantes

---

[37] Fue una cadena de fortificaciones de hormigón armado que teóricamente, y así lo anunciaba constantemente la propaganda, debían frenar la ofensiva nacional del general Mola. Pero el cinturón no podía defenderse por sí solo de los masivos ataques aéreos de una aviación enemiga sin oposición. Además uno de los principales oficiales que habían participado en la construcción del cinturón, el comandante Alejandro Goicoechea, se había pasado en marzo al bando nacional llevándose consigo los planos de la fortificación. Éstos reflejaban que la obra distaba mucho de estar completada y así los nacionales pudieron iniciar el ataque por los puntos más débiles y peor defendidos.

disponían de los planos, no puede extrañar que la validez de esta barrera defensiva fue muy limitada.

En mayo Llano de la Encomienda se quejó ante Indalecio Prieto, nuevo ministro de Defensa Nacional, de que los barcos entrados en el puerto de Bilbao con armas y alimentos habían sido siempre incautados por el Gobierno de Euskadi. El primer caso ocurrió cuando los nacionales realizaron un ataque en el Frente de León. Al estar previsto el mismo, el Ejército del Norte republicano ya había tomado las disposiciones pertinentes, pero se llegó a crear una difícil situación por la inexplicable tardanza en el envío de fusiles y municiones desde Vizcaya que, según Llano de la Encomienda, estaban inactivos en los parques y eran procedentes de remesas de armamento enviadas al Ejército republicano. Cuando Llano de la Encomienda se las solicitó a Aguirre, consejero de Defensa además de presidente del Gobierno de Euskadi, tuvo que esperar ocho días para su concesión.

Otro caso fue durante la preparación de la ofensiva general republicana en Asturias para la toma de Oviedo a finales de 1936, cuando las operaciones se retrasaron un mes entero debido exclusivamente a las dilaciones del Gobierno de Euskadi para enviar los refuerzos en hombres y material que le habían sido solicitados. Desde el fracaso de esta ofensiva, Llano de la Encomienda se vio obligado a solicitar la llegada de los barcos al puerto de Santander, con lo que quedó resuelto el problema de las armas, ya que la totalidad del Ejército del Norte dispuso libre y rápidamente de todo el material, aunque precario (web Lezamiz, 2016: 42-43).

Llano de la Ecomienda quería tener cerca de él a sus hijos. El capitán Francisco Llano Palmer, que estaba prestando servicio en el Estado Mayor del Ejército del Norte, se le comunicó el 19 de mayo que pasase a las órdenes de su padre (*Diario Oficial del Ministerio de Defensa Nacional*, 19-5-1937: CXX, 404). El 31 de mayo se nombraba al teniente de Infantería en campaña, Luis Llano Palmer, ayudante de órdenes del general Llano de la Encomienda (*Diario Oficial del Ministerio de Defensa Nacional*, 19-5-1937: CXXX, 407).

Los enfrentamientos entre Llano de la Encomienda y el lendakari Aguirre llevaron a que por Decreto del 31 de mayo el Ministro de Defensa Nacional, Indalecio Prieto, decretara el desdoblamiento del Ejército del Norte en dos: el de Asturias- Santander al mando del general Llano de la Encomienda, y el de Euskadi, que fue encomendado al general Mariano Gamir Ulibarri (Solla, 2010: 321). Llano de la Encomienda regresó a Santander.

Cuando los nacionales iniciaron la ofensiva sobre Vizcaya, las tropas vascas rechazaron la autoridad del Estado Mayor Central, y con ello el mando del general Llano de la Encomienda. En el Informe del lendakari al Gobierno de la República, Aguirre describió al general en términos poco edificantes: «La falta de tacto ha presidido en todo momento la actuación del general Llano de la Encomienda, influido por hombres que a toda costa perseguían el éxito de su proselitismo acudiendo a cualquier procedimiento y sin mirar los males que pudieran producirse», en clara referencia a los comunistas y asesores soviéticos. De su actuación dice: «Puede decirse que no intervino apenas ni en la confección de las operaciones ni en su desarrollo, siendo solamente testigo presencial de las mismas».[38] Parece ser que el propio Largo Caballero había desacreditado a Llano

---

[38] Sabino Arana Fundazioa / Archivo del Nacionalismo, DP-62-01. Informe sobre los hechos que determinaron el derrumbamiento del Frente Norte, pág. 44 (Miñambres, 2017: 9).

de la Encomienda ante el presidente vasco, lo que debilitó aún más su posición. Aguirre vertió acusaciones similares contra el general Gámir, sustituto de Llano de la Encomienda desde el 29 de junio, poco antes de la caída de Vizcaya.

Por su parte, para Llano de la Encomienda,

> esta Consejería de Defensa intervenía en todos los asuntos militares del Cuerpo de Ejército Vasco, poseyendo un Estado Mayor que no había obtenido el reconocimiento del Gobierno de la República con lo que los Cuerpos de Ejército de Santander y Asturias funcionaban en directo contacto y con absoluta dependencia del mando supremo del Ejército que correspondía al Ministro de la Guerra (…) pero luchaba con graves inconvenientes para actuar en el territorio del País Vasco.[39]

Estas discrepancias se acentuaron tras el comienzo de la ofensiva, a lo largo de los meses de abril y mayo de 1937. José María Muguerza, cartógrafo del Estado Mayor del general, fue testigo de esta situación: «mi compañero de viaje tiró del cajón de una mesa y puso ante mi vista un documento que todavía no había circulado entre las unidades combatientes. Lo tomé, lo leí y quedé atónito. Lo firmaba el Jefe de Defensa de Euzkadi y decía escuetamente: "A los Jefes de Unidades de Euzkadi: Hágase caso omiso de todas las órdenes emanadas del Estado Mayor del Ejército del Norte. Rezola"» (Mugueza, 1978: 21).

El 3 de junio murió el general Mola, jefe del Ejército nacional del Norte, al estrellarse el avión en el que viajaba, cerca del pueblo burgalés de Alcocero. Su sustituto fue el general Fidel Dávila, encargado desde ese momento de completar la conquista de Vizcaya.

Ante el avance de los nacionales sobre Bilbao, el general Gamir el 16 de junio dio la orden de retirada general a la margen izquierda de la ría de Bilbao, señalando también las directrices del repliegue hacia Santander, que se veía como inevitable. A pesar de las esperanzas depositadas por los republicanos en el *Cinturón de Hierro*, esta fortificación fue superada el 19 de junio con relativa facilidad por los atacantes. Gamir abandonó Bilbao, poco antes de la entrada de las tropas nacionales e instaló su Cuartel General en Sodupe (Vizcaya). Los nacionales lograron así un destacado triunfo, dada la importancia económica y simbólica de la capital vasca. Como consecuencia de la caída de Bilbao, una marea humana formada por miles de hombres y mujeres se vio obligada a huir y a buscar refugio en Santander.

A raíz de la caída de Euskadi, y dada la serie de derrotas que cosecharon las tropas republicanas en este frente, el Gobierno republicano decidió volver sobre sus pasos y restablecer la unidad de las fuerzas militares del Norte. Para lograrlo, una de las medidas adoptadas fue la destitución del general Llano de la Encomienda y su sustitución, con fecha 21 de junio, por el hasta el momento jefe del Ejército de Euskadi, general Gamir. Esta sustitución apareció en la página 1408 de la Gaceta de la República del 29 de junio de 1937. El 2 de julio se hizo lo propio con el general Toribio Martínez Cabrera, hasta esa fecha Inspector de las fuerzas del Norte.

---

[39] Centro Documental de la Memoria Histórica, FC-Causa General 1543/1200-1201. Sumario en esclarecimiento de las responsabilidades que proceda exigir por la pérdida de Vizcaya, Santander y Asturias (MIÑAMBRES, 2017, 9).

El nombramiento del general Gamir fue muy mal recibido por los socialistas santanderinos, a quienes les

> pareció desacertado tal disposición. Por la siguiente razón, Gamir Ulibarri venía en derrota, se había incorporado recientemente al Norte y desconocía, por tanto, la organización y situación de las fuerzas que cuidaban el resto del territorio que quedaba por defender. Hubiera sido más inteligente y acertado confiarle el mando al general Llano de la Encomienda, el cual, por llevar en el Norte ocho meses, había intervenido en la organización y desarrollo de los planes defensivos de Santander y Asturias y conocía a fondo el terreno. Pero en esta designación se tuvo demasiado en cuenta el efecto que ella pudiera producir en el Gobierno de Euskadi, Llano de la Encomienda no mantenía buenas relaciones con el Gobierno de Euskadi. Más de una vez tuvo que hacer frente a las intromisiones del Gobierno autónomo en las cuestiones de carácter militar[40] (Solla, 2010: 326).

Al ser cesados, los generales Llano de la Encomienda y Martínez Cabrera, que fue quien le propuso para el mando del Ejército del Norte, se trasladaron a València (Gudín, 2006: 257). Al llegar el general Martínez Cabrera a València, el presidente de la República, Manuel Azaña, le encargó un informe de lo que había visto sobre la campaña del Norte hasta la caída de Bilbao. Azaña recibió el informe, en el que decía:

> Nunca, a pesar de lo que decía el Gobierno vasco, se ha organizado allí un verdadero Ejército, no obstante haber gente y material de sobra para ello. Han faltado disciplina, mandos, unidad de acción, voluntad de cooperar en un fin común. Predominio del localismo, fatuidad, descuido, imprevisión optimista. El Gobierno vasco tarifó con el general Llano, negándose a seguir sus indicaciones, y asumió la dirección de la guerra. Todos los Oficiales asesores del Gobierno vasco se han pasado al enemigo. Corrobora la defección de batallones nacionalistas con sus mandos. El optimismo de Aguirre estorbó que se retirase todo el material; así cayeron en poder del enemigo cuarenta y cinco millones de cartuchos. No hay porqué extractar aquí toda la memoria. Sobre el porvenir de lo que queda en el norte, sus cálculos son muy pesimistas, por el bloqueo y la falta de municiones. Cree Martínez Cabrera que, pudiendo abastecerse, la zona montañosa puede resistir ocho meses[41] (Cabello, 2011: 661-662).

En noviembre de 1937 el teniente coronel Francisco Buzón Llanes, hombre de confianza de Azaña que mandaba la 7.ª División del XVI Cuerpo de Ejército de Asturias, hizo un informe redactado en noviembre de 1937 de lo que pasó en la campaña del Norte y se lo entregó al presidente de la República. Francisco Buzón Llanes, cuando bajó del avión en Santander:

> recibió una impresión dolorosa al ver la inconsciencia con que dirigentes y dirigidos vivían al margen de la guerra. Cada una de las tres provincias tenía un Gobierno que odiaba cordialmente a los de los otros dos y que hacía mangas y capirotes de las disposiciones del

---

[40] Archivo Fundación Pablo Iglesias. Archivo Juan Ruiz Olazarán (AFPI- AAVV-AJRO,823-9, Informe que la …, pág 36 bis 37).

[41] Manuel Azaña, La Pobleta, 1937, pág 402-404.

Gobierno de la República. Entre cada dos provincias existía su frontera, mucho más difícil de atravesar que una internacional, y en tales menesteres aduaneros vivían emboscados multitud de hombres jóvenes perfectamente armados, que hacían mucha falta en los frentes. Con los hombres dedicados en el norte a extender, controlar, visar y exigir pasaportes, autorizaciones y salvoconductos, incluyendo desde los consejeros respectivos al último ordenanza, se habría formado una lucidísima división, mientras que allí no hicieron más que entorpecer las naturales actividades de la vida cotidiana.

Da una idea de como se ejercía la fiscalización fronteriza, el detalle de que en una ocasión el general jefe del Ejército del Norte (Francisco Llano de la Encomienda), al trasladarse de Asturias a Santander, fue detenido, registrado y despojado de un queso que llevaba.

Trataremos de cada provincia aisladamente.

Vizcaya:

En ella se percibía la sensación de no estar en guerra; el dominio político lo ejercían en absoluto los nacionalistas, con apoyo de los demás partidos políticos y sociales, que por lo menos, el reflejado en la prensa rayaba en la claudicación.

El orden era perfecto, la tolerancia mútua en las ideas completa, pero la vida se desarrollaba, especialmente en lo relativo al abastecimiento, con tales deficiencias, que la población civil estaba materialmente pasando hambre, y deseando que aquello terminara como fuera.

En todos los servicios, se notaban las deficiencias de la improvisación y la falta de preparación de los encargados de dirigirlos; aquel arribismo de la juventud, excesiva de todos los cargos de responsabilidad, fue una de las muchas causas que contribuyeron a la caída de Bilbao (junio de 1937).

El Ejército, creado según modalidades propios, tenía más vías de origen que virtudes, carecía de comisarios políticos, indispensables antes como elementos que inspiraran a la tropa la confianza en el mando; solo existía como unidad orgánica superior el batallón, y éste adolecía del defecto de una duplicidad de mandos de igual categoría, uno militar y otro administrativo, lo que se traducía en que la tropa comía mal y estaba mal atendida. El vestuario y el armamento se daban según la influencia política de la entidad organizadora del batallón y mientras unos vestían con verdadero lujo, otros iban descalzos.

La moral no se había puesto a prueba; hasta el mes de marzo, la vida en todos los frentes del norte, era de una tranquilidad natural cuando llegan a tranquilizarse, que solo la perturba algún tiroteo sin consecuencias; las fortificaciones se reducían a las típicas trincheras, sin una obra de carácter semipermanente siquiera.

Envanecidos por la ofensiva hacia Vitoria, que se llevó a efecto sin enemigo y en cuanto este se reunió unas unidades la paró en seco, la indispensable rigidez disciplinaria se había relajado (suponiendo que alguna vez existiera); los mandos que no vivían en contacto con la tropa, se pasaban los días y sobre todo las noches en Bilbao de francachela; en resumen se vivía como si la guerra allí estuviera ganada y solo se esperase a que en el centro ocurriese lo mismo, y con esta idea suicida se había perdido casi un año, en el que se pudo hacer muchísimo en organización y en instrucción.

Se inicia la ofensiva (franquista) en marzo, y fue tal la impresión causada, que en el frente de Vitoria, en la posición llamada de Los Embalses, próxima a Villarreal, se indicaba por la oficialidad, con unanimidad absoluta, la conveniencia de retirarse al cinturón de Bilbao, distante 70 km. Y en el Estado Mayor dominó el pesimismo, de tal modo que solo un relevo colectivo habría podido atenuar aquel ambiente derrotista, hasta el punto que en los primeros días de abril, salían aviones correo para Francia cargados de familiares tanto de los consejeros, como de los Jefes del Estado Mayor. En esta situación se intenta la organización de las fuerzas en divisiones y brigadas; se proponen dieciséis profesionales para el mando de estas últimas y de ellos solo tres (fueron) aceptados por los partidos políticos, mientras el enemigo avanzaba unos cuantos kilómetros diarios. Viene después en nombramiento del presidente para general en jefe, dejando al que ejercía este cargo en situación más desairada de la que ya tenía, y desde aquel momento el pueblo bautiza al señor Aguirre (presidente del Gobierno vasco) con el apodo de "Napoleonchu".

A partir de esto las cosas se precipitan; no vamos a narrar episodios ya de sobra conocidos, el bombardeo de toda la provincia, la superioridad artillera del enemigo, que llegó a emplear piezas del calibre 28, el mito del cinturón de Bilbao, que puede decirse que empezó en plena ofensiva y las pocas obras de cemento que tenían eran defectuosas, todo ello son episodios divulgados. Cuando la ofensiva adquirió caracteres graves y se creó el problema de la aviación (quizá si entonces se envían setenta cazas al norte no se habría perdido), la política se agudizó y empezaron a transcender a la vía pública asuntos de cuya autenticidad no puede responderse; uno de ellos fue la proposición del Partido Comunista de que se les entregara la Consejería de Guerra y garantizaban que antes de cuarenta y ocho horas llegaría la aviación esperada.

Otro rumor fue el de que Bilbao no caería porque antes lo convertirían en protectorado inglés, y se hablaba de conversaciones sostenidas en enero de 1936 ante el temor de que las elecciones trajeran un triunfo comunista; estas afirmaciones, fueron algo más que un rumor, pues incluso personas que ejercían cargos oficiales las propagaron; y por último salieron los partidarios de la rendición, que tomaron como bandera el nombre del señor Jauregui.

Al fin Bilbao cayó entre la decepción de no pocos batallones nacionalistas, que incluso hicieron fuego contra las fuerzas asturianas que se retiraban de Archanda, porque intentaban producir un incendio en Deusto, y defendieron a tiros los depósitos de material de guerra para evitar su voladura y fueron íntegros a poder de los rebeldes; hasta última hora se sustentó el criterio de preferir la pérdida de material a entregarlo a santanderinos o asturianos.

Las causas de la caída podríamos basarlas por orden de influencia en las siguientes: falta de aviación, carencia de un mando militar que limpiara el Estado Mayor, hambre de la población civil y desavenencias políticas (…)

Santander

Fue esta la provincia que menos sufrió las consecuencias de la guerra en sus comienzos, cubiertos los flancos por Vizcaya y Asturias, solo tenía el frente sur que, apoyado en la cordillera, era invulnerable durante los meses de invierno y de difícil acceso en los demás. La vida en Santander era de una frivolidad absoluta; hasta en el Estado Mayor se veía una profusión de señoritas en continuo flirteo con los oficiales, que restaban seriedad, en las carreteras se encontraban con excesiva frecuencia coches cargados de mujeres, la población civil estaba un poco mejor abastecida que en Bilbao, espectáculos de todas clases funcionaban intensamente y nadie sentía la guerra ni se preparaba para ella.

Esta provincia batió el record en el afán de crear consejeros, pues para los efectos del Orden Público llegó a tener dos, uno de Interior y otro de Exterior.

Este ambiente confiado se respiraba igualmente en el Ejército; aquellas famosas operaciones rumbo a Burgos, que el enemigo toleraba porque no le convenía distraer allí efectivos, forjaron una confianza en si mismos completamente irrisoria, creyendo que aquel juego era la guerra, y cuando esta hizo su aparición con todo su cortejo de horrores, los frentes se derrumbaron como un castillo de naipes.

La famosa Junta de Defensa debió de crearse antes y formarla el general con su representante de cada partido, aprovechando la oportunidad para acabar con los consejeros.

Militarmente se cometieron errores de bulto, como el de no haber replegado sobre Santander y Torrelavega las cuatro divisiones que se salvaron de Euskadi, entre las que había batallones sociales muy buenos, y que, al cortarles el enemigo la comunicación con Asturias, unos cayeron prisioneros y otros, previa sublevación se entregaron; y otros, los menos, marcharon a Francia en barcos con no pocos jefes y oficiales que, al salir del puerto, en lugar de poner rumbo a Asturias como se había ordenado, se fueron a Burdeos y Bayona y de allí a Valencia donde, en lugar de recibirlos como desertores y asumariarlos, se les colocó en cómodos destinos, como si hubieran realizado una acción meritoria. Entre ellos puede citarse a los capitanes de la Sección de Operaciones del Estado Mayor Francisco Llano y Eduardo Díaz de Junguito; el primero está a las órdenes del general Llano de la Encomienda; el segundo desempeña hoy una misión del ministro de Defensa en Francia, y justo es consignar que desde Asturias, el coronel Prada interesó la detención y procesamiento de todos los fugados.

La retirada en los últimos días adquirió proporciones de catástrofe; las fuerzas ceden el terreno sin lucha; por las carreteras huyen miles de hombres abandonando toda clase de material; en el puerto de Unquera, que da acceso a Asturias, se forma un tapón humano de militares, civiles, mujeres y niños; los primeros se abren paso violentamente; a los últimos se les cierra de orden del Consejo de Asturias, y cuando se les dice que van a caer bajo el fuego de la artillería y que están hambrientos, contesta Belarmino Tomás: "que pasten en los prados".

En resumen se perdió Santander con su ejército, las cuatro divisiones del vasco y veintidós batallones de asturianos; es decir, la tercera parte del total de esa provincia. Las causas ya han sido apuntadas. La insensatez y también la falta de hombres providenciales que surgen de las crisis decisivas y se imponen por su prestigio o por su talento.

Valencia, 21 de noviembre de 1937 (Martínez S. 1999).

Por lo visto en los informes del teniente coronel Buzón y del general Martínez Cabrera, el general Llano de la Encomienda poco pudo hacer en el frente del Norte, ya que mandaban los partidos políticos y los nacionalistas vascos, y cualquier acción propuesta por los militares era de inmediato abolida, como les sucedió (y también, que hasta fracasaron) al general Gamir o el mayor Francisco Ciutat.

El general Llano de la Encomienda, tras pasar la frontera francesa y alcanzar Barcelona, el 26 de julio de 1937 tuvo una audiencia con Azaña, donde el general no dudó en criticar a Aguirre, mientras Azaña le pidió un informe de la guerra en el Norte. Pasó por un juicio para depurar sus responsabilidades en el Frente Norte, del que fue absuelto.

Indalecio Prieto, ministro de Defensa Nacional en el gobierno de Juan Negrín, no dejó al general en situación de *disponible*, sino que creó en ese momento la Inspección

General de Infantería, designando a Llano de la Encomienda para ocuparla (*Diario Oficial del Ministerio de Defensa Nacional*, 1-8-1937).

Llano de la Encomienda como Inspector General de Infantería fijó su residencia en València, donde estaba la sede del Gobierno. Una vez en València, pasó el resto de la guerra en un segundo plano, limitándose a acompañar comisiones y a asistir a banquetes. Ni siquiera participó en los importantes acontecimientos que tuvieron lugar en el bando republicano tras la caída de Cataluña el 11 de febrero de 1939, donde se produjo el enfrentamiento entre el presidente del Consejo de Ministros, Juan Negrín, y el coronel de Estado Mayor Segismundo Casado, sobre la continuidad o no de la guerra; ni tampoco participó en la revuelta contra el Gobierno de este coronel que comenzó el 4 de marzo, y que acabó con la caída de Negrín y el final de la guerra.

No obstante, y a pesar de esta inactividad, y demostrando de nuevo su valentía, fue uno de los últimos generales republicanos en abandonar España y pasar a Francia, a finales de marzo de 1939 (Muñoz, 2011: 572).

El general, su mujer, y su hijo Francisco se fueron como refugiados al sur de Francia, su destino fue el municipio francés de Port-Vendres, situado a 24 km al norte de Portbou. En Francia permanecerán algunos meses hasta que en 1940 se instalaron en México.

Sabemos por el informe del teniente coronel Buzón envió al presidente de la República, que su hijo Francisco tras la caída de Euskadi se fue a Francia y de allí a València, donde se puso a las órdenes de su padre.

LUIS LLANO PALMER EN EL FRENTE DE GUERRA

En el mes de agosto de 1936 se creaba la Escuela Militar Antifascista de Valencia, organizada por el Comité Ejecutivo Popular (CEP), que fue absorbida por las Escuelas Populares de Guerra. Estas se crearon por la necesidad que tenía el ejército republicano de cubrir en la forma más rápida y eficiente los cuadros de oficialidad de las diferentes armas y cuerpos. Creadas el 25 de noviembre de 1936, en un primer momento se llamaron Escuelas para Oficiales, comenzando las convocatorias a partir de enero de 1937. Inicialmente se crearon seis escuelas, la de Paterna era la n.º 3 y era de Infantería y Caballería.

Las condiciones de ingreso en estos centros incluían la presentación de un aval político que acreditase una continuada lealtad a la causa antifascista, expedido por el responsable de un partido o de un sindicato. Los aspirantes debían ser españoles, mayores de 19 años y menores de 36. En el aspecto cultural se exigía título facultativo o docente de las escuelas de ingenieros, peritos, comerciales, maestros, bachillerato o de cualquier centro en que se impartieran conocimientos no inferiores a los de bachillerato.

Básicamente las enseñanzas consistían en un curso preparatorio de veinte días de duración en el que se exigía conocimientos de matemáticas elementales y gramática. Los aprobados podían elegir arma o cuerpo en función de la nota obtenida. Iniciadas las clases, teóricas y prácticas, permanecían en la Escuela en régimen de internado, realizando el curso de aplicación. Este curso tenía una duración variable según el grado de conocimientos del alumno. Los que a juicio de sus profesores se hallaban en un nivel cultural alto, realizaban el denominado curso corto, de veinte días de duración; el resto realizarían la modalidad normal de cuarenta días. Los suspendidos en el curso de aplicación podían repetirlo, por una sola vez. Los suspendidos que no deseasen repetir curso se incorporaban a su unidad con el empleo de sargento. En ningún caso un alumno podía permanecer en la escuela más de seis meses (Parrilla, 2009: 37-38). Los militares que salían promocionados de las Escuelas Populares de Guerra eran oficiales en campaña, y los que no pertenecían al Ejército profesional ni habían recibido formación militar reglada al menos, eran oficiales de milicias.

A primeros de enero de 1937 Luis Llano se encontraba en València y quería entrar como aspirante a alumno en la Escuela Popular de Guerra n.º 3 de Infantería y Caballería de Paterna, para lo cual necesitaba un aval político. Lo consiguió por medio de la Federación Universitaria de Estudiantes (FUE) de València, y mandó una carta en el que se lee:

> FUE .- Asociación Profesional de Estudiantes de Derecho
> -Valencia.- Certificamos que el compañero Luis Llano Palmer ha pertenecido desde el año 1932 y pertenece actualmente a esta Asociación, habiendo demostrado durante su vida Universitaria ser afecto al Régimen, por todo lo cual le proponemos como aspirante a alumno para el ingreso en la Escuela Popular de Guerra.
> Salud y República. En Valencia, 4 de enero de 1937. La Directiva.

El día 29 de enero de 1937 ingresaba como alumno en la Escuela Popular de Guerra n.º 3 de Paterna, donde estuvo dos meses y doce días. Acabado este periodo obtuvo el grado de teniente en campaña de infantería, con antigüedad del 11 de abril de 1937. Fue destinado a la 4.ª compañía, del 520 batallón (antes Batallon Izquierda Republicana), de la 130 Brigada Mixta, de la 43 División, que tenía su teatro de operaciones en el Alto Aragón.[42]

La línea del frente en la provincia de Huesca, yendo de norte a sur, seguía prácticamente el cauce del río Gállego, hasta las cercanías del puerto de Monrepós. Desde allí alcanzaba la ciudad de Huesca, apoyándose luego en el linde provincial con Zaragoza, para llegar finalmente hasta cerca del puerto de Alcubierre. A la 130.ª Brigada Mixta le correspondió el sector más septentrional, no lejos de la frontera, cubriendo la parte que iba desde la ermita de Santa Elena, sobre Biescas, hasta el puerto de Monrepós, encima de Arguis (20 km al norte de Huesca). Un frente que, por lomas, puertos y barrancos, tenía más de cien kilómetros. El batallón 520º ocupaba la franja que iba desde el río Basa (entre Yebra de Basa y Sabiñánigo) hasta el puerto de Monrepós (32 km). La brigada disponía de una sola batería de artillería, que tan pronto estaba en un lugar como en otro, según se necesitara, y de una sección de caballería (web Pérez C, 1997).

Luis Llano pronto entró en acción. El 13 de junio de 1937 la 130 Brigada Mixta tomó las posiciones enemigas por el sector de Yebra de Basa: cota 115, San Román de Basa (8 km de Sabiñánigo), ermita de la Virgen de Vallivana, Coronas de San Juan, Montes de las Cocullaces, cota 1100, Gabardiella y la cota 1100 al suroeste de Allué (9 km Sabiñánigo). Lograron interrumpir el tránsito de Sabiñánigo a Orna de Gállego. En esta operación hubo actividad aérea por parte de ambos bandos (*La Libertad*, 15-6-1937: 2).

---

[42] CDMH_PS_ANTECEDENTES_EXP 89593_0004 (Carp 65. Serie S. Folio 128).

En la noche del 22 al 23 de septiembre, la 43.ª División al completo inició una ofensiva que tenía a Sabiñánigo como principal objetivo. La 72.ª Brigada Mixta, parte de la 102.ª y algunos blindados llegados de Belchite atacaron en el sector de Orna; mientras que la 130ª Brigada Mixta se ponía en marcha veinticuatro horas más tarde al sur de Biescas. En un primer momento, las unidades de la división rompieron el frente, cruzaron el río Gállego y avanzaron hacia Sabiñánigo. Pero la resistencia ofrecida por las tropas nacionales, así como la llegada de refuerzos, pronto paralizó el avance republicano. En concreto, el 517 batallón ocupó el pueblo de Gavín tras dos días de intensos combates. La ofensiva de la 43.ª División se detuvo tras alcanzar parte de los objetivos: la 72.ª Brigada Mixta cortó el ferrocarril Zaragoza-Canfranc y la 130.ª Brigada Mixta ocupó Biescas. Con los refuerzos recibidos, los nacionales contraatacaron pero no consiguieron recuperar el terreno perdido (web Pérez C. 1997).

Al teniente Luis Llano se le consideraba un buen oficial, y que estaba capacitado para el empleo de capitán. Fue muy valiente su actuación en el frente del Alto Aragón,[43] donde fue herido en la cabeza por las esquirlas de metralla producidas por una bomba, que le atravesaron el casco que llevaba.[44] A consecuencia de las heridas producidas, estuvo varios meses ingresado en los hospitales de Barbastro y de Benicàssim (García, 2014: 247). Más que un hospital lo que llegó a funcionar en la playa de Benicàssim fue todo un complejo hospitalario, que se estableció en Las Villas (chalets adosados a lo largo del paseo marítimo) y en el hotel Voramar, que fue bautizado como Villa Frente Popular. El hotel era el principal recinto hospitalario, contando con un quirófano, y estuvo activo desde diciembre de 1936 hasta abril de 1938.

Al salir del hospital solicitó que le concediesen la Medalla de Sufrimientos por la Patria (honorífica), por haber sido herido en acción de guerra. Le fue concedida el 2 de julio 1938 (*Diario Oficial del Ministerio de Defensa Nacional*, 7-7-1938: CLXVIII, 91).

El 10 de enero de 1938 al teniente Luis Llano Palmer le ordenaron que se incorporase con urgencia a la DECA, Defensa Especial Contra Aeronaves (*Diario Oficial del Ministerio de Defensa Nacional*, 10-1-1838: VIII, 85), donde fue destinado a la Brigada de Maniobras n.º 1, perteneciente al Ejército del Ebro.

El 15 de abril las tropas nacionales de la 4.ª División de Navarra, mandadas por el general Camilo Alonso Vega, ocupaban Vinaròs y llegaban al Mediterráneo, quedando la zona republicana partida en dos. Como respuesta a esta división territorial, el 2 de junio el Ejército republicano se organizó en dos grupos: el Grupo de Ejércitos de la Región Central (GERC) en la zona Centro-Sur, formado por los ejércitos de Levante, Centro, Extremadura y Andalucía y, aislado del resto, en Cataluña el Grupo de Ejércitos de la Región Oriental (GERO). Este último lo formaban dos ejércitos: el del Este, desplegado a lo largo del Segre desde el Pirineo hasta su desembocadura, y el del Ebro, que guarnecía el último tramo de este río, desde la desembocadura del Segre hasta el mar.

En abril de 1938 el general Vicente Rojo, jefe del Estado Mayor Central republicano, diseñó un plan para obligar al ejército nacional a distraer fuerzas del ataque a València y así aliviar la situación del Ejército de Levante. Entre el 25 de julio y el 16 de noviembre de

---

[43] CDMH_PS_ANTECEDENTES_EXP 89593_0004 (Carp 65. Serie "S". Folio128)

[44] Según video de Luis de Llano Macedo (Biblioteca Municipal de Betxí).

1938 tuvo lugar la Batalla del Ebro, que se desarrolló en la margen derecha del Ebro, un frente de más de 60 km, de norte a sur, entre las localidades de Mequinenza (Zaragoza) y Amposta (Tarragona). El objetivo era ocupar Gandesa, que constituía el centro de comunicaciones más importante de la zona nacional.

Debido a la escasez de aviones republicanos en la Batalla del Ebro, la Brigada de Maniobras n.º 1 de la DECA, de la que formaba parte el teniente de campaña Luis Llano Palmer, tuvo una destacada actuación.

El teniente Luis Llano estaba al frente de una Batería, formada por tres cañones antiaéreos. La plantilla de una Batería antiaérea estaba constiyuida por:

Sección Plana Mayor: 1 teniente, 1 sargento ayudante, 1 observador, 1 ajustador, 1 cabo observador, 1 soldado y 1 sanitario.
Transportes: 1 sargento, 7 conductores y 3 ayudantes.
Municionamiento: 1 cabo y 6 soldados.
Cocina: 1 sargento, 1 cabo furriel y 4 soldados.
Transmisiones: 1 sargento, 1 cabo telefonista, 2 cabos observadores y 2 soldados.
Sección de Piezas: 1 teniente y 1 sargento.
3 Piezas: en cada una 1 sargento jefe de pieza, 1 apuntador en dirección, 1 apuntador en elevación, 1 sirviente corrector, 2 cargadores y 4 proveedores de munición (web Mencey: 2006, 8).

El teniente Luis Llano Palmer tenía a sus órdenes a 7 sargentos, 1 cabo furriel, 5 cabos y 53 soldados, un total de 66 hombres. La misión que tenían las baterías antiaéreas de la DECA, era la de disparar a los aviones enemigos, para obligarlos a volar más alto, y que perdieran precisión en el lanzamiento de las bombas.

A las 0:15 horas del lunes 25 de julio de 1938, en una noche sin luna, 400 botes ocupados por soldados republicanos cruzaban el río Ebro, sorprendiendo a los centinelas del Ejército nacional. Daba comienzo la Batalla del Ebro. El Ejército republicano estableció cabezas de puente e inició su penetración por la margen derecha del río.

Franco, sorprendido por el éxito de la ofensiva republicana, mandó a su fuerza aérea a destruir los puentes construidos para pasar el Ebro. A primeras horas de la tarde del lunes 25, los nacionales enviaron aviones de reconocimiento Heinkel HE 46, de la Legión Cóndor, conocidos como *las pavas* por los combatientes republicanos. Al cabo de un rato comenzaron los bombardeos masivos de puentes y pasarelas. Trescientos aviones de bombardeo, *cadena* y caza empezaron a realizar un promedio de tres misiones diarias con un tiempo perfecto. Cuarenta Savoia 79, treinta Heinkel-111, ocho Dornier-20, veinte Savoia-81, treinta Junker, nueve Breda-20, además de casi un centenar de cazas, entre ellos los Messerschmidt-109, descargaron sus bombas o vaciaron sus cintas de ametralladora sobre Móra la Nova, Venta de Camposines y todos los pasos que se pudieron identificar, además de batir las concentraciones de tropas y vehículos que intentaron el paso del río (Martínez Reverte, 2003: 56).

Todos los aviones republicanos, salvo un escaso contingente que cubría el frente en la zona del Segre, estaban concentrados en los frentes de Levante y Extremadura. Ante la ausencia de la aviación republicana, la única oposición que se encontró la aviación nacional fue la acción de los cañones de medio y gran calibre, Bofors de 40 mm y Putilov R-1 Model 1931 de 76,2 mm de la DECA.

El día 26 los efectos de la aviación nacional fueron más devastadores que el día anterior, en que las formaciones aéreas actuaron con una cierta improvisación. En cambio, el martes 26 ya disponían de unos objetivos previamente fijados.

El miércoles 27 los ataques se desencadenaron sobre los medios de paso del río, y, como hecho innovador, contra las baterías antiáereas de la DECA.

El jueves 28 la Legión Cóndor, además de atacar los puentes establecidos a lo largo del río y el tránsito de soldados cerca de las zonas de paso, incidió en las acciones contra las baterías antiaéreas de la DECA, en los puentes de Vinebre y Ginestar, desde una altura de 4200 metros, descargando 37 500 kg de bombas. Los aviones más rápidos fueron los Heinkel 111, que volaban en escuadras de 12 y 24 aparatos (Munté, 2017: 78-83).

Las únicas noticias que he encontrado de la intervención del teniente Luis Llano Palmer en la Batalla del Ebro, nos la ofrece el mexicano Juan Miguel de Mora, soldado integrante del 59 batallón (Spanish) de la XV Brigada Internacional y autor del libro *La libertad, Sancho. Testimonio de un soldado de las Brigadas Internacionales*. En él nos dice:

> Pasamos otro lugar muy peligroso que los fascistas bombardeaban a diario, la Venta de Camposinos, cruce de valor estratégico después del paso del Ebro por la República. Allí había una batería antiaérea de la Defensa Especial Contra Aeronaves que todos llamábamos por sus siglas la "DECA". Después pasé otras veces por Camposinos (siempre rápidamente por miedo a las bombas) y años más tarde, ya en México, supe que el oficial al mando de la batería era Luis de Llano Palmer, que fue alto funcionario de la Televisión mexicana de Emilio Azcárraga Vidaurreta y que era hijo del general Llano, militar leal de la República y hombre de un valor excepcional (De Mora, 2008: 42-43).

La Venta de Camposines está en un cruce de carreteras situado en la provincia de Tarragona, cerca de la ribera derecha del Ebro, entre las localidades de Corbera d´Ebre y Móra d´Ebre; perteneciente al municipio de La Fatarella. La Venta de Camposines fue un centro neurálgico de la bolsa del Ebro. En realidad, constituye un conjunto de casas dispersas, próximas a una antigua venta, un edificio en el cual el día 25 de julio de 1938 se instaló de forma provisional el puesto de mando de la 35 División (web Diari de la guerra, 2013) en el curso de su ofensiva del Ebro. La Venta de Camposines era un lugar que los nacionales bombardeaban a diario. Durante la batalla del Ebro, este lugar se convirtió en uno de los más castigados por la aviación nacional, en especial entre comienzos de septiembre y el 10 de octubre de 1938, día en que fue tomado por los nacionales (Romero, 2003: 91).

El 7 de agosto de 1938 a la Brigada de Maniobras n.º 1 de la DECA, se le concedió el distintivo del Valor, «por los intensos bombardeos que iban expresamente dirigidos contra sus baterías (*Diario Oficial del Ministerio de Defensa Nacional*, 16-8-1938: CCVIII, 611).

En agosto la DECA se vió impotente para contrarrestar la utilización masiva de bombarderos por los nacionales, debido a que una parte de esa DECA, las ametralladoras del calibre 20 Oerlikon, se consideran inadecuadas para disparar contra aviones rápidos y maniobreros como los que tenían los nacionales. La 35.ª División republicana utilizó sus baterías, para hacer las funciones de antitanque y la de reventar las defensas de tierra enemigas mediante el tiro directo.

En la batalla del Ebro se arrojaron más de sesenta mil bombas contra las pasaderas. Gracias a la brillante intervención de la DECA, solo lograron cincuenta impactos, uno por cada mil bombas (Martínez Reverte, 2003: 81). Durante esta batalla, la DECA se apuntó 32 derribos de aviones nacionales, aunque estos en sus partes reconocieron solamente 12.

Tras casi cuatro meses de combates, el Grupo de Ejércitos de la Región Oriental (GERO) estaba agotado, sin capacidad de refuerzos y sin apenas material. La retirada fue la única opción posible. En la madrugada del 16 de noviembre de 1938, las últimas columnas republicanas al mando del teniente coronel Manuel Tagüeña, jefe del XV Cuerpo de Ejército, cruzaban el Ebro de regreso, y tras volar el puente de Flix se dio por concluida la Batalla del Ebro. Las posiciones quedaron como antes de empezar la batalla, con línea divisoria norte sur formado por los ríos Noguera Pallaresa-Segre-Ebro.

Tras la Batalla del Ebro, el Grupo de Ejércitos de la Región Oriental (GERO) republicano había quedado muy debilitado, su capacidad táctica quedó reducida por la pérdida de material de guerra, y por las bajas en combate de soldados veteranos. Aunque conservaba 300000 hombres, la mayor parte eran reclutas inexpertos y carentes de armamento para todos.

El 23 de noviembre Franco ordenaba la ofensiva sobre Cataluña. Las malas condiciones climatológicas (lluvia, niebla, nieve) y la intervención del Vaticano (que había solicitado aplazar la ofensiva para después de Navidad) habían retrasado las órdenes iniciales. Finalmente, dos días antes de Navidad, el ejército nacional iniciaba una gran ofensiva militar sobre Cataluña.

El 3 de enero de 1939, la mejoría del tiempo permitió a la aviación nacional cortar las débiles líneas de abastecimiento republicano, a la vez que entorpecer los movimientos de las tropas. Ese mismo día, un ataque de carros de combate forzó una retirada republicana, mientras las tropas nacionales, al mando del general Yagüe, cruzaron el Ebro y atacaron a los republicanos por el flanco sur, donde se encontraba el teniente Luis Llano Palmer, amenazándolos con cercarlos. Ante esta posibilidad las tropas republicanas se retiraron a Reus. Al día siguiente los nacionales tomaron el pueblo de Les Borges Blanques (Lleida), rompiendo el frente y causando una retirada, que dejó expuesto un gran sector del frente.

Las tropas republicanas que aún defendían el vértice entre el Ebro y el Segre, en su mayoría veteranos de la Batalla del Ebro, huyeron para no quedar cercados por el norte y el sur, mientras las tropas nacionales cruzaban definitivamente el Ebro. El mando republicano formó sucesivas líneas defensivas, pero estaban poco guarnecidas y sus defensores fueron cercados o rebasados por las tropas nacionales en pocos días, mientras que alrededor de Barcelona ni siquiera había posiciones defensivas en condiciones de operar. Militarmente el bando republicano carecía de pertrechos y munición para defender una ciudad tan grande como Barcelona.

El periódico *La Vanguardia* del 4 de enero de 1939, en su página dos, informaba que por méritos de guerra el teniente Luis Llano Palmer era ascendido a capitán de Infantería.

El 14 de enero los nacionales tomaron Tarragona. El capitán Luis Llano que iba en la vanguardia republicana, tuvo que retroceder por la linea de costa hasta Barcelona. Al difundirse la noticia de la caída de Tarragona, el frente republicano quedó de nuevo expuesto, y la retirada se convirtió en una huida caótica de refugiados republicanos de toda clase.

El 16 de enero el gobierno republicano ordenó la movilización general de todos los hombres y mujeres entre los 17 y 55 años. A Barcelona iban afluyendo miles de refugiados que huían ante el avance de los nacionales.

Un recuerdo que conserva Luis Llano de la guerra civil es de principios de febrero de 1939, de una Barcelona bombardeada y una población saliendo despavorida hacia Francia. También de que el general Enrique Jurado Barrio, que estaba al mando de la Agrupación Este de la DECA, le informó que la guerra se estaba acabando. Camino hacia la frontera francesa tuvo que aguantar los bombardeos continuos de la aviación nacional (García, 2014: 248).

Antes que permitir que miles de refugiados cruzaran la frontera francesa, el 20 de enero el gobierno francés autorizó la entrada en España de material bélico que tenía retenido. Sin embargo esto no sirvió de nada a la república. Los reclutas y la población civil en general daban la guerra por perdida y no tenían ningún interés en prolongarla más.

El 22 de enero el general Vicente Rojo informaba a Juan Negrín, presidente de la República, que los nacionales habían roto el frente entre Manresa y Sitges, apenas a 20 km de Barcelona, por lo cual las tropas del Ejército republicano abandonaron sus posiciones de campaña para salvarse dentro de Barcelona. Ese mismo día Negrín ordenó la evacuación del Gobierno hacia Girona y Figueres, más cerca de la frontera.

Al día siguiente, cuando se supo que el Gobierno iba a abandonar Barcelona, miles de simpatizantes republicanos emprendieron una huida caótica de la capital catalana hacia la frontera francesa, previo el asalto de los almacenes de alimentos. Las carreteras se colapsaron. El Ejército nacional atacaba Sabadell, Terrassa, Badalona, y cruzaba el río Llobregat. Las tropas republicanas opusieron escasa resistencia al avance de los nacionales, desertando, capitulando sin combatir, o simplemente uniéndose a las columnas de refugiados. El día 25 el gobierno francés, presidido por Albert Lebrun, había pedido formar una *zona neutral* en territorio español, donde pudiesen establecerse los refugiados republicanos bajo supervisión internacional. Franco rechazó la oferta ante lo cual Francia abrió la frontera a los refugiados españoles, en la noche del 27 de enero.

El gobierno francés no disponía de los medios ni infraestructuras necesarias para hacer frente al desastre humanitario que se le avecinaba. En apenas dos semanas una gran masa de refugiados republicanos y el gobierno mismo de la II República cruzaron la frontera una avalancha humana de unas 464000 personas, a la cual Francia se vio obligada a permitir la entrada a su territorio. En cambio, Andorra cerró su frontera (web Gaitx, 2015). Este éxodo supuso el mayor movimiento migratorio de la historia de España, en el menor lapso de tiempo.

La moral de Barcelona en 1939 no era la de Madrid en 1936. El espiritu de resistencia había sido sustituido por la idea de salvación. El 26 de enero, los nacionales entraban en una Barcelona casi desierta, una ciudad muerta. La habían matado la desmoralización de los que huían a Francia y la de los que quedaban escondidos. El general Vicente Rojo, Jefe del Estado Mayor Central del Ejército Popular Republicano, sobre la toma de Barcelona por los nacionales dijo: «Por eso no es exagerado afirmar que Barcelona se perdió lisa y llanamente porque no hubo voluntad de resistencia, ni en la población civil ni en algunas fuerzas contaminadas por el ambiente. La moral estaba en el suelo. Barcelona había caído sin gloria» (Rojo, 1939: 145-149).

El Ejército nacional avanzaba ocupando los últimos reductos de Cataluña. Los republicanos, agotados y sin municiones, se limitaban a plantear algunos combates esporádicos con el objetivo de retardar el avance del ejército nacional y proteger la retirada.

El 4 de febrero los nacionales tomaban Girona, mientras el gobierno republicano seguía en Figueres. Al día siguiente, Azaña junto con el president de la Generalitat, Lluis Companys y el lendakari José Antonio Aguirre cruzaban la frontera por La Vajol. El día 7 los nacionales tomaban Figueres, y Juan Negrín junto con su gobierno cruzaba la frontera francesa.

En el frente desecho en varias direcciones se conocía la huida a Francia de la retaguardia y la salida de los dirigentes.

Militarmente y humanamente era imposible la resistencia y la maniobra, había que optar entre el sacrificio absoluto o la salvación de aquel puñado de hombres que no querían arriar la bandera republicana. A las 3 de la madrugada del 8 de febrero se dio la última directiva general al Grupo de Ejércitos, que decía así:

Al Grupo de Ejércitos de la Región Oriental. Como consecuencia de la situación creada en fin de jornada de ayer, con el repliegue de los Ejércitos del Ebro y del Este y de la ruptura del frente de este último, disponga V.E. que se reorganicen las tropas en la línea del Fluvià y Sierra de Basagoda y apoyándose en ella, pongan ejecución el plan de maniobra recientemente trazado para el repliegue sobre la frontera. Se extremarán las precauciones para asegurar la protección en la última fase, realizando con la máxima intensidad el plan de destrucciones y protegiendo las columnas con destacamentos de tropas selectas situadas en retaguardia y especialmente sobre las líneas de comunicación. Las tropas pasarán la frontera formadas con sus jefes y oficiales hasta División en cabeza y llevando todo su equipo. Se exigirá el mayor orden y disciplina y se respetarán por las unidades los itinerarios que se fijen por el mando para el paso de la frontera. Los jefes de unidad entregarán listado numérico de las fuerzas y material que pase la frontera y relación de los jefes, oficiales y comisarios, y racionarán en la última jornada sus fuerzas para dos días. Por los jefes de Ejército, Cuerpos de Ejército y División se darán órdenes precisas para garantizar el buen comportamiento de su tropa en la retirada y la mayor disciplina y orden en todas las fases de la maniobra y especialmente en el paso de la frontera. P.C. A las 3 h del día 8 de febrero de 1939. De orden del ministro de Defensa Nacional. El general jefe del Estado Mayor Central, VICENTE ROJO. Rubricado. Conforme. El ministro de Defensa, NEGRÍN, Rubricado.

Se había previsto en el plan que se hiciese en tres jornadas: el día 8 las tropas se situarían sobre la zona de destrucciones y comenzaría la ejecución de estas, y los días 9 y 10 se verificaría la entrada en Francia.

El 8 se hizo el traslado del Cuartel General a Le Perthus (zona española), quedando allí instalado hasta las 13:30 del día siguiente.

El día 9 a las 11 de la mañana, el presidente del Gobierno, Juan Negrín, pasó la frontera y se dirigió a Toulouse. Aquella misma mañana, de acuerdo con el jefe de las fuerzas francesas, para descongestionar Le Perthus, donde el tráfico era muy intenso, se dispuso el traslado del Estado Mayor a Le Boulou (Francia), que distaba unos 9 km. Cuando se hallaban preparando este desplazamiento, a las 13:30, llegó la noticia de que los nacionales habían podido rebasar la red de destrucciones y avanzaba sobre Le Perthus. A las 13:50 los nacionales alcanzaban la raya fronteriza. En los demás sectores continuó el repliegue durante el resto del día 9 y la mañana del día 10, fecha en que terminaba la Ofensiva de Cataluña con la llegada de los nacionales a Portbou (Rojo, 1939: 182-185).

El 9 de febrero Negrín creaba una comisión encargada de atender a la masa de la población civil y militar exiliada en Francia tras la caída de Cataluña. Esta comisión fue el germen del futuro SERE (Servicio de Evacuación de Refugiados Españoles).

Ese mismo día había entrado en vigor en la España nacional la Ley de Responsabilidades Políticas, que señalaba como culpables a los republicanos que se habían distinguido por su participación en la II República, factor sin el cual no se puede entender que buena parte de los exiliados no volvieran a entrar en España hasta muchos años.

LUIS LLANO PALMER CAMINO DEL EXILIO MEXICANO

Ante el derrumbe del frente en Cataluña, el 9 de febrero el capitán Luis Llano reunió a sus hombres y les dio libertad para que hicieran lo que consideraran oportuno: resistir o marcharse. Al día siguiente las tropas navarras, con el general Solchaga al frente, estaban ya pisándoles los talones en Portbou. Recuerda Luis Llano que a la salida del sol y desde la pequeña bahía de Portbou, vio aparecer un submarino. Luego, desde el horizonte, vio la Caballería de la Brigada de Navarra. Todavía le dio tiempo de enviar unos cañonazos de despedida. Era el único que en ese momento tenía cañones en la frontera. Los franceses que controlaban el paso fronterizo vinieron a recriminarle esta acción de guerra, diciéndole que la guerra había terminado, Luis Llano les contestó que pararía de tirar cañonazos, si las autoridades francesas les daban unos salvoconductos para él y los hombres bajo su mando, para que no fueran a parar a los campos de concentración custodiados por la Gendarmería francesa, reforzada por unos senegaleses que tenían fama de ser bastante sanguinarios. Consiguió los salvoconductos y luego optó por ponerle unas cargas de dinamita al material de guerra para que no pudiera ser utilizado por el enemigo. Poco después ya estaban los carlistas en la misma frontera. Ante este hecho el gobierno francés cerró sus fronteras el 10 de febrero de 1939 (Garcia, 2014: 248-249; y web Warman 2021).

Al pasar la frontera de Port Bou, Luis Llano y sus hombres entregaron sus armas, haciendo una pirámide con otras, a las tropas francesas (Santos, 1999: 13). Luis Llano se dirigió a Toulouse, que en ese momento era la capital de los exiliados republicanos españoles. De este modo evitó los campos de concentración de tan triste recuerdo para la mayoría de los refugiados republicanos españoles (Garcia, 2014: 249).

Como era oficial, al pasar la frontera de Port Bou le correspondió el *subsidio de entrada en Francia*. Esta subvención derivaba de una orden del gobierno republicano de febrero de 1939. Estas ayudas tuvieron que seguir pagándose tras la creación del SERE (Velázquez, 2015: 165).

Después de estar en Toulouse, se fue a París, donde un grupo de masones le dio refugio. Pero Francia estaba ya bajo el dominio nazi. Fue perseguido por la Gestapo para meterlo en un campo de concentración, por ser un republicano español que iba por libre en suelo francés y ser hijo de un general republicano. Tuvo que huir del país disfrazado de marinero,[45] cogió un barco y llegó a Inglaterra (web Warman, 2021).

En Inglaterra Luis Llano estuvo poco tiempo. Estando en suelo inglés pensó en salir de Inglaterra, la opción que tenía era entre Europa y Latinoamérica. Irse a la Unión Soviética no le pasó nunca por la cabeza a su padre. Irse a países comunistas no se les ocurrió a ninguno de los hermanos. Además nadie iba a uno de esos países sin el carnet del partido bajo el brazo. Y en su familia nadie era del PCE. Eran liberales, republicanos y antifranquistas.

Eligió México porque era el país de Latinoamérica del que tenía más referencias. Su madre, por otra parte, tenía un hermano en ese país. En México vivía su tío Juan Palmer, que era barítono, había llegado a México a principios de siglo, tenía una extensa carrera llena de éxitos y era uno de los dueños del teatro Esperanza Iris. Este recinto se llegó a coronar como el teatro más importante de la ciudad y del país. Por ello Luis Llano pensó que México era el país más adecuado para emigrar y volver a empezar, a vivir y a trabajar, pues salió con una mano delante y otra detrás (García, 2014: 249-250).

En Inglaterra Luis Llano, con la ayuda de unos conocidos, consiguió embarcar de enfermero en el carguero *City of Alba*, ya que de este modo no tenía que pagar el billete que le llevó hasta el puerto de Mobile, en Alabama (Estados Unidos) (web Warman 2021). Contaba Luis Llano que en el barco mercante que lo llevaba a Estados Unidos, tras veinte días de travesía, en un pequeño aparato de radio escuchó la canción *Vereda Tropical*, del maestro Gonzalo Curiel, cantada por Lupita Palomera. Pasó el tiempo y cuando dirigía programas musicales en la emisora de radio XEW, uno de ellos era con Gonzalo Curiel y cantaron Vereda Tropical. La canción hizo llorar a Luis de Llano y al acabar le contó el suceso del barco. En Curiel también asomaron las lágrimas por la emoción que le invadió.[46]

Llegó a los Estados Unidos hablando francés y español y con un solo dólar en el bolsillo. Al llegar al puerto de Mobile (Alabama) había que pagar una tasa de diez dólares. Cuando le preguntaron si llevaba dinero para pagar las tasas dijo que sí. De esta forma pudo entrar en el país. Lo único que hizo con ese dinero fue que le limpiase los zapatos un limpiabotas, ya que los tenía muy sucios, y como decía «un caballero nunca puede tener los zapatos sucios» (web Warman, 2021). Curiosamente la persona que le lustró los zapatos era otro refugiado español, y al decirle que era hijo del general Francisco Llano de la Encomienda, logró juntar algo de dinero con la ayuda de un centro republicano

---

[45] Según sus nietos Jerónimo y Sebastián García López de Llano.

[46] Según video de Luis de Llano Macedo (Biblioteca Municipal de Betxí).

español, y le pagaron el billete[47] de tren hasta la estación terminal de Buenavista en Ciudad de México (web Cárdenas, 2016). Entró en México por la frontera de Laredo y se fue a buscar a su tío Juan Palmer (GARCÍA, 2014).

Luis Llano tocó el timbre de la puerta del teatro donde vivía su tío, y la abrió su esposa Esperanza Iris, y esta le dijo que su tío murió hacía dos semanas en Veracruz, y que estaban divorciados desde hacía tres años. Le dijo que entrase y lo mandó a vivir arriba del teatro, ya que no tenía donde dormir. Los propietarios del teatro no tenían descendencia. Paco Sierra, marido de Esperanza Iris, que era un vivales y ambicionaba el negocio del teatro y de la empresa de zarzuelas de su mujer, pensó que Luis Llano como único heredero del teatro iba en busca de la herencia, y una noche intentó matarlo con un cuchillo, que Luis logró zafarse del atacante y huyó del teatro (web Warman, 2021).

Luis Llano llegó a México como refugiado político e inmediatamente se nacionalizó mexicano (García, 2014). Al nacionalizarse se cambió el apellido, llamándose a partir de entonces Luis de Llano Palmer, y también su fecha de nacimiento, en el que figurará el año 1918.[48] Parece ser que el motivo del cambio de apellido y su año de nacimiento era porque temía por su vida, por ser hijo de un general republicano. Cuando Luis de Llano llegó a México encontró un país distinto al suyo, aunque con su misma lengua, y algunas costumbres parecidas. Para definir a los exiliados españoles en Mexico, el filósofo José Gaos en 1943 acuñó el neologismo *transterrado*, que es quien, teniendo que salir de su tierra, se establece en otra que le es afín y cn la que llega a sentirse *empatriado*, de las dos patrias, la de su origen y de la de destino.

Al no contar con la ayuda de su tío Juan, se tuvo que ganar la vida como pudo. Empezó de abogado en una funeraria cercana al Palacio de Correos (web Hernández, 2019), donde su trabajo consistía en convencer a los familiares del difunto para que maquillaran, restauraran, conservaran y arreglaran lo más natural posible a los difuntos. A Luis de Llano no le gustó este trabajo y se hizo guía turístico durante unos meses, ya que hablaba un poco de francés y un poquito de ingles (web Warman, 2021). Acudía a los hoteles y luego llevaba a la gente a recorrer la ciudad, ganando unos cien pesos mexicanos al mes (Fernández-Paxman, 2000).

En el mes de abril, para ayudar a la masiva salida de refugiados con destino a Francia, Juan Negrín, creaba en París el SERE, Servicio de Evacuación de Refugiados Españoles e instaló sus oficinas principales en la rue de Saint Lazare de París. Para poder actuar en las zonas donde se encontraban los mayores grupos de refugiados, abrieron delegaciones también en Perpiñán, Burdeos, Orán y México (Velázquez, 2015: 152).

El SERE se encargó de la entrega de ayudas en metálico en forma de subsidios a determinados grupos de refugiados. Había distintos tipos de ayuda. La más importante de estas eran los *subsidios mensuales*. Por medio de estas ayudas el SERE atendía economicamente a los refugiados que, durante la guerra o anteriormente, habían ocupado puestos oficiales en la vida civil o militar. Estas ayudas variaban dependiendo del número de personas que compusieran la familia, entre mil y mil quinientos francos mensuales.

---

[47] Información escrita facilitada por Alfred Remolar Franch, del discurso que realizó Jerónimo García López de Llano, en el nombramiento de Luis de Llano Palmer como Clavari Major 2019 de Sant Antoni.

[48] Según su nieto Jerónimo García López de Llano.

Su finalidad era cubrir las necesidades de los beneficiarios por el tiempo que durasen los trámites para su emigración a Latinoamérica.

Tras la derrota republicana en la Guerra Civil, fueron muchos los españoles que tuvieron que huir y comenzar una nueva vida. La gran mayoría se asentó en Francia, aunque muchos otros optaron por pedir asilo en el continente americano, especialmente en México. Su presidente, Lázaro Cárdenas, puso como condición principal para esta acogida que las instituciones de ayuda a los refugiados, creadas con los fondos de la República española, financiaran los viajes de estos hacia el país azteca, así como su manutención y alojamiento durante los primeros meses de su estancia en dicho lugar. Para llevar a cabo esta tarea se creó el 29 de junio de 1939 el CTARE, Comité Técnico de Ayuda a los Republicanos Españoles (Velázquez, 2012: 109).

Negrín, mandó embarcar una serie de objetos de valor entre: monedas, objetos de arte religioso, joyas y demás que habían sido incautados a la Iglesia y a los simpatizantes del bando nacional, así como de los bancos y Montes de Piedad, a lo conocido como el *tesoro del Vita,* que partió con rumbo a México. Indalecio Prieto, quien tenía disputas personales con Negrín por el desarrollo y manejo de la guerra, regresando de una gira por Sudamérica tras hacer varias conferencias a favor de la causa republicana, aprovechó su estancia en México y sus buenas relaciones con el presidente Lázaro Cárdenas para apropiarse del tesoro, aduciendo ser la máxima autoridad republicana española en México, ya que era el embajador.

La Junta de Auxilio a los Republicanos Españoles (JARE) se creó en París el 31 de julio de 1939. Nació como un proyecto político diseñado por Indalecio Prieto y apoyado por amplios sectores de la Diputación Permanente de las Cortes, para desestabilizar al gobierno de Negrín en el exilio. En el JARE estuvieron representados todos los partidos en el exilio excepto el PCE y el PNV por decisión propia. El tesoro del Vita fue el que financió al JARE.

Luis de Llano en Ciudad de México solía frecuentar las tertulias de los cafés *Habana*, *París*, *Papagayo* y *Tupinamba* (García, 2014). En las tertulias de estos cafés se hablaba de las batallas del Ebro o de Brunete, o de cualquier otro aspecto de tipo político o militar acaecido en la España de los años treinta. También se hablaba del desenlace de la II Guerra Mundial, que generó a los exiliados españoles una gran esperanza.

Con la derrota de las potencias del eje, los exiliados españoles comenzaron a abrazar la esperanza de que la derrota de las potencias fascistas, pudiera significar la desaparición del régimen franquista y la restauración de la República y el retorno de miles de ellos a España.

Toda posibilidad de que terminase pronto la dictadura franquista se fue diluyendo con el posterior apoyo al régimen de Franco por parte de los EE.UU. quien a partir de 1950 le comenzó a entregar ayuda económica y más tarde le permitió la entrada a la ONU en 1955. Ante esta imposibilidad del retorno a España la colectividad de exiliados republicanos comenzó a aceptar que tendría que echar raíces en México (web Narváez, 2015).

CAMINO HACIA EL EXILIO DEL GENERAL LLANO DE LA ENCOMIENDA

Luis de Llano trabajó duro hasta que ahorró 200 pesos, y junto a la ayuda de 200 más que consiguió del SERE pudo sufragar los pasajes marítimos de sus padres y de su hermano Francisco. A su llegada a Ciudad de México, Luis de Llano alquiló un diminuto apartamento para residencia de su familia. Era tan pequeño que para separar el dormitorio le pusieron unas sábanas (web Warman, 2021).

LUIS DE LLANO ENTRA A TRABAJAR EN LA RADIO

Trabajando Luis de Llano como guía turístico, un día le mandaron a una agencia de publicidad, que hacía programas de radio y de esta forma es como Luis de Llano empezó a introducirse en el mundo de la radio (web Warman, 2021). En el café Tupinamba (web Hernández, 2019), Luis de Llano se encontró con Julio Danielli, un compañero que había ido a cantar tangos (no había estado nunca en Argentina) y le dijo por qué no visitaba a un señor que era el gerente de la XEQ,[49] que era medio catalán y tenía gran simpatía por los exiliados republicanos. Fue a ver al gerente Enrique Contel para que le diese trabajo. Le preguntó si podía trabajar en la radio, y este le dijo, usted qué ha hecho, qué ha escrito. Luis de Llano le contestó que solo había escrito algunos cuentos, y Contel le dijo tráigame alguna idea para la radio. Al día siguiente, como necesitaba trabajar, fue con una primera idea que fue *El monje loco*. Le gustó mucho a Contel y también al señor Riberol, que era el jefe de producción, y fue el primero de los muchos programas de radio que Luis de Llano hizo en su vida.

Le dieron una máquina de escribir pequeña una oficina al lado del baño, por lo que al mismo tiempo que escribía los guiones del capítulo del día, oía los comentarios de los que hacían sus necesidades. De ahí pasó a dirigir *El monje loco*. Escribía los capítulos el mismo día de su emisión. A veces cuando se estaba emitiendo en el aire la página segunda. *El monje loco* estaba interpretado por Salvador Carrasco, la mejor voz de la emisora de radio XEQ, que con su risa demencial y su voz espeluznante ponía a temblar a todo México, a las diez de la noche (web Hernández, 2019). Los programas de *El monje loco* se basaban en cuentos de terror, algunos copiados y otros inventados, predominaban los de de Robert Louis Stevenson, las frases iniciales *nadie sabe, nadie supo, la verdad sobre el pavoroso caso de...* fueron idea de Luis de Llano. Este escribía, dirigía y producía *El monje loco* en 1940 en la XEQ, y le pagaban tres pesos con diez centavos por cada programa (web de la Vega, 1994). *El monje loco* se convirtió en un clásico de la radio mexicana, tuvo tanto éxito que publicaron una tira cómica, una historieta y varias películas pornográficas filmadas en Jalisco (web Morales, 2012).

El segundo programa que hizo en la radio fue, a finales de 1945, la *Doctora Corazón*. Tuvo mucho éxito y se mantuvo en el aire más de dieciocho años. Dicho programa fue una guía para los problemas y un alivio para muchas personas, en el que se enviaban cartas

---

[49] La XEQ fue una filial de la XEW, era una especie de laboratorio, los programas se probaban en la XEQ y cuando tenían mucho éxito los pasaban a la XEW.

con problemas de una muchacha con su marido o con su novio, etc., y una escritora que tenía Luis de Llano, que se llamaba Sofía Blasco, escribía las respuestas.[50] Este programa recibió muchas cartas de diferentes países, ya que en esos momentos la XEW se escuchaba en el Caribe, en los Estados Unidos, en Centro y Sudamérica.

A este periodo corresponden sus programas de radio: *El Capitán Fac*; *Casanova, El galante aventurero*; *Gracias, doctor*; *Capitanes de la industria*; *El colegio del amor*; *Ayer y Hoy*; *Verdad o ficción*; *Entrega inmediata*; *Áncora de rubíes*; *Casa internacional*; *Memorias de Agustín Lara*; *Quinteto de antaño*; y la *Banda de Huipanguillo* (García, 2014: 245).

En la estación de radio XEQ Luis de Llano trabajó como escritor, productor y director de la emisora y de esta forma empezó a ganarse la vida en la radio. Posteriormente se dedicaría a la producción trabajando para la emisora XEW, conocida como *La Voz de la América Latina desde México*. La radio que se hacía en México era comercial y daba poca cabida a la radio cultural.

En 1940 aparece en Latinoamérica la primera Organización Internacional de Publicidad Radiofónica, la *Sydney Ross Company* donde Luis de Llano trabajará un año. La *Sydney Ross Company*, entre sus clientes contaba con dos grandes marcas: *Procter & Gamble*, con sus productos Mejoral, Glostora y Leche de Magnesia Phillips (que llegaron a tener dos radionovelas diarias) y *Colgate-Palmolive*. Estas fueron las primeras patrocinadoras de la primera radionovela, *Ave sin nido,* que se transmitió diariamente (web Cabello, 2000).

Luis de Llano, como director de departamento de radio de la *Sydney Ross Company*, tenía que ir a la XEW a dirigir las radionovelas, y entonces entró en contacto con el gerente de la XEW, que era Antón Vélez y con el propietario de la emisora, Emilio Azcárraga Viudarreta.[51]

La forma en que Luis de Llano conoció a Emilio Azcárraga Viudarreta fue un tanto especial. La XEW emitía el beisbol con el *mago* Pedro Septién y lo hacía por teléfono, robándole el audio a la agencia de publicidad que tenía los derechos de los partidos de beisbol. Esta le dijo a Luis de Llano que fuese a hablar con Emilio Azcárraga y que le dijese que eso estaba mal hecho y que lo iban a demandar, porque tenían los derechos de la liga de beisbol, Cuando llegó Luis de Llano a la XEW, Emilio Azcárraga le dijo, «usted es el españolito que me está demandando, no D. Emilio, yo solo le digo que lo que está haciendo no está bien», y a partir de ahí se hicieron amigos (Web Warman, 2021).

Luego trabajará cinco años en la compañía de publicidad *Grand Advertising* (1941-46). Desde esas plataformas publicitarias trabajó en las emisoras XEQ y XEW. Así fue ascendiendo, poco a poco, en los diversos aspectos de la radiodifusión: la programación y la publicidad (García, 2014: 245). Entre la XEQ y la XEW Luis de Llano estuvo unos seis años.

Las agencias de publicidad en radio y televisión lo fueron todo para el medio, ellas fueron los verdaderos colaboradores. Era un sistema como el de los Estados Unidos. Las empresas de radiodifusión ponían los estudios y las facilidades, y las agencias de

---

[50] Según video de Luis de Llano Macedo (Biblioteca Municipal de Betxí).

[51] Según video de Luis de Llano Macedo (Biblioteca Municipal de Betxí).

publicidad tenían sus departamentos, de radio en primer lugar y luego de televisión. Esas agencias tenían cada una ocho o diez escritores y productores, se encargaban de escribir, de tener las ideas y de dirigirlos, aunque a veces los dirigían gente de la radio. Luis de Llano y otros únicamente lo supervisaban todo. Las agencias de publicidad tenían un 70% de la programación de la radio. El mismo sistema se aplicará luego a la televisión.[52]

En la XEW, Luis de Llano llegó a dirigir cuatro radionovelas al día, siendo el pionero de la radionovela en México. Las primeras radionovelas en México siguieron caminos parecidos a los de sus similares estadounidenses, pues también las empresas del jabón y enseres domésticos patrocinaron sus producciones. Las producciones mexicanas eran tan buenas que se exportaban a varios países de Latinoamérica, España y hasta en los Estados Unidos.

Contaba Luis de Llano que la XEW fue la emisora de radio más importante de todo el continente. En toda América latina no había ninguna como ella. En Estados Unidos emitía en inglés. La primera vez que Luis de Llano escuchó la XEW fue cuando vino en un barco hacia América. En otra ocasión la escuchó, en un viaje que hizo desde Nueva York (con la compañía de publicidad Foote Con & Belding que tenía un programa en la NBC) a Bogotá, donde escuchó perfectamente la XEW y fue cuando se dio cuenta lo que era la XEW.[53]

Otro tema muy distinto ocurrió el 14 de abril de 1940 en el *Centro Español* de la Ciudad de México, situado en la calle Banderas n.º 37, donde se celebró un acto conmemorativo de la proclamación de la República. En dicho acto se dio a conocer la constitución de la Junta de Acción Republicana Española (ARE), a la que se adhieron varios exministros, diputados y personalidades como José Giral, Diego Martínez Barrio (que sería elegido presidente), Álvaro de Albornoz y otros, entre los que se encontraban el general Francisco Llano de la Encomienda.

En este documento los republicanos españoles daban por finiquitada la etapa del Frente Popular y anunciaban su posición política: que España recobrase su soberanía y que una, vez lograda esta los españoles decidieran libremente cual habría de ser su futuro régimen político (web Serra-Mejías-Sola, 2014).

La ARE fue la primera asociación de partidos republicanos organizada en México tras el final de la guerra civil. Estuvo constituida básicamente por Izquierda Republicana, Unión Republicana, el Partido Federal Republicano y algunos republicanos independientes. Tenía delegaciones en toda América Latina, Europa y Filipinas. Su objetivo principal fue coordinar a todos los partidos republicanos de cara a organizar una acción común contra la dictadura del general Franco. El general Francisco Llano de la Encomienda era el presidente de la delegación mexicana de ARE. Se disolvió en 1944.

---

[52] Según video de Luis de Llano Macedo (Biblioteca Municipal de Betxí).

[53] Según video de Luis de Llano Macedo (Biblioteca Municipal de Betxí).

FRANCISCO LLANO DE LA ENCOMINDA ES HERIDO EN LA FINANCIERA INDUSTRIAL AGRÍCOLA S.A. (FIASA)

La pieza central de todo el programa de inversiones del Comité Técnico de Ayuda a los Republicanos Españoles (CTARE), fue la creación a principios de septiembre de 1939 de una institución de crédito: La Financiera Industrial Agrícola S.A. (FIASA).

Cuando el yate Vita con su *tesoro* llegó a México, Indalecio Prieto logró hacerse con el control del cargamento. Para administrar el tesoro se creó la Junta de Ayuda a los Republicanos Españoles (JARE), en oposición al Servicio de Evacuación de los Republicanos Españoles (SERE), que lideraba Juan Negrín. El CTARE con la ayuda del *Tesoro del Vita* respaldó y ayudó económicamente a La Financiera Industrial Agrícola S.A. (FIASA).

Llano de la Encomienda nunca fue partidario del SERE, ya que en el estaba el PNV, con quien tantos problemas había tenido. En México Indalecio Prieto le confió a Llano de la Encomienda la presidencia de la Financiera Industrial Agricola Sociedad Anónima (FIASA).

La relación entre la JARE y el SERE no fue muy cordial y Llano de la Encomienda iba a ser, de forma totalmente involuntaria, víctima de la misma. El 24 de junio de 1941, durante una reunión de FIASA, pistoleros de la FAI, organización ligada al SERE, entraron en la sociedad con ánimo de robar los fondos de la misma. La escena que se produjo demostró el gran valor personal de Llano de la Encomienda. Mataron al gerente Luís Guillén Guardiola, y entrando en la sala del consejo intimidaron, como era costumbre en ellos:

—¡Arriba las manos!

Todos los consejeros se levantaron con las manos en alto, menos Llano de la Encomienda, que dijo muy sereno:

—Un general español no levanta nunca las manos.

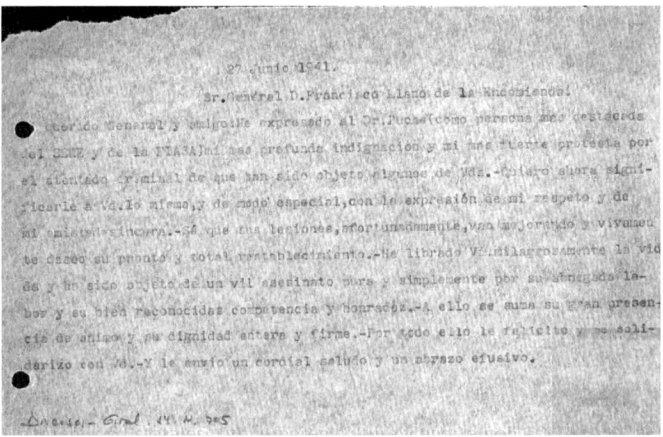

Carta de solidaridad remitida por José Giral al general Francisco Llano de la Encomienda con motivo del atentado del que había sido objeto (DIVERSOS-JOSÉ_GIRAL, 27-8-1941).

Le descerrajaron un tiro que le entró por el maxilar con salida por el cuello detrás de la oreja. (Muñoz, 2011: 569 y 573).

El 27 de julio de 1941 José Giral, presidente del Gobierno republicano en el exilio, envió una carta de solidaridad al general Llano de la Encomienda con motivo del atentado del que había sido objeto:

27 junio 1941

Sr General D. Francisco Llano de la Encomienda.

Querido general y amigo: He expresado al Dr. Puche (como persona más destacada del SERE y de la FIASA) mi más profunda indignación y mi más fuerte protesta por el atentado criminal de que han sido objeto alguno de Uds.- Quiero ahora significarle a Ud. lo mismo, y de modo especial, con la expresión de mi respeto y de mi amistad sincera.- Se que sus lesiones, afortunadamente, van mejorando y vivamente deseo su pronto y total restablecimiento.- Ha librado Ud. milagrosamente la vida y ha sido objeto de un vil asesinato para y simplemente por su abnegada labor y su bien reconocidas competencia y honradez.- A ello se suma su gran presencia de ánimo y su dignidad entera y firme.- Por todo ello le felicito y me solarizo con Ud.- Y le envio un cordial saludo y un abrazo efusivo (DIVERSOS-JOSÉ_GIRAL, 27-6-1941).

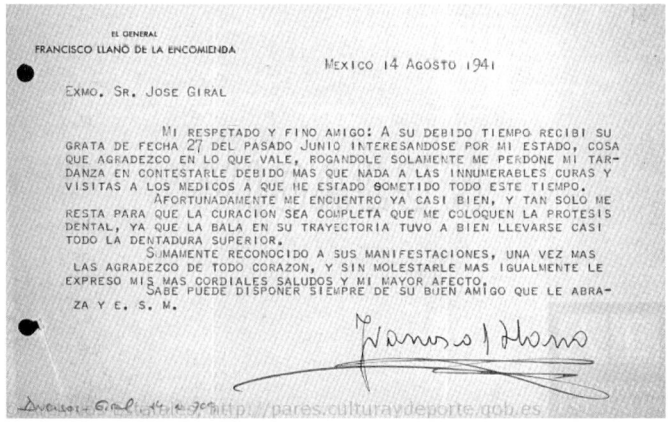

Carta de agradecimiento remitida por el general Llano de la Encomienda a José Giral (DIVERSOS-JOSÉ_GIRAL, 27-8-1941).

El 14 de agosto de 1941 el general Llano de la Encomienda escribió una carta de agradecimiento al presidente de la República en el exilio, José Giral, en la que le decía que había tardado en contestarle debido a las muchas curas recibidas y a las muchas visitas médicas. Le decía también, que para que su curación fuese completa, solo le quedaba que le colocasen una prótesis dental, debido a que la bala en su trayectoria se llevó casi toda la dentadura superior (DIVERSOS- JOSÉ_GIRAL, 27-8-1941).

En la reunión del JARE del día 2 de marzo de 1942 se adoptaron varios acuerdos, entre los cuales estaba el de establecer un subsidio provisional de trescientos pesos mensuales a partir de ese mes, a favor del general Francisco Llano de la Encomienda, considerándose en expectación de destino, acuerdo que se adoptó teniendo en cuenta que el beneficiario había resultado víctima de una represalia del SERE (Muñoz, 2011: 569 y 573).

En 1942 el Ayuntamiento franquista de Betxí le revocó al general Francisco Llano de la Encomienda la distinción de Hijo Adoptivo de Betxí.

Ciudad de México 26-12-1941. Reunión familiar navideña en la que aparecen Isabel Palmer, su marido Francisco Llano de la Encomienda y su hijo Francisco. En la fotografía Luisa, con la que el hijo Francisco se casó por poderes (Álbum de Avelino Doñate).

CONSTITUCIÓN DE LA CASA REGIONAL VALENCIANA DE MÉXICO

Aunque no existen cifras fiables de los exiliados de las tres provincias valencianas no debió de superar los tres mil. En cambio el exilio catalán contaba entre seis mil y diez mil, en que ya existía el *Orfeó Catalá* (Girona-Mancebo, 1995: 69). Al llegar a la capital mexicana, los valencianos a diferencia de los vascos, gallegos, asturianos y catalanes, tuvieron que crear sus propias instituciones. Sin una casa social donde reunirse y mantener vivo el recuerdo de las tradiciones autóctonas, sintieron la necesidad de fundar un centro regional para hacer, como decían, *más llevadera la forzosa ausencia de nuestra patria.* La idea se originó a mediados de 1940 entre los contertulios valencianos del Café París (Cánovas, 2010: 22-23).

Varios cientos de exiliados valencianos constituyeron en junio de 1942 la Casa Regional Valenciana de Ciudad de México, situada en un antiguo edificio de la calle Tacuba. En la primera Junta directiva estaban, José Manaút Nogués (periodista y decano del Colegio de Abogados de Valencia) como presidente y de vicepresidente el general Francisco Llano de la Encomienda (Girona-Mancebo, 1995: 233).

En la Casa Regional, entre mistelas, partidas de truc, chamelo, discusiones políticas y añoranzas, se reunían entre otros Blas López Fandos, productor cinematográfico; el escritor Max Aub; el periodista, poeta y traductor Teodoro Llorente; el pintor José Renau y el general Llano de la Encomienda.

En el Casal valenciano había *plantá* de fallas (desde el año 1961 hasta el año 1975), fogueres, concursos literarios, se hablaba y se cantaba en valenciano y se recibía a los invitados con un cartel en la entrada que invitaba a la hospitalidad y la lírica: *Si eres gent de pau i amant de la llibertat, passa que estás en ta casa.*[54]

---

[54] *Si eres gente de paz y amante de la libertad, pasa que estás en tu casa*, una frase que se debía al poeta valenciano Francisco Alcalá Llorente.

A lo largo de su trayectoria la Casa Regional Valenciana editó en Ciudad de México tres revistas: *Levante*, *Mediterrani* y *Senyera*, gracias a las cuotas aportadas por los socios, los subscriptores y el soporte publicitario de las empresas de exiliados republicanos en tierras mexicanas.

La revista *Levante*, a pesar de postularse como una gran defensora del valencianismo, fue duramente criticada por editarse en castellano.

La segunda revista en publicarse fue *Mediterrani* entre los años 1944 y 1946, y el formato de la revista era tamaño cuartilla (23x17 cm), contaba con 4 páginas de texto y 8 de publicidad, y costaba 0,50 pesos. El primer número incluía en portada una viñeta a dos tintas de Josep Renau, autor asimismo de la cabecera de la publicación. La revista nació con una tradición humanista y un cariño a la tierra valenciana. Fue una publicación independiente que defendía el pluralismo ideológico.

Senyera fue la última de las publicaciones de la Casa Regional Valenciana. Atravesó cuatro épocas diferentes, de las cuales la última duró unos veinte años y es la más interesante. No obstante, aunque se intentaba primar la lengua valenciana, poco a poco en estas publicaciones, como en tantas otras, la lengua castellana sería la que predominó (Cánovas, 2010: 24-26).

En la Casa Regional Valenciana había muchas personas que eran simpatizantes del Valencia C.F., entre las que podemos citar a Max Aub y su padre Federico, Luis de Llano Palmer, Blas López Fandos y entre todos destacaremos a Julio Gascó Zaragozá. Este abogado y miembro fundador del Valencia C.F., ostenta el honor de haber sido jugador en el primer partido de la historia del Valencia C.F., en Castelló el 21 de mayo de 1919. Destacado militante de Izquierda Republicana, Gascó tuvo que abandonar España en 1939 para evitar un juicio sumarísimo, exiliándose primero en Francia y luego en México. Formó parte del grupo que dinamizó la Casa Regional Valenciana en 1943, creando su propio equipo de fútbol, el Valencia Fútbol Club de México, que fue admitido para jugar la Liga española en México.

Cuando empezó a publicarse el boletín Senyera, Gascó siempre daba referencias del Valencia C.F. En 1954, cuando el Valencia C.F. ganó la Copa del Generalísimo frente al Barcelona por 3-0, apareció en la publicación una enorme felicitación. A través de la comunicación que permitía la revista en ambos países, se consiguió que llegaran a la Casa Regional Valenciana banderines y banderas del club. Con la muerte de Julio Gascó en 1956, la relación se apagó. Pero años después, esa relación empezó de nuevo.

Gracias a la labor coordinada entre València y México, se hicieron gestiones para que el Valencia C.F. jugara en México. Se contaba que la influencia del presidente del Valencia C.F. Julio de Miguel, que tuvo mucho que ver con el régimen franquista. Se dice que en alguna cacería recibió de un alto cargo político el permiso para que el Valencia C.F. viajara en verano de 1963 a México. Este viaje permitió que el Valencia

C.F. recuperara la relación con los valencianos exiliados en México, que se había roto tras la Guerra Civil. Hasta ese momento ningún equipo español había ido, porque México y España no tenían relaciones diplomáticas.

El equipo del Valencia C.F. fue muy bien recibido en México, con mariachis, mascletaes y mujeres vestidas de falleras. Contaba el exjugador del Valencia C.F., Roberto Gil, que fueron invitados a comer en el Casal valenciano, donde les sirvieron una auténtica comida valenciana compuesta de ensaladas, entrantes y paella, hecha no por cocineros profesionales sino por miembros del Casal. Asistieron unas 200 personas, y allí hubo cánticos y lloros.

Mario Moreno Cantinflas agachado en el centro con el Valencia C.F. (www.mexicanosenvalencia.es@).

En 1966 el Valencia C.F. visitaba por segunda vez México, y en esta ocasión acudió al estadio Azteca participando en su inauguración con un torneo cuadrangular. El Valencia C.F. llevó coronas de flores a las tumbas de Julio Gascó y de Blas López Fandos, que fue presidente de la Casa Regional Valenciana y del club de fútbol Valencia C.F. de México. Estuvieron otra vez en el casal valenciano, y un exiliado valenciano, que era productor de cine, llevó al equipo valenciano a cenar a casa de Mario Moreno *Cantinflas*, que los había invitado (web Fórum Algirós, 14-5-2020).

En 1994, la junta directiva de la Casa Regional Valenciana decidió disolver la entidad y dar su archivo a la Generalitat Valenciana. La biblioteca y el archivo se depositaron en la Biblioteca Valenciana en el año 2002.

EL GENERAL LLANO DE LA ENCOMIENDA Y LA MASONERÍA

El expediente personal del general Francisco Llano de la Encomienda se encuentra en el Archivo de Salamanca. En él se conserva un oficio del 13 de abril de 1943, rutinario del Consejo Superior del Ejército, y dirigido al delegado del Estado para la recuperación de documentos. También la copia de otro remitido, con la misma fecha, al presidente del Tribunal Especial para la Represión de la Masonería y el Comunismo (TERMC) por el subsecretario del Ministerio del Ejército, Camilo Alonso Vega, en el sentido de que el expediente abierto por *antecedentes masónicos*, que según decían obraban en el citado Consejo Superior del Ejército, había sido archivado puesto que según comunicaba la Dirección General de la Guardia Civil el general Francisco Llano de la Encomienda se encontraba huido en México (De Paz, 2004: 240-241).

Que el TERMC no probase su vinculación a la masonería no quiere decir que no fuese masón. La pertenencia de Llano de la Encomienda a la masonería debió de producirse antes de la proclamación de la II República (Claret, 1991: 11).

LUIS DE LLANO SE CASA CON LA ACTRIZ RITA MACEDO

En 1944, con 29 años, Luis de Llano se casaba con la actriz mexicana María de la Concepción Macedo Guzmán de 19 años, conocida artísticamente como Rita Macedo, hija de la escritora Julia Guzmán Esparza. Rita Macedo nació el 8 de diciembre de 1925 en Ciudad de México. Fue una talentosa actriz mexicana, de cine, teatro y televisión que formó parte en el llamado Cine de Oro mexicano. Fue ganadora del Premio Ariel en 1972.

Su infancia la vivió alejada de sus padres y prácticamente sin amor, realizando sus estudios en diversos internados de México y Estados Unidos.

Inició su carrera artística a los 15 años y protagonizó más de sesenta películas. Destacó con sus actuaciones en *Rosenda* (1948), de Julio Bracho; *Nazarín* (1958), de Luis Buñuel; *El hombre de papel* (1963), de Ismael Rodríguez; y *El castillo de la pureza* (1972), de Arturo Ripstein.

El matrimonio tuvo dos hijos, Julia Isabel (Julissa), nacida en 1944 y Luis, nacido al año siguiente. Julissa nació en un hospital de beneficencia español, debido a que su padre, sus abuelos españoles y su tío Francisco y su mujer Luisa, hacía pocos años que llegaron exiliados a México y la economía familiar no era muy boyante.

Los caracteres de Luis y de Rita eran muy diferentes. Él quería hacer publicidad y que su esposa se quedase en casa, en cambio Rita quería hacer cine. Se cruzaron dos caracteres bien opuestos, Luis más conservador y Rita más moderna. Esta situación se hizo insostenible y se divorciaron en 1946 (web Infante, 2018), cuando Julissa tenía dos años y Luis uno. Al divorciarse, la patria potestad de su hija Julissa se la quedó su padre y la de su hijo Luis su madre.

Rita Macedo Guzmán

Los hermanos Julissa y Luis tuvieron una educación totalmente distinta. Julissa tuvo una educación más rigurosa y conservadora, creció con una cultura más cercana a la española que a la mexicana. No tuvo las libertades de su hermano Luis. La infancia de Julissa la pasó con sus abuelos paternos, y Luis con Julia, su abuela materna.

Julissa se crió en contacto con muchos exiliados republicanos españoles. En esta época Julissa estuvo sola, a su hermano Luis lo veía muy poco, era como si fuese

Julissa y su abuelo Francisco
(Álbum Avelino Doñate).

hija única, su padre venía de vez en cuanto, ya que tras divorciarse estuvo cuatro años trabajando en Nueva York Su tío Francisco (Paco en familia) y su mujer Luisa, al no tener descendencia, hicieron el papel de padres, porque sus abuelos paternos ya eran mayores. Julissa de pequeña era muy tremenda y divertida. En los 15 primeros años, Julissa vio muy poco a su madre, pasados esos años la relacion madre hija se hizo más fluida.

Julissa vivía en la calle Marsella, en la colonia Chapultepec, y su hermano Luis en la colonia Polanco, las dos en la Ciudad de México. Años después los dos hermanos comenzaron a verse con más frecuencia. (web Infante, 2018).

Julissa y Luis junto a sus tíos Paco y Luisa, y sus abuelos Isabel y Francisco (Álbum Luis de Llano Palmer).

El criarse en un ambiente mayormente conformado por españoles, Julissa reconoce que tuvo una educación muy española, que fue una niña que se crió entre los sabores y el olor de las chuletas de cerdo, el jamón serrano y las croquetas, que en su casa abundaban libros de Miguel de Cervantes y de Federico García Lorca. Por ello no entendía mucho como era ser mexicana, ya que además desde temprana edad se fue a estudiar a Estados Unidos, Canadá, Suiza y no fue hasta que era mayor de edad cuando regresó a México para, sin buscarlo, trabajar en el ambiente artístico.

Julissa contaba que:

> Desde los dos años viví con mis abuelos y me empapé de todo eso, de la cultura española, conocía mucha gente que venía del exilio. Desde niña iba a la casa Valencia, estudié en la Academia Hispano-Mexicana. Me hizo mucho bien toda esa cultura, porque toda la gente que llegó del exilio era gente ilustrada, muchos intelectuales, académicos, habían grandes médicos, actores, yo todavía trabajé con muchos españoles que habían estado en la guerra.

Julissa recuerda que la primera vez que visitó España, en 1966, tenía 22 años y había iniciado ya su carrera como actriz. Al hablar de ese pasaje de su vida, Julissa recuerda que «cuando ella visitó los diversos lugares de España, de alguna manera ya los conocía, por todo lo que su familia le había contado acerca de esos lugares y por lo que ella también había leído» (web León, 2019).

LLANO DE LA ENCOMIENDA PRESIDENTE DE LA COMISIÓN ORGANIZADORA DE LAS FUERZAS MILITARES EN AMÉRICA

En 1945 el general Francisco Llano de la Encomienda recibió el destino que estaba pendiente desde el 2 de marzo de 1942, cuando José Giral se convirtió en presidente del gobierno republicano en el exilio, nombrando al general Juan Hernández Saravia, como ministro de Defensa. El nuevo ministro, que había comenzado su tarea en la capital mexicana bajo los principios emanados por el nuevo Gobierno, dirigió sus primeras actuaciones a la estructuración del propio Ministerio, creyendo que todavía era posible que los aliados derribasen al general Franco, y restablecieran de nuevo el régimen republicano. Hernández Saravia consideraba que para mantener el orden era necesario un ejército pequeño y efectivo, y se dispuso a organizarlo. Los efectivos de esa fuerza se estructurarían en dos zonas: una en América, que sería dirigida por el general Francisco Llano de la Encomienda, en calidad de presidente de la Comisión Organizadora de las Fuerzas Militares de Tierra, Mar y Aire; y otra zona en Francia, países de Europa y África del Norte, dirigida por el general Mariano Gamir Ulibarri, también en calidad de presidente de la Comisión Organizadora. Cada Comisión estaría apoyada por tres coroneles asesores y un Estado Mayor como órgano auxiliar de mando, y tendría por tarea primordial censar a los efectivos militares dispersos por su ámbito de actuación y analizar su capacidad real para desempeñar el empleo que tendrían en la República una vez establecida. La Comisión presidida por Llano de la Encomienda tuvo como asesores a los coroneles Álvarez Coque y a Núñez Maza y al almirante Ángel Rizo, y como integrantes del Estado Mayor a los coroneles Mariano Salafranca, Sánchez Paredes, Sierra Molla y Vicente Ramírez.

En el desarrollo de su actividad, Gamir se mostró más activo, tratando de cubrir las etapas que le habían sido encomendadas por el ministro. Por el contrario, la comisión presidida por Llano de la Encomienda se limitó, prácticamente, a la resolución de los expedientes del personal que se había puesto a disposición del Gobierno, y a la elaboración de algunos folletos divulgativos de las nuevas estrategias militares. A esta escasa actividad habría que añadir las enormes desavenencias que existían en los medios militares entre los sectores favorables a Negrín, que dirigían los hasta entonces politizados centros y asociaciones militares, y los partidarios del Gobierno que acataban la prohibición de que los militares realizaran actividades políticas.

En 1947 la situación internacional había cambiado tanto, con el estallido de la Guerra Fría, que el programa diseñado por el general Hernández Saravia carecía ya de sentido. A partir de este momento el general Llano de la Encomienda abandonó toda actividad política. Durante los dieciséis años siguientes, mantuvo una intensa vida social, actuando de padrino en la boda de otros exiliados, asistiendo a su tertulia diaria en un café y a reuniones privadas de exiliados en domicilios particulares (Muñoz, 2011: 30-31).

LUIS DE LLANO EN EL DOBLAJE DE PELÍCULAS EN NUEVA YORK

Terminada la II Guerra Mundial, Estados Unidos tenía que recuperar el mercado cinematográfico latinoamericano. Un mercado que, debido a la guerra se había cedido a España, México y Argentina. Por ello, los de la Metro Goldwing Mayer (MGM) deseaban hallar ciertas voces para contratarlas y llevarlas a Nueva York para la elaboración del doblaje de traducción al español.

En 1944 son enviados a México por la MGM los señores Lopert y Pastner con la finalidad de reclutar actores para establecer en sus estudios de Nueva York el doblaje de películas al español. Las pruebas de voz para ese proyecto fueron realizadas por Luis de Llano en un auditorio de la agencia de publicidad Grand Advertising y en otro del hotel Guardiola (Nájar, 2007: 230). Luis de Llano llamó fundamentalmente a actores de radio, considerándolos con mayor capacidad para expresarse a través de la voz. Ahí fueron pasando, todos los actores y, parados ante un atril, los hacían interpretar unos textos redactados en español y otros textos en inglés, para evaluar el nivel de sus conocimientos sobre ese segundo idioma. Al terminar, se les tomaba una fotografía y sus datos para luego ser o no ser seleccionados para dar voz a algunos actores norteamericanos en sus diferentes producciones de cine (Nájar, 2007: 230). Fueron contratados dos grupos: uno en 1944 y otro un año después para viajar a Nueva York (web Taringa, 2012).

Con motivo del boom de los doblajes de las películas del inglés al español, desde Nueva York buscaban un director (García, 2014: 245).

Un día de 1946 vino de Estados Unidos un productor de la MGM a contratar a gente de la radio para realizar doblajes de películas del inglés al español. Luis de Llano tenía 31 años y trabajaba en la agencia de publicidad Grand Advertising. Se presentó, lo contrataron y se fue a Nueva York. Antes no pudo ir porque no le dejaban entrar en el país, ya que para ellos era un *rojo*, por haber participado en la Guerra Civil española en el bando republicano (Fernández- Paxman, 2000). Doblaron unas seis películas, todas con las voces de los mejores actores radiofónicos de entonces (web de la Vega, 1994). Fue todo un experimento el doblaje de las películas, que empezaba por primera vez en la MGM en la capital neoyorquina. Así pues en 1946 y en Nueva York, Luis de Llano estrenaba un nuevo trabajo (García, 2014: 245).

En Nueva York hizo unas pruebas que había en la National Broadcasting Company (NBC) para directores de radio en francés y español, en La Voz de América. Se tenía que saber adaptar programas en inglés a otros idiomas (portugués, francés, italiano, etc) y editarlos en español. Se presentó y con la experiencia que tenía en la radio lo admitieron. De esta manera estuvo varios años como director y productor de programas en español para La Voz de América. En esta emisora se traducía, se musicalizaba y se enviaban los programas por todo el continente. Para la NBC estuvo trabajando cuatro años, pero como no ganaba suficiente para mantener a sus dos hijos, Julissa y Luis, se tuvo que buscar otro empleo.[55] Al mismo tiempo Luis de Llano realizaba otro trabajo como gestor en una agencia de publicidad, la Foote Cone & Belding, con quienes trabajaría hasta su retorno a México (García, 2014: 246).

---

[55] Según video de Luis de Llano Macedo (Biblioteca Municipal de Betxí).

Trabajando en La Voz de América, en Nueva York, encontró compatriotas emigrados que le ayudaron de manera notable. Así conoció a un personaje que trabajaba en los Noticieros que se daban antes de la proyección de las películas en la televisión. Se llamaba Fortunat Baronat, era catalán y exiliado. El fue quien le contrató en el Departamento de Publicidad en la Universal International Pictures de Nueva York, una empresa de la NBC, dejando de trabajar en La Voz de América. En estos años trabajaba al mismo tiempo para la MGM y para la Universal International Pictures, en esta última trabajó como director del Departamento de Latinoamérica (García, 2014: 245). Su nuevo trabajo consistía en poner los subtítulos de las películas en español.

Emilio Azcárraga Viudarreta, el visionario de la radio y televisión mexicana, siempre que iba a Nueva York se alojaba en el hotel Waldorf Astoria, y como tenía ciertas conexiones con la NBC y ya le conocía por su trabajo en la radio, llamaba a Luis de Llano y lo invitaba a cenar en el hotel. Luis, feliz de la vida, y allí empezó a ir al teatro, a las comedias musicales. Emilio Azcárraga le dice a Luis, «usted se puede meter en los estudios de televisión que están haciendo y me da una idea de como es, porque yo voy a hacer la televisión en México, en la que ya estaba en funcionamiento el Canal 4» (web Warman, 2021).

Luis de Llano recuerda que en 1949, estando en La Voz de América, estaba empezando la televisión y se dio cuenta de lo que era aquello.[56] La primera vez que vio televisión fue en un bar de Nueva York, y era una pelea de boxeo. Como trabajador de la NBC le dejaban entrar en los ensayos, y estuvo presente en el último concierto de Toscanini, que era el director de la Filarmónica de la NBC, y le impresionó mucho. Varias cámaras, una orquesta tocando y un montón de gente apretando botones, esa fue su llegada al mundo de la televisión. Se compró algún libro y comenzó a estudiarla (web de la Vega, 1994).

En su primer viaje a Nueva York (1949-1950), trabajaba 15 horas diarias además de aprender el inglés. A veces no tenía dinero ni para ir al teatro, otras veces para ahorrar no cenaba. Tuvo que hacerse cargo de la manutención de sus padres y de sus dos hijos en México. En esta etapa no llegó a conocer Nueva York. Fue una experiencia de trabajo y de supervivencia (García, 2014).

LUIS DE LLANO EN CANAL 2 DE TELEVICENTRO

En los primeros días de 1950, Emilio Azcárraga Viudarreta se encontraba en Nueva York y mandó llamar a Luis de Llano y le dijo: «*¿Por qué no se viene usted a México a abrir la televisión conmigo?*». Y como tenía en México a sus hijos Julissa (5 años) y Luis (4 años), y a sus padres, decidió regresar a México.[57]

El 18 de septiembre de 1943, en la celebración del XIII aniversario de la XEW, Emilio Azcárraga Vidaurreta, colocó la primera piedra de lo que originalmente sería Radiopolis. El sueño de don Emilio fue crear el centro radiofónico más importante del mundo, diseñado para albergar las emisoras de radio XEW y XEQ, pero en 1948 ante la

---

[56] Según video de Luis de Llano Macedo (Biblioteca Municipal de Betxí).

[57] Según video de Luis de Llano Macedo (Biblioteca Municipal de Betxí).

inminencia de la llegada de la televisión, se decidió convertirlo en Televicentro. (García-Raymundo, 2000: 22).

Emilio Azcárraga Vidaurreta arriesgó su importante fortuna hecha con la XEW y otras estaciones de radio, para crear Televicentro con la concesión del Canal 2 y llevándose para dirigirlo a Luís de Llano Palmer.

Cuando Luis de Llano llega a la televisión mexicana ya tenía hecha una idea de como era el medio. Empezó a trabajar en Televicentro, sus estudios estaban en la avenida Chapultepec n.º 18 en Ciudad de México. En un principio el futuro Canal 2 contaba solo con tres personas: Emilio Azcárraga Viudarreta, Luis de Llano y un ingeniero. El Canal 4 de Rómulo O´Farrill se anticipó al Canal 2 en empezar a emitir (1-IX-1950). Mientras que Emilio Azcárraga estaba comprando cámaras, equipos de televisión, reflectores para el Canal 2, aún tenían pocos trabajadores. En agosto de 1950 Luis de Llano tenía su despacho en el estudio H rodeado de focos y cada día Emilio Azcárraga entraba y decía:

—Eh Luis qué tal

—Bien D. Emilio

—Cuando empezamos

—Pues no sé

Luis de Llano sabía de televisión lo que había visto en Nueva York, y contaba que la instalación de Canal 2 fue sufrir de verdad. Y llegaron seis cámaras y cada día llegaban más reflectores, que entonces se colocaban con escaleras arriba en el techo, no como hoy en día que están articulados. Y cada semana que pasaba Emilio Azcárraga le decía *cuándo empezamos*, y Luis de Llano no lo sabía.

Las emisiones de televisión del Canal 2 empezaron sin que el edificio estuviese terminado. Fue a partir de octubre de 1950 cuando el Canal 2 empezó a llevar a cabo transmisiones de prueba. El 21 de marzo de 1951 se iniciaron las transmisiones regulares del Canal 2 XEW TV, concesionado a la empresa Televimex, S.A., propiedad de Emilio Azcárraga Vidaurreta. El programa inaugural fue un encuentro de béisbol transmitido en control remoto desde el Parque Delta, más tarde llamado Parque Deportivo del Seguro Social, en Ciudad de México (web Mejía, 1998). La programación consistía en variedades, comedias, deportes y algunos teleteatros. La transmisión era en vivo y en blanco y negro.

El 1 de enero de 1952, el Canal 2 presentaba por primera vez una programación en un horario desde las 15:00 hasta las 20:30 horas, y once días después fue la inauguración oficial de Televicentro (web Núñez E. 2013: 21), con la transmisión de una función de lucha libre (web Mejía, 1998).

Debido a las penurias iniciales, tanto personales, materiales como técnicas para realizar programas, Luis de Llano decía que al llegar a los estudios de televisión

> Me dijeron aquí están los estudios, aquí están las cámaras. Y a darle. No teníamos equipo, no teníamos gente. Me paraba en la puerta y me ponía a ver a la gente que pasaba. De repente paraba a un muchacho de 15 o 17 años y le decía: ¿Te gustaría trabajar en televisión?, ¿que es eso?. Es como la radio pero se ven las imágenes, vente conmigo. De ahí lo llevaba al ingeniero, que les hacían unas preguntas y así reclutaron a todos los cámaras y formé un espléndido equipo de cámaras. Eran bestiales, te daban las tomas que les pidieras. Algunos son ahora grandes directores. Todos se formaron conmigo. Y a los que les gustaban la música

los reclutaban para musicadores. A los directores los empezaba a sacar del teatro y con estos empezaron a hacer teleteatros.[58] Nos preocupaba que el cliente, el que pagaba la transmisión se enojara, pero más miedo teníamos de que las cámaras se estropearan al mismo tiempo o que en el momento de estar en el aire - ¡RRRRRR! - pasara un avión. ¿Hasta el agua se nos metía? (web de la Vega, 1994).

En Televicentro los estudios estaban muy bien distribuidos. Solo habían dos grandes problemas: estaban construidos como unos salones para dar conferencias, y quedaba muy poco de plató. Poco a poco fueron retirando todas las butacas y se quedó todo liso, pero tenía un defecto: que el techo era de láminas metálicas. A veces estabas haciendo una comedia en teleteatro y empezaba a llover y hablabas con el apuntador a alguna de las actrices para que dijese *cómo vas a salir si está lloviendo*, en ocasiones se oía el ruido de un avión, y por el apuntador le hablabas al actor para que dijese, *no puedo soportar ese horrible ruido de avión*, en esa época había que utilizar la máxima inteligencia posible.

Cuando empezó a emitir Canal 2, este no tenía actores, todos estaban en Canal 4. Ante este problema Luis de Llano se fue a todos los teatros donde habían actores republicanos españoles (Ángel Garasa, Rivas...), y formó una compañía para televisión. Había una gran competencia entre los canales 2 y 4, lo que motivó que hubiese broncas e insultos entre ellos (web Warman, 2021).

Después del surgimiento de la televisión en Ciudad de México, los propietarios se dieron cuenta de la necesidad de darla conocer a la provincia. Por eso, Emilio Azcárraga Vidaurreta, después de haber salido al aire el Canal 2 experimentalmente, dispuso que se realizaran los estudios necesarios para implantar el primer repetidor de este canal. El ingeniero González Camarena[59] fue el encargado de buscar el lugar preciso donde se instalaría ese primer repetidor. El 7 de enero de 1951 quedó localizado con éxito el sitio exacto: el cerro Altzomoni, pico de 4086 metros de altura sobre el nivel del mar, entre los volcanes Popocatepetl y el Iztaccíhuatl. El nuevo repetidor televisivo fue denominado XEQ Canal 9, y retransmitiría la programación del Canal 2 (García-Raymundo, 2000: 32-33).

Como hemos observado, en su inicio la televisión mexicana era bastante primitiva y se usaba más la creatividad, que con el tiempo sería superada por la tecnología. Cuando Luis de Llano empezó a trabajar en la televisión contó con dos grandes ayudas: una fue la radio XEW, donde al principio bastantes programas se tomaban con control remoto desde los estudios XEW y otros programas que se hacían en Televicentro pasaban a la vez en televisión y radio; y la otra fueron las agencias de publicidad que trabajaban como productoras independientes.

En los programas musicales, Al principio eran las agencias de publicidad los que contrataban a los cantantes y los del Canal 2 se encargaban de dirigir los programas cuando las agencias de publicidad no tenían ningún director, también de supervisar los programas y de poner los estudios, la escenografía, el tiempo, el maquillaje y la utilería. Las agencias de publicidad hacían programas cortos de media hora de duración. Los comerciales se hacían en vivo, en un rincón del estudio. Cuando se terminaba un

---

[58] Según video de Luis de Llano Macedo (Biblioteca Municipal de Betxí).

[59] Es conocido por haber inventado en 1940 la televisión a color.

programa había tres minutos de descanso, que se aprovechaba para hacer publicidad, y las mismas cámaras se iban a otro estudio para empezar otro programa. Los programas musicales a veces eran originales y otras veces copiados de los norteamericanos.

Estaba todo programado. Los programas de la mañana iban dirigidos a las mujeres, las tardes para los niños y la noche era para los adultos. Era todo muy elemental. Luego empezaron las películas dobladas, se establecieron compañías de doblaje en México y vendían las películas a las compañías de publicidad. Además se compraban los programas de más audiencia de los Estados Unidos.

Uno de los temores más grande que había al principio en los estudios de televisión eran los incendios. Emilio Azcárraga Viudarreta lo tenía muy en cuenta, ya que si se producía un incendio podían quedarse en el paro 200 o 300 personas, además de perderse todo el esfuerzo económico realizado. Para poder evitarlo se prohibía fumar en todos los estudios, si había que encender un fuego pequeño se tenía que llamar a un bombero para que estuviese al lado. El que encendía una cerilla o hacía fuego sin permiso estaba perdido, a la mañana siguiente era despedido.

Luis de Llano como productor participó en todo proceso de creación, desde la aprobación de la idea hasta la terminación del programa. Una vez que Luis de Llano, como productor, tenía la materia prima para trabajar, ponía en marcha al resto de la maquinaria que estaba detrás de las cámaras: director de cámaras, director de escena, editor, musicalizador, adaptador, etc. Cuando todos estos elementos trabajaban en armonía, por lo general se lograba un producto de buena manufactura, aunque no siempre un programa que estaba bien terminado resultaba del agrado del público.

LA RELACIÓN ENTRE EMILIO AZCÁRRAGA VIUDARRETA Y LUIS DE LLANO

La relación entre Luis de Llano y Emilio Azcárraga Viudaurreta, era de trabajo y de amistad, pero no llegaba a una relación de intimidad. En los cinco primeros años del Canal 2, todas las mañanas a las 11 había una reunión entre ellos dos y con la llegada de su hijo, Emilio Azcárraga Milmo, de los tres. Los domingos Emilio Azcárraga Vidaurreta visitaba los estudios de televisión y veía a los trabajadores que estaban haciendo los programas. Luis de Llano utilizaba los domingos, que era el día que tenía libre, para dirigir un programa, *Domingo Herdez*, programa familiar de televisión realizado en 1962, donde había una serie de concursos y conciertos que entretenían a toda la familia.

Emilio Azcárraga apreciaba mucho a Luis de Llano. Corría el año 1953 o 1954, y estando reunidos los dos, Luis empezó a cogerse la cabeza, debido a los frecuentes dolores de cabeza que padecía Emilio Azcárraga se dio cuenta y le preguntó: «¿porque le duele la cabeza y se la toca tanto?», y Luis le dijo que en la guerra civil española un avión le había pegado un bombazo, y la metralla le había perforado el casco y tenía toda la cabeza con dolor. Cambiaron de tema, y Emilio Azcárraga siguió hablando de los proyectos actuales o futuros del Canal 2, y mientras hablaba con Luis él iba hablando por teléfono con su secretaria, Amalia Gómez Zepeda, una de los puntales de Televicentro. Estuvieron reunidos dos horas y a las dos horas le dijo: «Luis, mañana por la noche tomará un vuelo de American Airlines y se irá a Nueva York, se alojará en el Hotel Waldorf Astoria, al día siguiente llame al doctor Wicks, especialista en sacar metralla de la II Guerra Mundial en Anzio (Italia) y se pone usted en sus manos, aquí tiene usted los pasajes y aquí lo tiene todo». Fue a Nueva York a ver al médico y estuvo 15 días de convalecencia en el Hospital Roosevelt. Le sacaron siete trozos de metralla y regresó a México a trabajar. Luis siempre ha dicho estar toda la vida agradecido a Emilio Azcárraga.[60]

CREACIÓN DE TELESISTEMA MEXICANO

Para iniciar el negocio televisivo sus propietarios tuvieron que realizar una gran inversión inicial en estudios, torres, transmisores y producción de programas. Como su recuperación era a largo plazo, según crecía el número de telespectadores y anunciantes, en lo inmediato al empresario le producía pérdidas. Por tratarse de un nuevo servicio, las cadenas de televisión privadas no tenían suficiente audiencia porque no llegaban a todos los mercados potenciales, y la gente no compraba aparatos. Por lo tanto, las empresas no estaban interesadas en anunciarse para tan pocos posibles consumidores. Los propietarios de las cadenas de televisión esperaban que si unían sus infraestructuras producirían mejores programas y serían capaces de ampliar su cobertura a todo el país.

Al inicio, cuando los tres canales de televisión (2, 4 y 5) estuvieron instalados y funcionando, se dio cierta competencia entre ellos. Esto se veía reflejado en la calidad de los programas, por lo que decidieron cambiar de estrategia: en lugar de competir entre ellas, como lo habían hecho desde 1952, se unieron en una sola compañía para revertir las pérdidas millonarias que habían sufrido desde que comenzaron a operar. Y crearon Telesistema Mexicano (TSM). De esta forma el 26 de marzo de 1955 los concesionarios de los canales de televisión 2, 4 y 5 decidieron constituir una empresa encargada de administrar y operar esas emisoras. La nueva empresa, se convirtió en concesionaria. Con esto se salvó legalmente lo establecido en el artículo 28 de la Constitución Política de los Estados Unidos Mexicanos, el cual no permitía las prácticas monopolísticas. Las concesiones continuaron perteneciendo a las empresas que originalmente las obtuvieron (García-Raymundo, 2000: 25).

El cuerpo directivo de Telesistema Mexicano quedaba integrado de la siguiente forma: Emilio Azcárraga Vidaurreta, presidente y gerente general; Rómulo O'Farril, vicepresidente; Emilio Azcárraga Milmo y Rómulo O'Farril Jr., gerentes; Antonio Cabrera, subgerente administrativo; Luis de Llano Palmer, subgerente de producción y programación; Miguel Pereyra, subgerente técnico; y Ernesto Barrientos Reyes, subgerente de ventas (web Mejía, 1998).

Las responsabilidades de Luis de Llano consistieron en tratar con los productores de los anunciantes o buscar los suyos, mantener el control de calidad revisando presupuestos, guiones y actores, así como la supervisión de las instalaciones de Televicentro. También tenía que organizar los horarios de programación de los tres canales de Telesistema Mexicano, de manera que se lograra el máximo de audiencia. Logró mantener los costos bajos y sus métodos de producción asombraron a los visitantes extranjeros. Luis de Llano

---

[60] Según video de Luis de Llano Macedo (Biblioteca Municipal de Betxí).

dejó su huella en Telesistema Mexicano por su estilo de producción económico pero efectivo. Una reportera de la revista especializada Variety señaló: «México seria un sueño hecho realidad para los productores estadounidenses. En este país, el programa en vivo más caro para televisión, apenas cuesta 2.500 dólares, y eso incluye artistas, tiempo y sets por encima y por debajo de la línea de costos» (Fernández-Paxman, 2000).

Todos los programas se originaban desde Televicentro, que se convirtió en la gran central de la televisión. El inmueble contaba con tres estudios con capacidad para 600 asistentes cada uno, 18 estudios de menor tamaño y seis pisos de oficinas. Hasta ese momento, la forma en que las estaciones de televisión lograban atraer ingresos fue muy parecida a la de la radio, en donde producían programas cuyo contenido era patrocinado por alguna marca comercial. El desafío fue que más empresas confiasen en este medio, al punto de invertir en el patrocinio. Por otra parte, aún estaba por verse cómo el negocio de la televisión podía crecer sin comerse los ingresos de la radio, en la que la familia Azcárraga también tenía intereses.

Luis de Llano también fue un innovador técnico en la televisión mexicana. En los años cincuenta *el movimiento* era producido mediante cambios de ángulo entre las cámaras, ya que se utilizaban dos o tres equipos por programa. Del estudio de las técnicas estadounidenses, Luis sabía que si las cámaras podían desplazarse conforme filmaban, el resultado sería más dinámico, natural e interesante. Sin embargo cuando un operador desplazaba su cámara, las irregularidades del piso provocaban que la imagen vibrara. Entonces Luis de Llano mandó colocar un linóleo industrial, muy grueso, que permitía a las cámaras deslizarse fácilmente por el área. Durante la realización de un programa Luis se comunicaba con sus cámaras mediante audífonos, dándoles instrucciones de cuándo y hacia dónde moverse. En la década siguiente, esa técnica era de uso estándar en todos los programas de Telesistema Mexicano (Fernández-Paxman, 2000).

LUIS DE LLANO SE CASA CON AMALIA HERNÁNDEZ

Durante estos años el general Llano de la Encomienda solía asistir a reuniones y tertulias de los exiliados españoles. No sus hijos, pues Luis tenía bastante con la dirección de Canal 4 y sus amoríos con Amalia Hernández, directora del Ballet Folklórico de México con la que se casaría, tras divorciarse de Rita Macedo. Francisco Llano Palmer, que llegó a ser Comandante de Estado Mayor del Ejército Popular Republicano en la Guerra Civil española, ejerció de abogado (Franch, 1996: 63), y a falta de hijos criaba canarios y pasaba las tardes en la tertulia del poeta León Felipe, en el café *Sorrento*. A la tertulia acudían los poetas Luis Cernuda, Juan Rejano y Octavio Paz, guionistas de cine y televisión y por un tiempo incluso Sara Montiel. Su mujer, Luisa, fue a lo largo de su vida una gran coleccionista de cerámica, que la tuvo que dar y vender cuando se volvió a España, fijando su residencia en Torrente del Cinca (Huesca).[61] (García A., 2005: 209-210).

Amalia Hernández nació en 1917 en Ciudad de México. Estudió en la Academia Mexicana de la Danza donde también fue profesora, bailarina y coreógrafa. Fundó en

---

[61] Según Eulalia Alcalá Nebot.

1952 el Ballet Folklórico de México, con solamente ocho danzantes, donde expresó las diversas manifestaciones de los bailes populares de todas las épocas y de todas las regiones de México. Creó más de 60 coreografías de los bailes de México. También fundó la Escuela del Ballet Folklórico en México. En 1959, año en que representó a México en los Juegos Panamericanos celebrados en Chicago, ya tenía un conjunto de 50 componentes. Fue laureada con el Premio Nacional de las Artes en 1992.

El matrimonio entre Luis de Llano y Amalia Hernández duró poco, debido a que se interpuso en el matrimonio una tercera persona (García, 2005: 209-210).

Amalia Hernández.

EL TELETEATRO

En los años 50 el teatro en México gozaba de una gran popularidad, por lo que surgió la idea de trasladarlo a la televisión, creando así una nueva producción escénica llamada *Teleteatro*, que consistía en colocar cámaras y grabar las funciones de teatro. Este concepto televisivo tuvo una gran demanda entre el público nacional. El teleteatro estuvo en los primeros ocho años de funcionamiento de la televisión (web Llorente, 2003).

Con la experiencia que adquirió en el teatro universitario, y con la ayuda de las agencias de publicidad, a Luis de Llano le fue fácil transcribir a la televisión lo que había aprendido en la radio. El 80% de los escritores de las novelas venían de la radio, muchas de las radionovelas se adaptaban a la televisión. Se empezó con telenovelas que duraban cinco días, como *Novela Semanal*. De teleteatro habían seis o siete: el *Teatro Bon Soir, el Gran Teatro, el Teatro Universal...* Todos los días había una obra de teatro de hora y media, y se puede decir que la gran afición de los mexicanos al teatro vino por la televisión. Fue la edad de oro de la televisión mexicana. Todos los programas se hacían en vivo. En los teleteatros y en las telenovelas se ensayaba por la mañana y luego los hacían en directo por la noche. Había dos cámaras y hacía un calor espantoso en el estudio, debido a los focos de 2000 y 5000 watios que producían mucho calor, y de repente se estropeaba una cámara por el calor y se tenía que hacer el programa con solo una (web Warman, 2021).

El fenómeno del teleteatro impulsó la creación de un público masivo para el teatro. La idea de programar teleteatros fue la de reincorporar en la televisión las más populares obras del teatro mundial, fueran norteamericanas, francesas, italianas, rusas, argentinas... destinando un cuarenta por ciento para autores mexicanos.

Aunque Luis de Llano se jactaba de contar con las más famosas joyas literarias, reconoció también la imposibilidad de realizar algunas, debido, entre otras causas, a los elevados precios de sus correspondientes derechos. La mayoría oscilaba alrededor de medio millón de dólares, una fortuna. Invertir en ello resultaba prácticamente imposible para la empresa (web Fierro, 2016).

Luis Teran nos cuenta que el primer ejemplo de un serial se debe a la dupla Luis de Llano y la productora y directora Brigida Alexander, quienes transmitieron, con el apoyo de The Sydney Ross Company, con marcas registradas como Magnesia de Phillips y Mejoral, su adaptación de la radionovela *Ángeles de la Calle*. El primer capítulo transmitido en episodios de una hora y una vez por semana, salió al aire en marzo de 1952 y se extendió hasta julio de 1955, por el Canal 2. Luego las telenovelas serían diarias (Valenzuela, 2013).

Una anécdota que define muy bien a Luis de Llano es la que aún se cuenta entre actores en momentos de nostalgia. En un estudio de Telesistema Mexicano, en la avenida Chapultepec, los actores de un teleteatro que dirigía don Luis estaban cansados, hartos, a punto de tirar la toalla, cuando entró el director. «¡Si seguimos así, nos vamos a pasar la noche en esto!». Los comediantes se miraron unos a otros con cara de pavor. Eran las siete u ocho de la noche, y habían empezado a trabajar a las 10 de la mañana del día anterior. *El viejo* ni cuenta se había dado, tal era su amor por la escena.

Por regla general, para hacer un teleteatro se ensayaba antes de 10 a 12 horas.[62] Al principio el teleteatro contaba con un narrador con el fin que los telespectadores pudieran entender el lenguaje audiovisual de lo que antes se escuchaba en la radio. Al inicio de la transmisión el narrador decía los créditos en voz alta para que el público no se perdiera en la lectura de las letras. En 1960 la producción de teleteatros bajó, ya que era muy estresante hacerlos, los actores perdían credibilidad con la cercanía de la cámara y la gente se quejaba de que no se alcanzaban a transmitir los finales por cumplir los tiempos comerciales y porque los actores, al ser una obra en vivo, retrasaban la transmisión. Por lo que se decidió retirar los teleteatros (web Llorente, 2003).

KINESCOPIO

Los primeros cinco años de la televisión fueron muy intensos, sus trabajadores podían pasarse trabajando las 24 horas, hasta dormían en el estudio, llegando a comer dos días seguidos tortas, así en ese plan.[63]

La producción de programas se vio favorecida en 1955 con la introducción de aparatos como el Kinescopio. Consistía en una cámara de cine acoplada al monitor de televisión, y mientras se realizaba el programa éste se iba filmando en 16 mm. Gracias a este aparato, Telesistema Mexicano empezó a crear teleprogramas en México, con el propósito de exportar al mundo de habla hispana los programas producidos por la empresa (web Sánchez E. 1991: 242). La calidad de la imagen obtenida en una película cinematográfica de 16 mm por el Kinescopio era muy deficiente (web Mejía, 1998).

---

[62] Según video de Luis de Llano Macedo (Biblioteca Municipal de Betxí).

[63] Según video de Luis de Llano Macedo (Biblioteca Municipal de Betxí).

LA CINTA DE VÍDEO

En el año de 1956, Telesistema Mexicano (TSM) inició negociaciones con la empresa Ampex para adquirir equipo de grabación en cinta de vídeo que ese año había salido al mercado. Dos años después, en 1958, TSM adquirió, a través de su canal filial XEFBTV de Monterrey, la primera máquina de cinta de vídeo que operó en México.

Esta innovación tecnológica revolucionó la producción televisiva en México, ya que permitió grabar y editar los programas reduciendo drásticamente la *salida al aire* de errores. Asimismo, la grabación en cinta de vídeo dio a TSM la oportunidad de exportar programas, especialmente telenovelas, a Latinoamérica y Estados Unidos (web Mejía, 1998).

En marzo de 1959 TSM adquirió siete máquinas de cintas de vídeo para la producción de programas grabados (web Sánchez E. 1991: 243). El 3 de abril de 1959 se difundió el primer programa grabado en cinta de vídeo en México. Se trataba de un capítulo de la serie *Puerta de suspenso* (web Mejía, 1998). Con la obtención de máquinas de cintas de vídeo se revolucionó la televisión mexicana en el ámbito de la producción. Las ventajas de utilizar este aparato fueron muchas, los programas ya no se grabarían en vivo, sino que se grabarían, y se podía volver a repetir alguna escena que saliera mal. Los eventos especiales de aquella época, se podían grabar, para después exhibirlos al público televidente. En 1961 TSM compró una unidad de cintas de vídeo por valor de dos millones y medio de pesos, que se utilizaría en los controles remotos. Uno de esos fue la transmisión del Campeonato mundial de fútbol celebrado en Chile, con lo que se logró un magnífico trabajo por medio de la unidad móvil enviada oportunamente a dicho país (García-Raymundo, 2000: 30-31).

CARTA DE REPUBLICANOS ESPAÑOLES A NACIONES UNIDAS

El 11 de octubre de 1955 los republicanos españoles en México escribieron una carta al Secretario General de las Naciones Unidas, solicitando no se aceptase a la España de Franco como miembro en la Organización. Entre los firmantes de la carta se encontraban el general Francisco Llano de la Encomienda, por Unión Republicana; José Giral, por Unión de Profesores Universitarios Españoles; León Felipe, por Unión de Intelectuales Españoles; el general José

Isabel (hija), María Rivas y Amparo Franch (Álbum Avelino Doñate).

Miaja, por Movimiento de Liberación Española; general Juan Perea, por el Partido Republicano Federal; Ramón Fontanet, por la Casa Regional Valenciana... (web Equipo Nizcor, 1955).

El general Francisco Llano de la Encomienda desarrolló una gran labor pedagógica en el Ateneo Español de México, escribiendo dos libros, uno de técnica militar y otro de historia de la guerra civil española (web Sánchez, 2016).

MATRIMONIO DE LUIS DE LLANO CON LA ACTRIZ MARÍA RIVAS

María de los Dolores Rivas Diéguez, más conocida como María Rivas, nació en Ribes de Fresser (Girona), el 21 de agosto de 1931. Interesada por el arte, María Rivas, estudió ballet clásico. Tiempo después participó de un concurso fílmico que sería fundamental para abrir su carrera en el cine. Fue una primera actriz española reconocida por toda su trayectoria en cine desde la década de 1950.

La actriz española María Rivas, en 1957, conoció al actor mexicano Carlos Baena, con quien se casó. Tuvieron un hijo, Mario, que nació ese mismo año. En 1958 se mudaron a México y al poco tiempo se divorciaron. María Rivas (27 años) ese mismo año se casaba con Luis de Llano (43 años), quien adoptó a Mario y le puso su apellido, y siempre le quiso como a un verdadero hijo. De esta unión tuvieron dos hijos: Isabel (1959) y Miguel (1964).

Mario (hijo), Avelino Doñate y Luis de Llano. Era la primera vez que Amparo y Avelino fueron a México (Álbum familiar de Avelino Doñate).

El nombre de María Rivas está escrito con letras de oro en la historia de la televisión, el teatro y el cine mexicano. María Rivas se hizo notable primero en el cine y luego en la televisión, donde desarrolló una amplia carrera en el género de la novela que tanto produce y rinde culto México.

En la década de los cincuenta su nombre fue sinónimo de cine español, destacándose en la película *Manicomio* (1954), dirigida por Luis María Delgado y Fernando Fernán Gómez. Luego haría lo propio en el cine mexicano, siendo las películas *Miércoles de Ceniza* (1958) *y Flor marchita* (1969), en esta película fue la protagonista principal. Estas tres películas en las que participó, tuvieron un gran reconocimiento.

Después de su matrimonio con Luis de Llano y aprovechando el estallido de la televisión, María Rivas se convirtió en una de sus grandes figuras y participó en diversas telenovelas de gran éxito como *La Cobarde, Maximiliano y Carlota, La Indomable, La Gata, El despertar.*

Luis de Llano en su vida nunca condujo un coche, y si por la noche había algún problema en los estudios de televisión lo llevaba en coche su esposa, Luis de Llano llegaba en bata a los estudios y les decía lo que tenían que hacer.[64]

El matrimonio de Betxí formado por su amigo Avelino Doñate y Amparo Franch y el de Luis de Llano y María Rivas se juntaron algunas veces en Betxí y en México.

LUIS DE LLANO EN LOS MUSICALES MEXICANOS

La primera comedia musical mexicana surge de los primeros viajes que Emilio Azcárraga Milmo, René Anselmo y Luis de Llano hicieron a Nueva York. Allí vieron la comedia musical *Los novios*, les gustó mucho, compraron los derechos y tradujeron la

---

[64] Según documental sobre Luis de Llano Palmer para Conaculta Canal 22.

obra al español. Los tres formaron un equipo para hacer comedias musicales, produjeron *La Pelirroja, Ring, ring, llama el amor, La tía de Carlos, Mi Bella Dama, Los novios, El mago, Anita Pistolas y Los Fantásticos;* en total hicieron ocho o nueve comedias musicales.[65] Generalmente, Emilio Azcárraga aportaba el capital, Anselmo producía y Luis de Llano dirigía.

Para aquellos que trabajaron con el trío, René era el diplomático, y si Emilio perdía los estribos con alguien, René se encargaba de calmar las aguas (Fernández-Paxman, 2000).

En 1958 Luis de Llano hizo y dirigió la primera comedia musical que se montó en la historia del espectáculo mexicano, *Ring, ring, llama el amor*, versión al español de la comedia musical de Broadway *Bells are ringing*. Este musical tuvo mucho éxito, pero tuvo el inconveniente que el precio de la entrada eran 12 $. Una actuación costaba 12000$ diarios. El Teatro del Bosque de Ciudad de México tenía 1.000 butacas y eran 12000$ con el teatro lleno. No cobraron ni el director (Luis de Llano), ni el productor. Solo cobraron la compañía y la orquesta (había treinta maestros de música tocando en vivo). Al salir de gira se repusieron del dinero gastado y ganaron dinero.

En el mismo año Luis de Llano montaba en el Teatro del Músico el musical cómico *Los Novios*, en inglés *The Boy Friend*, de Sandy Wilson. Este mismo musical se reestrenaba en 1977 en el Teatro San Rafael de Ciudad de México, dirigido y traducido por Luis de Llano. Intervinieron en este musical su hija Julissa y su yerno Benny Ybarra.

El 19 de enero de 1959 en el Teatro María Teresa Montoya de Monterrey se estrenaba el musical *Mi Bella Dama* (*My Fair Lady*), en el que Luis de Llano tradujo veinte canciones. Fue producida, dirigida y protagonizada por el actor Manolo Fábregas. El espectáculo fue un éxito de crítica y público, pero aun así no logró recuperar la enorme inversión que supuso.

En los primeros meses de 1960 se estrenaba en el Teatro Insurgentes de Ciudad de México la comedia musical *La Pelirroja* (Redhead). En este musical Luis de Llano intervino en la traducción de 18 canciones, en su producción junto a René Anselmo y en la dirección. Fue muy bien recibido por la crítica, como quedó reflejado en el artículo de Armando de María y Campos en el periódico Novedades del 13 de febrero de 1960:

> La comedia musical Redhead (titulada en español La Pelirroja) ha subido a la escena mexicana, en el gran teatro de los Insurgentes, en traducción de Luis de Llano y producción del propio de Llano y de René Anselmo, con máxima calidad en representación y postura y la mejor calidad en cuanto a los artistas y conjuntos que intervienen en la divertida, alegre, frívola y también intrascendente revista musical de corte angloamericano (…). En resumen La Pelirroja que han presentado al público de México René Anselmo y Luis de Llano es un espectáculo magnífico, colmado de atractivos, deslumbrante, digno de cualquier gran capital teatral del mundo y con el que México continua con su larga tradición de merecer espectáculos de gran calidad y alto costo („,) (web de María, 1960).

En el coro de este musical había un muchacho que se iniciaba en el canto, su nombre era Plácido Domingo, quien en alguna ocasión llegó tarde a las funciones. Para evitar

---

[65] Según video de Luis de Llano Macedo (Biblioteca Municipal de Betxí).

que sucediese de nuevo, Luis de Llano habló con él. En sus memorias Plácido Domingo le agradeció a Luis de Llano ese gesto, que le inculcó el arte de la disciplina.[66] El musical estuvo un año en función, y el éxito fue tan grande que decidieron llevarlo a España.

Luis de Llano, en uno de los viajes que hizo a Betxí, habló con Eulalia Alcalá Nebot, vecina del pueblo y empleada en la panadería de Amparo Franch, mujer de Avelino Doñate. Entre conversación y conversación Luis le comentó a Eulalia que la primera vez que regresó a España desde el exilio, fue en 1961 con el musical *La Pelirroja*, iba acompañado de su hermano Francisco y cuando se dirigían a bajar por las escalerillas del avión, un hermano le decía al otro, «baja tu primero», tenían miedo de que la policia franquista los detuviesen por ser hijos del general Llano de la Encomienda, cosa que no ocurrió.[67]

La escenografía del musical, que era bastante voluminosa, se mandó desde México en barco hasta Santander y desde allí al Teatro de la Zarzuela de Madrid. Cuando esta fue desempaquetada, Luis de Llano empezó a ensayar, y en ese momento llegó un operario y le dijo, estamos abriendo cajones y cada vez que abrimos uno, con letras negras pone *abajo Franco,* Luis de Llano dijo que cogiesen pintura negra y que tachasen Franco.[68]

El 7 de octubre de 1961 se estrenaba en el Teatro de la Zarzuela de Madrid la comedia musical *La Pelirroja*. Obtuvo un éxito extraordinario. La representación fue jalonada con grandes ovaciones, y al terminar el espectáculo el telón se alzó reiteradamente recogiendo los aplausos los intérpretes, el director Luis de Llano Palmer y sus colaboradores (*ABC* 8-10-1961: 109). Estuvieron ocho meses en cartelera.

Luis de Llano también intervino en otros musicales, *El mago* y *Anita Pistolas* traduciendo 18 canciones en cada uno de ellos. Las entradas de los musicales costaban entre 12 y 15 pesos, y llegaron a hacer mil representaciones.[69]

Cuando Luis de Llano llevaba unos diez años trabajando en Canal 2, fue a Emilio Azcárraga a pedirle un aumento de sueldo, y este le contestó: «pero si usted es de la casa, usted tiene el 2% de Canal 2, vaya a Dª Amalia Gómez (su secretaria) y que le firme los derechos». Pero Luis de Llano nunca fue (web Warman, 2021).

LUIS DE LLANO Y LAS TELENOVELAS

Para Luis de Llano el inicio de las telenovelas mexicanas proceden de las radionovelas, pero toman su mecánica de producción de los teleteatros (web Llorente, 2003).

Los impulsores de las telenovelas fueron Colgate Palmolive y la Sidney Ross Company, así estaba la telenovela *Mejoral* y la telenovela *Palmolive*.[70] Colgate-Palmolive tenía la intención de hacer una telenovela, así que contrataron a Rafael Banquells, como director; a Silvia Derbez, como actriz principal; y Fernanda Villeli fue la que escribió la telenovela. Fue así como nació *Senda prohibida*, la primera telenovela mexicana, patrocinada por

---

[66] Según video de Luis de Llano Macedo (Biblioteca Municipal de Betxí).

[67] Según Eulalia Alcalá Nebot.

[68] Según video de Luis de Llano Macedo (Biblioteca Municipal de Betxí).

[69] Según video de Luis de Llano Macedo (Biblioteca Municipal de Betxí).

[70] Según video de Luis de Llano Macedo (Biblioteca Municipal de Betxí).

Colgate. Se transmitió en vivo a partir del 12 de junio de 1958, por el Canal 4, bajo la frase publicitaria de *La novela de las 6´30. Su novela Colgate*. Tenía una duración de treinta minutos. La historia de *Senda prohibida* fue escrita en una época en que la censura era muy amplia. Tocaba el tema del segundo hogar de un hombre casado.

Después de *Senda prohibida* se hizo *Gutierritos*. Fue tal el éxito de esta telenovela que aumentaron las ventas de los televisores, debido a que abordaba la historia de un hombre dominado por su mujer, al que sarcásticamente llamaba Gutierritos, diminutivo que empezó a usarse en el habla cotidiana. Empezó a transmitirse a partir del 11 de septiembre de 1958 por el Canal 4, a las seis y media de la tarde (web Cabello, 2000).

En *Gutierritos*, la historia se desarrolla en una oficina y en la casa de Ángel Gutierres, donde es maltratado por su esposa Rosa. Los canales de televisión no tenían la necesidad de producir grandes escenografías o localizaciones espectaculares, el público consumía todo lo que se pusiera en la pantalla sin grandes exigencias, pues no existía la competencia con otras cadenas. En las telenovelas se daba el caso que en el siguiente capítulo, el mismo personaje era representado por otro actor, la historia continuaba y el público ni se molestaba ni le incomodaba la modificación, ya que seguía la trayectoria de un personaje (web Núñez E. 2013: 24-26).

El éxito de *Gutierritos* fue tal que a partir de ese instante lo que ocurrió fue una verdadera avalancha de telenovelas; poco a poco la calidad técnica comenzó a mejorar (Valenzuela, 2013).

Entre 1958 y 1961 las telenovelas reemplazaron a la mayoría de los espacios que ocupaban los teleteatros, convirtiéndose en el formato dramático más importante de México. En 1960 la telenovela pasó del Canal 4 al Canal 2 que lideraba Telesistema Mexicano (Fernández-Paxman, 2000). Gracias al apuntador electrónico se pudieron hacer seis telenovelas diarias de una hora cada una, se ensayaba mucho, había un director de escena y otro de cámaras. Cuando hacían tomas al aire libre había solo dos cámaras. Por lo general siempre se estropeaba una y cuando esto ocurría, se debía de emplear mucho la imaginación. No se permitió nunca que el que trabajaba en un programa a continuación trabajase en otro, el actor que intervenía en una telenovela no trabajaba en otra.[71] El monopolio televisivo permitió a Emilio Azcárraga Vidaurreta manejar a su antojo la exclusividad de actores, cantantes, músicos, directivos, técnicos, etc. Quien trabajara para otra empresa y hasta aceptara una entrevista en otro medio, entraba en la lista negra y perdía toda oportunidad en Telesistema Mexicano. La justificación inicial era la inversión que se había gastado en sus carreras, y aparecer en otros medios constituía una deslealtad.

A partir de 1960 en Canal 4 se creó la primera barra de programas titulada *La comedia humana*, donde se presentaban adaptaciones teatrales de grandes novelas universales (web Morales, 2012). Entre 1957 y 1961 más del 80% de todas las series, cuyo total eran de 57, eran telenovelas.

En 1961, patrocinado por el sello discográfico Discos Orfeón, Luis de Llano produjo el programa musical *Premier Orfeón* que luego en 1965 se convirtió en *Orfeón a Go-gó*. Se emitía los viernes por la noche con una duración de media hora. Fue un programa

---

[71] Según video de Luis de Llano Macedo (Biblioteca Municipal de Betxí).

musical de televisión dirigido a la juventud mexicana y el primero en dedicarse a difundir los ritmos juveniles de la época incluyendo el rocanrol.

LUIS DE LLANO EN LA CREACIÓN DE NUEVAS EMISORAS DE TELEVISIÓN EN ESTADOS UNIDOS

Emilio Azcárraga Viudarreta, principal accionista de Telesistema Mexicano, como gran visionario que era supo aprovechar las necesidades de la comunidad hispano parlante, que cada día crecía más y trataba de conservar sus propios rasgos culturales dentro de una sociedad diferente a la suya como era la de los Estados Unidos.

La motivación de crear emisoras en Estados Unidos, fue fundamentalmente económica y de marketing. En contra de lo que los mismos directivos de la cadena han sostenido en repetidas ocasiones, fue la lógica empresarial y no la del defensor de los derechos civiles hispanos, la que guió y dio pie al proyecto de un sistema de televisión dirigido a la población de habla hispana.

El comienzo formal de la cadena de televisión mexicana en Estados Unidos se inició en 1961, cuando a iniciativa de Azcárraga Viudarreta se creó *la Spanish International Broadcasting Corporation* (SIBC-Texas), con la finalidad de adquirir una estación televisiva en la ciudad de San Antonio (Texas), la KWEX-TV. Un año más tarde, una empresa de nombre similar pero ubicada en California, la *Spanish International Broadcasting Company* (SIEC-Los Ángeles), adquirió en la Ciudad de Los Ángeles la estación KMEX-TV. Estas dos cadenas de televisión operaban en UHF.

En 1962 se creaba la *Spanish International Network Sales, Inc* (SIN-Sales Inc), cuyo objetivo principal consistiría en proveer de material televisivo a estaciones que transmitieran en español, y en ejercer como representante de ventas a nivel nacional de las estaciones afiliadas a la cadena hispana. Después se transformaría en Univisión.

Telesistema Mexicano se dio cuenta de la gran aceptación de las telenovelas por el público y de las buenas oportunidades de ganancias con ellas. Por ese motivo Telesistema Mexicano dejó de alquilar sus instalaciones y aprovechó para difundir producciones propias en grandes cantidades.

Una vez fundada la empresa de exportación SIN, se empezó a exportar, sobre todo las telenovelas de Canal 2, a todo el continente americano, incluso a Estados Unidos, donde Emilio Azcárraga ya tenía estaciones de televisión.

A finales de la década de 1960, por orden de Emilio Azcárraga Vidaurreta, Luis de Llano creó las emisoras de televisión de Nueva York, Denver, Miami, San Diego, San Antonio, Chicago... En el futuro dichas emisoras se integraron en el grupo de televisión Televisa, En esa época tenía una audiencia en Estados Unidos de 8 millones de espectadores, hoy es de 50 millones.

A principios de los años 70 la cadena de televisión mexicana en los Estados Unidos había logrado un crecimiento de cierta importancia. Para entonces la cadena estaba integrada por una docena de estaciones de televisión, que si bien no eran muchas (en comparación con las tres grandes cadenas de habla inglesa), se encontraban asentadas en las ciudades de mayor población latina, incluyendo a las ciudades fronterizas. Así, en territorio norteamericano la cadena SIN cubría mercados tan relevantes como Los Ángeles, Fresno, Modesto, San Francisco, San Antonio, Chicago, Nueva York y Miami, mientras que la zona fronteriza entre México y los Estados Unidos, estaba cubierta por estaciones mexicanas (concesionadas a Telesistema Mexicano) ubicadas en las ciudades de Tijuana, Ciudad Juárez y Nuevo Laredo (Arredondo, 1988: XXI).

FALLECIMIENTO DEL GENERAL LLANO DE LA ENCOMIENDA

El 31 de diciembre de 1963 moría en Ciudad de México, a los 84 años de edad, el general Francisco Llano de la Encomienda (web Puell). Fue enterrado en el Panteón español en Ciudad de México. Su mujer Isabel murió antes que él.[72] No pudo ver cumplido su deseo de volver y de que lo enterrasen a él y a su mujer en España.

En la dictadura franquista al general Francisco Llano de la Encomienda le quitaron el Título de Hijo Adoptivo de Betxí. Ya en democracia, el Ayuntamiento de Betxí presidido por el alcalde socialista Manuel Peirats Blasco, le volvieron a reponer el título, dedicándole también una calle.

Tras una larga, interesante y azarosa vida, demostró ser un valiente y disciplinado soldado, de ideas moderadas, antifascista declarado, republicano convencido y leal a la II República, a la que defendió frente a los militares golpistas.

El general Llano de la Encomienda mantuvo en la capital mexicana relación con otros exiliados, vinculados a actividades culturales y políticas. Por este motivo aparece citado en uno de los principales poemas de León Felipe.

En 1965, el octogenario León Felipe publicó el poemario «Oh, ese viejo y roto violín», dividido en nueve partes, y es en la novena titulada «El zurrón de las piedras», donde se incluye el poema «Ángeles», el principal de todo el libro. En él, el poeta muestra su dolor ante la muerte de sus amigos en el exilio y de todos los que han padecido la misma desgracia, aunque resulten anónimos desconocidos.

A continuación cita 35 personas, amigos ya muertos a los que recuerda y les quiso escribir un elogio fúnebre, entre ellas personalidades tan conocidas como Altamira, Albornoz, Cernuda, Llano de la Encomienda, Giral... (Badenes, 2011: 24).

Perucho / Blas López Fandos / Llano de la Encomienda / Dorronsoro... / La letanía es larga... larga, larga, larga... / y ya no tengo memoria. / Se me cansa la mano. / Ya no veo bien... / Sé que faltan muchos... ¡Perdonadme! / ¡A todos os debo una elegía! / Y a ti... a ti... español desconocido, / pobre refugiado anónimo / cuyo nombre se ha borrado ya / de tu humilde cruz de madera... / ¡a ti... a ti también te debo una elegía! (Felipe, 2004: 723-896).

---

[72] Según Isabel de Llano Rivas.

LUIS DE LLANO CREA EL PRIMER PROGRAMA DE VARIEDADES Y EL PRIMER PROGRAMA DE TEMÁTICA JUDICIAL

En 1964 Luis de Llano creó el primer programa familiar de variedades de domingo, patrocinado y producido directamente por la empresa Herdez. Este programa se llamó *Domingos Herdez*, y durante doce años que duró el programa estuvo en primer lugar en la preferencia del público.

Como buen visionario que era, se volvió a arriesgar y puso en el aire, en 1965, un programa de temática judicial, *Cosa Juzgada*, los sábados de 10 a 11 de la noche. Tuvo un gran éxito. consiguiendo un 40% de audiencia.

Este ciclo de programas estaba bajo la dirección de Miguel Sabido. Luis de Llano decía que: «No es propiamente teatro, aunque sean dramas. No son obras teatrales ya aplaudidas o por estrenar. Son casos ya sentenciados e investigados por la justicia, tirando un poco al guiñol, al alto drama. La producción es muy dura, un poco agresiva».

EL APUNTADOR

Al crearse Telesistema Mexicano se inició una nueva época en la televisión mexicana. Se unieron esfuerzos para su mejoramiento, tanto técnico como cualitativo. Se comenzó con la incorporación de una nueva tecnología a finales de los años cincuenta, el *apuntador*.

El apuntador electrónico para la televisión (actual pinganillo) lo inventó el ingeniero mexicano Alberto Noya Reyes en 1965. Poco se sabe sobre el desarrollo del apuntador, pero el hecho es que fue de gran ayuda en la producción televisiva, ya que los actores que anteriormente realizaban las telenovelas tenían que aprenderse los diálogos de memoria, elevando el costo de producción, debido al tiempo invertido y las repeticiones que se tenían que hacer. El apuntador fue bastante útil al permitir que los actores ya no se aprendieran los diálogos de memoria. Con el apuntador alguien les dictaba o les leía lo que tenían que decir, les indicaba de qué manera tenían que actuar, hacia dónde debían voltear, etc. Gracias a este aparato, los costes de producción bajaron (García- Raymundo, 2000: 28-29).

Al principio, a Luis de Llano no debió de hacerle mucha gracia, ya que Fernando Díez Barroso, yerno de Emilio Azcárraga Viudarreta y administrador general de Televicentro les dijo a su cuñado y a Luis de Llano:

> Aprendan de Valentín Pimstein, hace sus telenovelas con cero pesos. Usa siempre la misma casa y le va dando vuelta a los muebles. Y, además, el chilenito usa el apuntador. Ya no gastamos en ensayitos pendejos. Es más, para ser actriz ya ni siquiera tienes que leer los libretos. Solo tienes que estar buena. Después de desvestirlas, las vistes, las maquillas, y repiten lo que les diga al oído. Nos encanta que repitan lo que les decimos (Mejía, 2013).

Como consecuencia del apuntador y de la producción en serie de las telenovelas, comenzaron a desaparecer los nombres de los actores del cine y del teatro. Los productores fueron buscando a actores novatos con buen físico que muchas veces no sentían la necesidad de aprender de memoria sus diálogos, situación que representó ciertas críticas a Telesistema

Mexicano por restarle prioridad a la calidad histriónica en sus producciones, pero que, por otra parte, significaba un aumento de popularidad de la televisión con respecto al cine y la radio, y con ello, mayor interés de los anunciantes (Montiel, 2013: 60).

Con el apuntador convirtieron la producción de telenovelas en procesos casi industriales, con la consiguiente bajada de calidad, pero con grandes ganancias.

DEROGACIÓN EN ESPAÑA DE LA LEY DE RESPONSABILIDADES POLÍTICAS DE 1939

La finalidad de la Ley de Responsabilidades Políticas (LRP) era desarrollar la represión de posguerra contra todos aquellos que hubieran apoyado a la Segunda República y también se extendió la responsabilidad al periodo que comprende la Revolución de Asturias de 1934, sancionando a quienes la habían favorecido. Esta ley mantenía en funcionamiento los mecanismos represivos del Estado franquista contra los enemigos políticos y que impedía a los últimos exiliados a no poder volver a España. Ahora bien, los exiliados tenían ya una media de edad que rondaba los 60 años.

¿Quién quería volver a hacer un cambio de vida? Algunos vinieron de vacaciones, primero brevemente y ocultando su presencia; luego con más normalidad. Otros no quisieron volver, simbólicamente, hasta que Franco no hubiera muerto (web Gaitx, 2015). Esta ley fue derogada por Decreto Ley 10/1969. Aun así las inhabilitaciones y prohibiciones fijadas por la LRP siguieron vigentes contra todos los líderes del exilio republicano hasta la muerte de Franco, en 1975.

El hijo del general Llano de la Encomienda, Francisco, fue el primero de la familia en venir a Betxí después de la guerra. Era muy amigo de Vicente Gumbau, *Sento Bota,* se juntaban para ir a cazar al muchuelo y otros tipos de caza. A partir de esta visita a Betxí vendrá todos los años al pueblo, y lo primero que hacía era comprar un puchero, para que su amigo Vicente le hiciese la *Olla de Castelló* que a él tanto le gustaba.[73] Su ilusión era

De izquierda a derecha, Luis Llano, Amparo Franch, su hija Julissa y Avelino Doñate (Álbum Avelino Doñate).

comprar una casa para vivir en Betxí, pero al no tener descendencia y ser su mujer Luisa de la localidad oscense de Torrente del Cinca, compraron allí la casa. De este matrimonio, el primero que murió fue Francisco. Los dos están enterrados en Torrente del Cinca.[7474]

---

[73] Según Manuel Peirats Blasco.

[74] Según Eulalia Alcalá Nebot.

LUIS DE LLANO VIENE DE VISITA A BETXÍ

Después de treinta años, en 1969 Luis de Llano visitó Betxí, su pueblo natal. Relata que

tuvo la impresión que no había salido nunca de su pueblo. En ocasiones le parecía que era un pueblo desconocido, porque iba a localizar la fuente donde jugaba de niño y no la encontraba, preguntaba por una calle y le habían cambiado el nombre, finalmente buscó a un amigo de su infancia y había desaparecido (García, 2014: 246).

Volvió más veces a Betxí, se alojaba siempre en casa de su amigo Avelino Doñate y de Amparo Franch *la Xoxima*. Siempre que venía al pueblo decía «men vaig a vore ma casa», y se iba a ver la casa donde había nacido en la calle Mayor n.º 27. Al lado de la casa de Amparo y de Avelino está la panadería de Cándido (antes *el forn de la Xoxima*). Cuando venía a Betxí estaba dos o tres días, y siempre hacía lo mismo, se metía al fondo de la panadería, cogía una silla, se sentaba, cruzaba las piernas y se pasaba horas leyendo un libro. Luis de Llano decía que venía a Betxí para olvidarse de la vida bohemia que tenía. En el pueblo le gustaba estar con sus amigos de infancia, tomar el carajillo de coñac en el bar de Torres, ir al Solaig, a la muntanyeta de Sant Antoni y a ver los huertos de naranjas. Aunque nacionalizado mexicano, siempre ha tenido a Betxí en su corazón.

Ya en democracia, Luis de Llano Palmer, sus hijos y nietos obtuvieron la doble nacionalidad mexicana-española. Algunos familiares de Luis de Llano la obtuvieron sin problemas, en cambio a otros les costó bastante obtenerla.[75]

Estando su hijo Jordi en la muntanyeta de Sant Antoni, hizo una llamada a su padre y le dijo que estaba mirando Betxí, le preguntó que había a su izquierda y su padre le contestó que el monte El Solaig, donde tantas veces había ido. El matrimonio de Avelino y Amparo se llamaban a menudo con su amigo Luis. Siempre que estaba con su amigo Avelino, bien en España o en México, le decía a la mujer de Avelino, Amparo, que hiciese una paella, uno de sus platos preferidos.[76]

Por su labor profesional vinculada a la televisión siempre que ha viajado a Europa, bien desde Ciudad de México o desde Nueva York, daba el salto a España y siempre hizo lo posible por volver a Betxí (García, 2014: 247).

RELACIÓN DE LUIS DE LLANO CON EMILIO AZCÁRRAGA MILMO

Hasta los años sesenta la mayor parte de los programas eran financiados y producidos por los anunciantes o por las agencias de publicidad. como era usual en los Estados Unidos; los patrocinadores los bautizaban con su nombre, como Diario Nescafé, La hora Chrysler, Teatro Bon Soir...

A iniciativa de Emilio Azcárraga Milmo, Telesistema Mexicano asumió la producción de toda su programación al aire, con lo cual Televicentro se convirtió en el mayor productor de programas de televisión.

---

[75] Según Isabel de Llano Rivas.

[76] Según Eulalia Alcalá Nebot.

De derecha a izquierda: Luis de Llano Palmer y Emilio Azcárraga Milmo (Álbum Luis de Llano Palmer).

Contaba Luis de Llano que Milmo lo quería como a un hermano mayor. Había ocasiones que se marchaba a Europa y le decía *ahí te lo dejo todo*, y Luis de Llano lo cogía como si fuese suyo. Milmo tenía una enorme fe en Luis de Llano, que perduró hasta su muerte. En la televisión de Emilio Azcárraga Milmo, Luis de Llano podía decidir por su cuenta, Milmo lo sabía, pero Luis de Llano siempre le preguntaba. Las decisiones las tomaban siempre en conjunto. Estaban muy unidos, tanto en lo profesional como en sus vidas particulares.

Milmo y Luis de Llano han hecho ocho viajes juntos a Europa y diez por América del Sur. Han ido juntos a resolver problemas fuertes de Mundiales de fútbol, a Londres, Amberes y Suiza. En opinión de Luis de Llano, Milmo duplicó la labor de su padre, tal vez no en visión pero sí en decisión.

LUIS DE LLANO COMPRA LA TELENOVELA *SIMPLEMENTE MARÍA*

Para hacer telenovelas Luis de Llano se fue a Argentina a comprar libretos. La primera telenovela completa no mexicana que se compró fue *Simplemente María*. Luis de Llano tuvo suerte y la compró a 200 dolares por episodio de una hora. Eran 240 horas. En diciembre de 1969, por insistencia de Luis de Llano, se transmitió por Canal 2 en horario estelar la telenovela *Simplemente María*. La cuota de audiencia fue sensacional, del 30 al 40%, se emitía todos los días, con repeticiones el sábado de cuatro horas seguidas, toda la novela entera de la semana y seguía teniendo del 30 al 40% de cuota de audiencia, pero al llegar a los 240 capítulos, el señor que les había vendido la telenovela le pidió el doble o el triple y Luis de Llano tuvo un gran problema, hasta que al cabo de dos días de hablar obtuvo los 200 capítulos restantes.[77]

---

[77] Según video de Luis de Llano Macedo (Biblioteca Municipal de Betxí).

Después de su insistencia ante la compra de *Simplemente María*, Luis de Llano, quien trabajó en Telesistema Mexicano (TSM) como jefe de producción desde los inicios de la televisión en 1950, después de estar 20 años en TSM, renunció a su puesto (Montiel, 2013: 61).

En esa época existía una fuerte competencia de TSM con la Televisión Independiente de México (TIM), lo que motivó que en octubre de 1971 los Garza Sada y Martínez Urdal propietarios de la TIM, elevaron las apuestas con la adquisición de Luis de Llano, por 8000 dólares mensuales, más del triple de lo que percibía en Telesistema Mexicano. Luis de Llano no sabia nada del plan de los propietarios de la TIM de fusionarse con TSM. Luis estaba convencido de que había hecho todo lo que podía en TSM, por lo que le escribió a Azcárraga con un mes de anticipación.

El siguiente fin de semana, Luis de Llano estaba en el hipódromo cuando su esposa, la actriz María Rivas recibió una llamada de Azcárraga. Estaba descompuesto: *¡Dile a tu marido que no vuelva a poner un pie en Televicentro!*

Sobre Emilio Azcárraga Milmo *el tigre*, Luis de Llano decía:

> Bien, siempre me llevé muy bien. Claro, lo que pasó fue que nos separamos, más bien me separé yo. Puede que haya sido un error. Lógicamente cuando dos amigos han trabajado juntos tanto tiempo, y uno dice me voy, pues el otro se tiene que quedar, bueno, nunca me ha interpuesto nada ni me ha reclamado. La prueba está en que la carrera, de mi hijo Luis ha sido brillante y de Julissa lo mismo (web de la Vega, 1994).

LUIS DE LLANO EN LA TIM CANAL 8

Al cambiar de cadena de televisión la decisión de Luis de Llano fue difícil. Se vino a la Televisión Independiente de México (TIM), al Canal 8 de Monterrey. Allí fue gerente general de producción y programación. Canal 8 empezó a encontrarle la forma a la televisión y al género gracias a su llegada como director de producción. A él se debió que los siguientes programas se convirtieran en leyendas: *El Chavo del ocho* (1971), *Los Hermanos Coraje* (1972), *El Chapulín Colorado* (1972), o el programa de concursos *Juan Pirulero* (1972).

El Chavo del 8 fue una serie cómica producida por Televisión Independiente de México, emitida por primera vez el 20 de junio de 1971 por el Canal 8. En 1972 era el programa de más éxito de Canal 8, siendo uno de los pocos que superó en cuota de pantalla a los del Canal 2 en su época. Su éxito fue tal que, en 1973 era ya transmitido en varios países latinoamericanos, con altos índices de audiencia. En 1974 se le premió, junto con el *Chapulín Colorado*, con el *Heraldo de México* por parte del periódico del mismo nombre como el mejor programa cómico de la televisión mexicana. Se estimaba que en 1975 era visto por más de 350 millones de televidentes cada semana.

El Chapulín Colorado fue una serie de televisión que parodiaba a los superhéroes, creada por Roberto Gómez Bolaños (Chespirito). Fue transmitida por primera vez en 1970 como un segmento del programa *Los supergenios de la mesa cuadrada*. Entre 1972 y 1979 pasó a tener su propio programa. Luego continuó como un segmento de la serie Chespirito, hasta 1993. Su nombre se refiere a un *chapulin* (el nombre dado en México a una especie de saltamontes) de color rojo o colorado. *El Chapulín Colorado* goza de una gran popularidad en Latinoamérica, Estados Unidos, España y otros países.

Los Hermanos Coraje fue una telenovela peruano-mexicana que fue producida por José P. Delfín para Televisión Independiente de México y Panamericana Televisión de Perú, en 1972. Estaba basada en una historia original de la reconocida escritora y dramaturga brasileña Janete Clair. El elenco estuvo conformado por varios actores internacionales de lujo que incluían como protagonistas a los mexicanos Julissa (hija de Luis de Llano) y Jorge Lavat, al peruano Fernando Larrañaga y al también mexicano Jaime Fernández, y con la participación antagónica del actor valenciano, de Aldaya, radicado en México, Jorge Mistral, fue sustituido por el también español Armando Calvo tras la muerte del primero. Este melodrama es considerado como un verdadero clásico de la televisión latinoamericana, gracias a su fastuosa producción, su trama fuerte, atrevida, cargada de violencia y sensualidad. Los dueños de la Panamericana Televisión, la familia Delgado Parker, decidieron que las grabaciones se realizarían en México, dado que Perú estaba en aquel entonces bajo la dictadura militar de Juan Velasco Alvarado, quien no veía con buenos ojos a las telenovelas. El actor Jorge Mistral, que llevaba una sólida presencia como galán tanto en películas como en telenovelas, era quien interpretaba al villano de la historia. Se suicidó en su hotel el 21 de abril de 1972, en pleno rodaje de la telenovela, debido a un cáncer detectado en el duodeno. El capítulo ya se había estrenado, y dada su relevancia en la trama, ya que era el personaje más central y estaba en secuencia, a la producción le era imposible eliminarlo, dejando 75 capítulos grabados con él. Por tanto, forzaron una escena anterior en la que el personaje entraba en una casa siendo interpretado por Mistral, pero en el interior la cámara recibe a Armando Calvo haciendo el mismo papel. El público lo entendió y no hubo protestas.

La TSM estaba formada por los canales 2, 4 y 5. Desde 1965 en adelante, Canal 4 dejó de transmitir telenovelas, solo las emitía Canal 2. Luis de Llano en el Canal 8 de la TIM quiso competir con el Canal 2, emitiendo telenovelas. De las 29 telenovelas que Canal 8 transmitió en toda su existencia, 22 fueron presentadas entre 1969 y 1973.

Luis de Llano llegó a la Televisión Independiente de México con 56 años, disfrutando anticipadamente del reto que se presentaba. Aunque tendría poco tiempo para poner en práctica su vasta experiencia, al parecer logró aumentar considerablemente el número de telespectadores. A partir de la producción de *Los Hermanos Coraje*, en enero de 1972, Luis programó novelas (que tradicionalmente habían sido un género de la tarde) a las nueve y media de la noche. Otorgar ese espacio para una novela, cinco días a la semana, fue algo sin precedentes, pero la táctica, aunada a la fuerza dramática de las historias, tuvo mucho éxito.

A mediados de 1972, con la ayuda de Luis de Llano, la Televisión Independiente de México era un fuerte competidor del Canal 2. Se percibía que el Canal 8 de la Televisión Independiente de México en menos de un año, había superado a los canales 4 y 5 de Telesistema Mexicano, para dejarlos atrás en la preferencia del público de Ciudad de México (Fernández-Paxman, 2000).

Canal 8 logró empatar en audiencia con Telesistema Mexicano, y Luis de Llano fue el motivo del éxito y también sin quererlo, de la fusión. Después de competir entre sí durante un periodo de cuatro años, las empresas Telesistema Mexicano (TSM), operadora de los canales 2, 4 y 5, y Televisión Independiente de México (TIM), accionista mayoritario del Canal 8, decidieron en noviembre de 1972 fusionarse en una sola entidad. El día 28 de ese mes, los señores Bernardo Garza Sada, de Televisión Independiente de México, y Emilio Azcárraga Milmo, de Telesistema Mexicano, firmaron unacuerdo de fusión. Surge de esta manera el consorcio Televisión Vía Satélite S.A. (Televisa). El 8 de enero de 1973 el nuevo consorcio iniciaba oficialmente sus actividades. Emilio Azcárraga Milmo fue nombrado presidente de Televisa (web Mejía, 1998).

En TIM, Canal 8, Luis de Llano estuvo unos dos años. Al juntarse Televisión Independiente de México con Telesistema Mexicano y crearse Televisa, Luis de Llano se quedó sin trabajo (web de la Vega, 1994).

Un sentido de lealtad a la memoria de su padre podría haberlo impulsado a perdonar a Luis de Llano y llevarlo de regreso a sus canales de televisión. Pero al dejarlo fuera, Azcárraga Milmo se libró de la presencia de un vivo recordatorio del régimen de su padre y sus agresivas regañinas (Trejo, 1996).

FALLECIMIENTO DE EMILIO AZCÁRRAGA VIUDARRETA

Tras catorce años de matrimonio en 1972 Luis de Llano se divorciaba de su tercera esposa, la actriz María Rivas. El 23 de septiembre de 1972 fallecía en Houston (Texas), a los 77 años de edad, el fundador de la XEW radio y del Canal 2 de televisión, Emilio Azcárraga Viudarreta, sucediéndole en el imperio televisivo su hijo Emilio Azcárraga Milmo (web Bernal, 2003).

En su casa Luis tenía dos fotografías: la de su padre y la de don Emilio. Contaba Luis que don Emilio llegaba a Televicentro a las diez de la mañana todos los días. Subía a su oficina y le pedía a su secretaria Amalia Gómez Zepeda: *Que llamen a Luis.*

Luis de Llano Palmer y al fondo una fotografía de Emilio Azcárraga Viudarreta (Álbum Luis de Llano Palmer).

Teníamos juntas todos los días. El sábado me venía a buscar a mi casa. Vamos a dar una vuelta Luis, me decía. Y salíamos en su Cadillac. Estuve 26 años con él. Era un ser muy bueno, muy humano, muy conocedor, muy inteligente, muy visionario; enormemente generoso con las personas, no exactamente con sus trabajadores, sino con gente de fuera. Una de las personas que para mí ha quedado como inolvidable (web de la Vega, 1994).

LUIS DE LLANO ENTRA A TRABAJAR EN EL CANAL 13

El 15 de marzo de 1972, luego de operar durante casi cuatro años como empresa privada, el Canal 13 pasó a ser propiedad del Estado mexicano. La adquisición del Canal 13 constituyó la primera de una serie de acciones efectuadas por el gobierno del presidente

Luis Echeverría (1970-1976) encaminadas a fortalecer al papel del Estado como emisor a través de los medios de comunicación (web Mejía, 1998).

En 1973 el Canal 13 apenas cubría el 70% del área metropolitana de Ciudad de México, y no fue hasta 1976 en que dicho Canal contó con instalaciones propias y adecuadas (Zarur, 1993: 66-67).

Al quedarse sin trabajo en el Canal 8, Luis de Llano se fue a Nueva York, donde estuvo dos o tres meses sin trabajar. Estando en la ciudad neoyorkina le llamó el Secretario de Gobernación mexicano, Mario Moya Palencia y le dijo que si quería venir a dirigir una estación de radio y televisión del estado que no era comercial: el Canal 13. Le dijo que si (web de la Vega, 1994). En Canal 13 fue director general de Programación y Producción (web Stril, 2012), y desde allí impulsó la idea de que Canal 13 resultara autosuficiente. Luis de Llano era de la opinión de que debía obtener la rentabilidad del canal por encima de sus contenidos culturales (Pareja, 2009: 122).

En 1974 Canal 13 de Corporación Mexicana de Radio y Televisión estaba buscando programas que pudieran competir con la televisión privada, que en ese entonces solo era Televisa (el Canal 8 ya casi se había fusionado con ellos). Luis de Llano, como productor y buen visionario que era, llamó a un joven periodista deportivo llamado José Ramón Fernández, que trabajaba en Televisa y se lo llevó para presentar en el Canal 13 un programa semanal de noticias deportivas llamado *DeporTV*. Se copió el concepto de los programas deportivos de Estados Unidos (hasta el logotipo). La emisión inaugural de *DeporTV* salió al aire el primer domingo de 1974. Así, cada semana, José Ramón Fernández y otros comentaristas trataban de analizar los deportes de México y el mundo, enfrentándose entre otras cosas, a la carencia de imágenes (básicamente porque no tenían los derechos), por lo que empezaron a analizar algunas disciplinas poco vistas hasta entonces, como la gimnasia, la cual empezaba a popularizarse en el mundo gracias a Nadia Comaneci, la gimnasta rumana que pasó en Montreal a la historia al convertirse en la primera atleta en sacar un 10 de calificación en los Juegos Olímpicos. El programa fue un éxito rotundo, siendo el programa más longevo de la televisión deportiva mexicana y que se emite aún hoy en día, aunque en un canal diferente y con otro concepto, donde la duración, el análisis y la crítica son diferentes,

Los estudios del Canal 13 eran horrorosos. En este lugar hizo los programas dramatizados: *Los Lunes Teatro, Canasta de Cuentos y La Novela Semanal*. En los *Lunes Teatro* produjeron grandes obras de dramaturgos universales como *El jardín de los cerezos* de Antón Chejov, *Duelo de ángeles* de Bill Davis, o la obra *Los Miserables* (1973) de Victor Hugo. *En Canasta de cuentos mexicanos* hicieron la novela *Pedro Páramo* del escritor mexicano Juan Rufo (web Díaz, 2014). En *La novela semanal* se hicieron mininovelas que duraban solo de lunes a viernes como *Tiene la noche un árbol* de Guadalupe Dueñas, *Viñas de ira* de John Steinbeck, *El desprecio* de Alberto Moraria y *Un náufrago en la sopa* de Álvaro de la Iglesia.

Uno de los atractivos de su nuevo trabajo, era que se trataba de una televisión de servicio público, por lo que no tenía que competir contra sus antiguos compañeros. En total, estuvo cuatro o cinco años en Canal 13 (web de la Vega, 1994).

Luis de Llano se sentía más a gusto haciendo televisión pública, era de la opinión que cuando se hacían las cosas con buen gusto, el producto de la televisión pública y la televisión privada podían ser equiparables (García, 2014).

La principal problemática del Canal 13 se centraba para entonces en la definición del tipo de televisión que debía hacer el Estado. En septiembre de 1977, cuando la directora de Canal 13 era María del Carmen Millán y Pablo Marentes subdirector de Administración y Finanzas, se enfrentó en Canal 13 a un grupo surgido de Televisa, encabezado por Luis de Llano, que era subdirector de Producción. Marentes sostenía que Canal 13 debía dar prioridad a la información, a la cultura, al entretenimiento, y que debía cumplir con una función distinta a la de la televisión comercial, crear su propia imagen institucional y no caer en la lucha con la televisión privada (web Galarza, 1984). En cambio Luis de Llano, sostenía por su parte, la tesis contraria. Para él la televisión estatal debía competir con Televisa, para volverse así autofinanciable.

El presidente de México José López Portillo, era de la misma opinión de Luis de Llano. Entre Luis y Marentes surgieron acalorados debates, que terminarían con la aceptación de la línea comercial de la televisión y la separación de sus promotores respectivos: Marentes fue cobijado por Canal 11 y Luis de Llano fue designado para la dirección de la paraestatal PRONARTE, Productora Nacional de Radio y Televisión (Zarur, 1993: 69).

El 20 de noviembre de 1975 moría en Madrid el dictador Francisco Franco y este acontecimiento, tantos años esperado por el exilio republicano español, fue muy celebrado entre ellos. Luis de Llano lo celebró sentándose en un sillón, fumándose un puro y tomándose un carajillo de coñac, como lo hacen en Betxí. Esta forma de celebrarlo de Luis de Llano, lo repitió en los años sucesivos cada 20 de noviembre.[78]

LUIS DE LLANO ENTRA A TRABAJAR EN LA PRODUCTORA NACIONAL DE RADIO Y TELEVISIÓN (PRONARTE)

En 1977 se creaba la Dirección General de Radio, Televisión y Cinematografía dependiente de la Secretaría de Gobernación. Dentro de esta dependencia, el 4 de julio de 1977 se creaba la Productora Nacional de Radio y Televisión (PRONARTE), organismo público descentralizado coordinado por RTC (Radio Televisión y Cinematografía). Sus propósitos eran producir material de radio y televisión. PRONARTE se constituyó en una empresa que importaba productos sin pagar aranceles, cuyo producto se comercializaba en el país de origen de la materia prima (Ahumada, 1997: 28).

Al inicio de su gobierno de seis años, José López Portillo (1976-1982) designó como responsable de la Dirección General de Radio, Televisión y Cinematografía (RTC), a su hermana Margarita López Portillo y con ello la hizo responsable del manejo de la televisión pública. Bajo los auspicios de Margarita López Portillo, Luis de Llano vivió un periodo difícil en la Productora Nacional de Radio y Televisión (Zarur, 1993: 69-72).

Por el trabajo realizado en Pronarte, a Luis de Llano Palmer le otorgaron el Premio Ondas, en un acto celebrado el 17 de noviembre de 1979 (*ABC*, 17-11-1979: 72).

---

[78] Según Jerónimo García López de Llano.

LUIS DE LLANO SE CASA CON PILAR CAMPOS DE LLANO

Luis de Llano se volvió a casar, esta vez con Pilar Campos. De esta unión nacería el 11 de enero de 1978, su hija Pilar, que sería bautizada el 15 de abril de 1978 en la parroquia de los Santos Cosme y Damián en México DF, siendo los padrinos sus amigos de Betxí Avelino y Amparo. De esta unión tuvieron otro hijo, y que le pusieron el nombre de Jordi.[79]

Luis de Llano reunía a toda su familia todos los años para celebrar las navidades. Acudían sus hijos con sus parejas y también solía acudir alguna exmujer de Luis, como también algún o alguna ex de sus hijos. También solían invitar a algún conocido, como es el caso del compositor asturiano Manuel Pacho. Todos los años, cuando terminaban de comer, Luis de Llano se iba a la cafetera para hacer carajillos de Betxí.[80]

Familia de Luis de Llano, diciembre 2015 (Foto Benny Ibarra de Llano).

CONCESIÓN DE LA CRUZ DEL MÉRITO CIVIL

El 7 de diciembre de 1978, en nombre del rey de España Juan Carlos I, el Embajador de España en México, Luis Coronel de Palma, comunicó por escrito a Luis de Llano (de 63 años de edad) la concesión de la Cruz del Mérito Civil (web Sociedad de Autores y Compositores de México). En una visita que hizo su hijo Jordi a Betxí, Amparo Franch le dijo que tenía un baúl lleno de recuerdos de su padre, que lo mirase y se llevase lo que creía más interesante. Entre las cosas que se llevó a México fue la Medalla de la Cruz del Mérito Civil.[81]

---

[79] Según Eulalia Alcalá Nebot.

[80] Según Jerónimo García López de Llano.

[81] Según Eulalia Alcalá Nebot.

LUIS DE LLANO EN GALAVISIÓN Y LA SPANISH INTERNATIONAL NETWORK (SIN)

Azcárraga Milmo, al igual que su padre, fue un fanático de la lealtad y cualquiera que hubiera abandonado a Telesistema Mexicano para irse a la Televisión Independiente de México, se arriesgaba a encontrar las puertas cerradas por algún tiempo. El más afectado fue Luis de Llano.

En 1979 Emilio Azcárraga Milmo se dio cuenta de la necesidad que tenía de contar con alguien como Luis de Llano Palmer. Para no dar su brazo a torcer, lo mandó unos años a Nueva York a dirigir la producción y programación de sus estaciones en español: Galavisión y la Spanish International Network (SIN). En la SIN desarrollaría una importante labor a favor de la televisión hispana en los Estados Unidos (1981-1986). Emilio Azcárraga Milmo logró consolidar la televisión hispana dentro de los Estados Unidos como la cuarta cadena televisiva de ese país. En 1979 integraban la SIN 16 estaciones, en 1980 se llegó a 56 y en 1981 a más de 100, y a más de 200 en 1982. En 1986 la SIN contaba con aproximadamente 400 estaciones afiliadas (Arredondo, 1988: XXI). A Luis de Llano le acompañó a Nueva York su esposa Pilar Campos, y los dos trabajaron en la SIN (Univisión).

Después de seis años, Televisa tuvo que desmembrar sus empresas en Estados Unidos por haber violado la Ley Antimonopolios de aquel país, y Luis de Llano volvió a quedarse sin trabajo.

Pensó que lo mejor era producir de manera independiente, y en 1988 se fue a Los Ángeles, a una compañía de *videohomes* Milton Dollar Video Corporation (web de la Vega, 1994). Transcurrido año y medio se cansó y regresó a México, donde estuvo trabajando por su cuenta (Trejo, 1996).

LA PERSONALIDAD DE LUIS DE LLANO

Luis de Llano fue riesgo, aventura, audacia y visionario. Además, fue un hombre muy cabal y valiente, inteligente, amable. Bajo y delgado pero poseía una voluntad de hierro y destacaba por su gran sentido del humor y su tendencia a deambular con su puro en los labios. Hasta el último de sus días habló con el acento valenciano natal.

Se convirtió en alma y corazón de la televisión mexicana. Su trabajo se caracterizó por una desbordante creatividad que compaginaba con sus profundos conocimientos y un excepcional buen gusto. Todo el mundo lo respetaba por su fuerte carácter, era una persona muy profesional pero muy cálida, todo el mundo lo admiraba por su experiencia en el teatro, música, radio y entretenimiento. Descubrió a muchos talentos, convirtiéndolos en estrellas, guió a innumerables generaciones de comunicadores, y reinventó la forma de hacer televisión. Fue el rey Midas del espectáculo en México, era tal el éxito que todo lo que tocaba se convertía en oro. *El Señor de la Televisión*, o *El Capitán de la Telenovela* fueron sobrenombres que se ganó a pulso.

Muy admirado por su gran talento. Disfrutaba mucho de los viajes. Le gustaba la televisión, el cine, escuchar música clásica en general y la de tipo western norteamericana.

Las obras con las que recibió sus mayores satisfacciones fueron: *Los Fantásticos* por su corte romántico y *Mi Bella Dama* por su grado de dificultad.

Contaba Luis Llano que en su juventud vivió en Ceuta, Melilla, Alicante, Zaragoza, Madrid, València, Castellón, Huesca, Pamplona y Barcelona. De todas estas ciudades, en la que se encontró más a gusto fue en València. Siempre decía que los mejores años de su vida los pasó en València.

Era un gran entendido en caballos y aficionado al fútbol, en particular del Valencia C.F.. Hasta una semana antes de morirse no se perdió por televisión ningún partido del Valencia C.F.[82]

Su especialidad fue escribir como letrista para muchas canciones y obras musicales, cuyos textos en otros idiomas los había traducido y arreglado para cantantes en español, como por ejemplo *Volver a Empezar*, *Mil Violines*, *Vuela Paloma*... En coautoría con Armando Manzanero compuso *Del Altar a la Tumba* incluida en el disco *La nave del Olvido* (web Sociedad de Autores y Compositores de México). Compuso canciones para Pedro Infante y Jorge Negrete (web de la Vega, 1994). El productor Luis de Llano decía que su mayor satisfacción como autor era escuchar sus humildes letras bien cantadas.

En 1986, Luis de Llano regresó a México procedente de Nueva York, donde estuvo trabajando en la SIN y en Galavisión. Le nombraron vicepresidente de Televisa, justa retribución a lo que a lo largo de su vida había hecho por la empresa (García, 2014, 246). Sobre la aportación de Luis de Llano a la televisión mexicana habría que destacar los programas teatrales como: Teatro Bon Soir; Gran Teatro; La novela semanal; Cosa Juzgada; Tres Generaciones; Domingos Herdez...

CONCESIÓN A LUIS DE LLANO DE LA LEGIÓN DE HONOR Y EL DE CABALLERO DE LAS ARTES Y LETRAS FRANCESAS

En 1982, con 67 años el Gobierno de Francia le otorgó la *Legión de Honor* y en 1983 el de *Chevalier de l'Ordre des Arts et des Lettres* (Caballero de las Artes y Letras). Los trofeos, diplomas y reconocimientos recibidos son muchos, en México diez premios a su labor en televisión y teatro, además del *El Heraldo* de El Heraldo de México en 1989, y el *Teponaxtli de Malinalco* (web Sociedad de Autores y Compositores de México).

LUIS DE LLANO EN EL TERREMOTO DE MÉXICO DE 1985

El 19 de septiembre de 1985 a las 7:19 hora local, se produjo en Ciudad de México un terremoto de intensidad 8,1 en la escala de Richter, que duró más de dos minutos, siendo el más significativo y mortífero de la historia escrita de México.

Luis de Llano estaba en Estados Unidos y tomó el último avión que salía para México. Llegó a Ciudad de México y se fue a ver a Emilio Azcárraga Milmo, cuyos despachos estaban destruidos. Las instalaciones de Televisa Chapultepec se derrumbaron y todas las

---

[82] Según sus nietos Jerónimo y Sebastián García López de Llano.

cámaras de televisión desaparecieron entre los escombros. Milmo, por indicación de Luis de Llano Macedo, le prestó una unidad móvil, además su hijo Luis tenía unas cámaras portátiles en su casa y se las llevaron para coger imágenes de lo que había sucedido. Luis de Llano Macedo cogió una cámara portátil y junto con su padre entrevistaron al tenor Plácido Domingo, que perdió familiares en la Unidad Habitacional Tlatelolco, lugar donde tomaron las imágenes. Hicieron un programa de quince minutos, y desde Ciudad de México salió a todas las televisiones latinoamericanas. Luis de Llano contaba que dicho programa que hizo con su hijo Luis sobre el terremoto de México fue de una gran satisfacción personal.[83]

Estando en Televisa recibió una buena noticia, su nieto Benny Ibarra de 19 años, hijo de Julissa, era elegido para representar a México como compositor y director musical en el XVIII festival de la OTI de la Canción, que iba a celebrarse el 18 de noviembre de 1989 en el James L. Knight Convention Miami. México fue el país ganador, con *Una canción no es suficiente,* de la cantante Analí. Benny Ibarra se convirtió en el director de orquesta más joven en la historia del festival.

El 20 de enero de 1990 el Rey de España Juan Carlos I, escribió una carta al responsable de RTVE donde rogaba le diera las gracias a don Luis de Llano Palmer por el vídeo recibido del Ballet Folklorico de México, que fue producido por Televisa, y difundido por otras 55 cadenas de televisión americanas (Franch, 1996: 63).

Cuando Amparo Franch y Avelino Doñate viajaban a México no podía faltar la paella, como podemos apreciar en la fotografía anterior. Aunque estaban divorciados, su exesposa María Rivas también fue ese día a comer con ellos.[84] En ese viaje de 1991 de Amparo y Avelino a México, fueron acompañados por el matrimonio de Alfredo Calpe Blasco y de Lola Gumbau Franch, vecinos de Betxí.[85]

Amparo Franch haciendo una paella en México, acompañado de Luis de Llano (Álbum Avelino Doñate).

LOS VIDEOTEATROS

El regreso en 1992 de Luis de Llano a su *casa* se dio a través de su hijo, Luis de Llano Macedo, uno de los productores más importantes de Televisa. Con la idea de los videoteatros en la cabeza, se puso a trabajar en ella y se la mandó a Emilio Azcárraga Milmo, quien finalmente la respaldó: «Casi se la regalé a Luis la idea, pero el se la pasó a don Emilio. Le dijo: Esto es lo que nos hace falta, tener cierta calidad en el teatro».

---

[83] Según video de Luis de Llano Macedo (Biblioteca Municipal de Betxí).

[84] Según Eulalia Alcalá Nebot.

[85] Según Fina Calpe Gumbau.

Luis de Llano no podía concebir que lunes, martes, miércoles y jueves, estuviera cerrado el 90 por ciento de los teatros mexicanos. Era de la opinión que si acostumbráranos otra vez a la gente a ver los teleteatros (como al principio lo hicieron en el Canal 2, cuando tenían tantos: Premier, Ford, Bon Soir, De Fernando Soler), la gente iría nuevamente al teatro (web de la Vega, 1994).

El proyecto original de los videoteatros fue concebido para transmitirse de lunes a viernes por la noche: «Por estrategia de programación los cambiaron al sábado y domingo porque esos días no existían programas de ese tipo. Solo habían musicales y deportes», explicaba Luis de Llano y reconocía que también se modificó el horario para no hacerle sombra a las telenovelas.

Los otros productores eran Christian Bach, Humberto Zurita y Jorge Lozano, en historias de amor; Silvia Pinal, Roberto Gómez Bolaños *Chespirito* y Florinda Meza, en comedia; Jorge Ortiz de Pinedo y Mauricio Herrera, en humor; y Sergio Jiménez y Rafael Baledón, en drama. Según contaba Luis de Llano, cada uno de los productores tenía que grabar 25 programas por año Los trabajos comenzaron en enero de 1993 y en marzo del año siguiente tenían listos para ser transmitidos, 207 de 250 que tenían planeados. El costo por programa era de diez mil a quince mil dólares, aproximadamente lo que costaba producir dos capítulos de una telenovela.

Estos son algunos de los programas: *Los signos del zodiaco* (Sergio Magaña); *Teresa Raquin* (Emilio Zolá); *Una mujer sin importancia* (Oscar Wilde); *Debiera haber obispas* (Rafael Solana); *La mentira* (Caridad Bravo Adams); *Marianela* (Benito Pérez Galdós); *Un espíritu travieso* (Noel Coward)...

Luis de Llano decía que el 80% de los videoteatros concluidos tenía una calidad buena, si se tenía en cuenta, el dinero gastado (que no era mucho) y la rapidez en la realización. A propósito de esto, relataba:

> El otro día estuvo aquí un ejecutivo de la televisión de Estados Unidos. Lo llevé al estudio a ver la grabación de uno de los videoteatros. Me preguntó: bueno, y esto en cuántas semanas lo hacen.
> ¿Cuántas semanas?. ¡En día y medio!. No lo podía creer. Claro, es otra calidad. Si le metiéramos cuatrocientos mil dólares a una obra como allá, haríamos otras cosas.
> Luis de Llano comentaba que No podemos hacer todas las obras que quisiéramos, porque un autor extranjero pide mucho dinero El español Alfonso Paso quiere una cantidad exorbitante y yo no quiero pagar más de lo que se le paga a un autor mexicano. Alfonso Paso, por la costumbre de Europa, nos pide una cantidad y luego otra por cada minuto de transmisión. Nosotros pagamos aquí unos cinco millones de pesos por obra (web de la Vega, 1994).

El 5 de diciembre de 1993, a la una y media del mediodía, Rita Macedo tomó la decisión fatal de quitarse la vida. Lo hizo dentro de su automóvil con una pistola, disparándose dos veces en la boca. Momentos antes de llevar a cabo su fatal idea, Rita en el camino de regreso a su casa se detuvo en Altavista para encontrarse con su hijo Luis a quien le dijo: «Vengo a despedirme de ti» (web Luis Roberto, 2012).

Su hija Julissa al enterarse de lo ocurrido alcanzó a balbucear: «Mamá venía años diciendo que lo quería hacer, no deseaba seguir viviendo, se sentía sola. Pienso en ella y me siento muy mal» (web Zúñiga, 2009).

En una entrevista en 1995, tras 45 años trabajando en la televisión, Luis de Llano Palmer hizo un balance de lo que había sido y creado la televisión:

> Los cambios sustanciales han sido desde el punto de vista técnico: las cámaras son mejores, se ilumina mejor, la escenografía es mejor, la ambientación es perfecta, el vestuario. Creo que como en otras industrias, la técnica ha superado a la creatividad Sin embargo, para lo técnico sólo necesitas una chequera y un teléfono: se pide, se paga, se instala y ya. Son sólo botones. Tuve la suerte que me tocó el momento que se iniciaba el invento. Ahora, apenas empieza a despegar. No es nada más la pantallita ni una sala de espectáculos. Creo que ha sido concebida para otra cosa, que no sabemos para qué. En el año 2000 o 2500 algo tiene que ocurrir. Va a llegar el día que la televisión la vas a programar tu solo. Es lo que llaman ahora la televisión interactiva. Los dos caminos de la televisión en México son el cable y la interactiva. La televisión de alta definición va a ser un espectáculo, un poco más sensacional, un poco más Hollywood, un poco más Broadway. Será una imagen perfecta, pero después vendrá otra cosa, esto no para nunca (web de la Vega, 1994).

El 24 de agosto de 1998 la Asociación Rafael Blanquells otorgaba los VIII Premios Bravo a lo más destacado en la producción y actuación de doblaje, producción de comerciales, música, cine, radio y televisión. El evento se llevó a cabo en las instalaciones del Club Libanés de Ciudad de México. Luis de Llano, con 83 años de edad, fue distinguido con el trofeo *Emilio Azcárraga Milmo*, en reconocimiento a su brillante trayectoria profesional en el teatro y la televisión.

Fotografía hecha el 28 de enero de 1993, en casa de Amparo y Avelino en Betxí. De izquierda a derecha: Avelino Doñate, Miguel de Llano Rivas, Amparo Franch, Francisco Llano Palmer, Mario de Llano Rivas y Luisa, esposa de Francisco (Álbum de Avelino Doñate).

El 4 de noviembre de 2000 moría en Ciudad de México su segunda esposa, la coreógrafa mexicana Amalia Hernández Navarro. En la tarde del 13 de septiembre de 2007 se quitaba la vida, a la edad de 42 años, su hijo Miguel de Llano Rivas (web Lagunas, 2007).

Entre el 14 y el 17 de octubre de 2008 se celebró en Ciudad de México la Convención Internacional de Radiodifusión. Los premios Antena son un importante reconocimiento que la Cámara Nacional de Radio y Televisión otorga a personajes de la Industria que han sobresalido por su trayectoria profesional o mérito artístico. Uno de los premiados fue Luis de Llano.

El 15 de marzo de 2009 se celebró en Acapulco la XXVII entrega de los premios TVyNovelas. En dicho acto le dieron a Luis de Llano Palmer el premio especial por su trayectoria, donde aseguró estar muy agradecido con quien consideraba uno de sus más grandes mentores, Emilio Azcárraga Vidaurreta.[86]

Contaba Luis de Llano que cuando vino a México desde Nueva York para iniciar la televisión, ya tenía una idea de lo que era el medio, y que no hubiera podido hacer nada en la televisión si no hubiese pasado por la radio XEQ y la XEW.

En su larga y exitosa carrera profesional, una de sus mayores satisfacciones fue cuando produjo su primer programa en España. Esto ocurrió en la Expo de Sevilla de 1992 en el pabellón de México. En un estudio que construyó México se hizo una mesa redonda sobre el lenguaje con la Real Academia de la Lengua Española, dirigido a América Latina, y fue Luis de Llano quien dirigió ese programa para enviárselo a toda Latinoamérica.

FALLECIMIENTO DE LUIS DE LLANO PALMER

El pionero de la radio y la televisión mexicana murió el 23 de octubre de 2012 en Ciudad de México, a los 97 años de edad, por causas naturales. No hubo servicios funerarios, debido a que él así lo dispuso (web La Jornada, 25-10-2012).

Su hija Julissa no asistió a los preparativos de la cremación de su padre, pues se quedó grabando la telenovela *Porque el amor manda*, ya que se lo pidió su padre, que le dijo que el día que pasara esto si estaba trabajando fuera a trabajar (web Obregón, 2012).

Luis de Llano quiso que sus cenizas se repartiesen en cuatro lugares diferentes. Las primeras que se esparcieron están al lado de un árbol en casa de su hija Isabel. Las segundas fue en la *muntanyeta* de Sant Antoni de Betxí. Las terceras las esparció Luis de Llano Macedo en la desembocadura del río Hudson, en Nueva York. Las cuartas no se han esparcido aún en el puesto fronterizo de Portbou, que es el sitio donde partió al exilio, y quiso que cuando las esparcieran pusieran el tango Corrientes 348 (*A media luz*) de Carlos Gardel, que es la canción que escuchó cuando pasó a Francia hacia el exilio.[87]

A Luis de Llano Palmer se le recordará como el capitán de la televisión, por el ejemplar legado en el mundo del entretenimiento, que continúa su hijo Luis de Llano Macedo, su hija Julissa, sus nietos y seguramente seguirán sus pasos sus bisnietos.

Como pionero de la industria de la televisión en Latinoamérica, Luis de Llano Palmer produjo y dirigió más de 15 mil programas de televisión, siete mil programas de radio y adaptó más de 300 obras para la televisión, radio y teatro.

OBITUARIOS

Entre los muchos obituarios que se escribieron a su muerte, he elegido estos, por ser para mí los más interesantes:

El 26 de octubre de 2012 se reproducía un articulo del periodista Álvaro Cueva publicado en El Milenio.com titulado *El más grande de todos*, que decía lo siguiente:

---

[86] Dicho acto se puede ver en youtube poniendo: Verónica Castro entrega premio especial a Don Luis de Llano Palmer.

[87] Según su nieto Jerónimo García López de Llano.

La televisión mexicana está de luto, murió el más grande de todos, don Luis de Llano Palmer, y no estoy seguro de que se le vaya a hacer justicia.

¿Por qué? Porque si a tantos pioneros de esta industria jamás se les realizó el más mínimo homenaje, ¿qué nos hace pensar que con él va a ser diferente?

Además, el papá de Julissa y Luis de Llano Macedo era un hombre culto, inteligente y crítico, características que no son precisamente las más apreciadas en este negocio.

Y si a esto le agregamos que su casa no fue solo Televisa y que aquí no existe una instancia formal que proteja, resguarde y promueva la memoria de nuestros medios, pues peor tantito.

Estamos ante algo que se puede perder para siempre y no lo debemos permitir. Si hoy la televisión mexicana es una de las más importantes del mundo es por las aportaciones de don Luis.

Estamos de acuerdo, usted conoce, o a los dueños, como los Azcárraga, o a los productores, como Ernesto Alonso y Valentín Pimstein.

Pero entre los dueños y los productores siempre hay un jefe que hace que las cosas funcionen, el que trabaja.

Luis de Llano Palmer fue el primer jefe en la historia de la televisión de este país. A él le deben su carrera todos, desde los más poderosos productores hasta las más encumbradas estrellas que participaron en los orígenes de este importante medio de comunicación.

Y no solo ellos, también los escritores, los técnicos, el personal administrativo. Todos.

Don Luis los contrató a todos, inventó casi el 100 por ciento de los formatos que todavía utilizamos, le dio forma a las cartas de programación que hasta el día de hoy están vigentes y volvió más ricos a los que ya lo eran.

Su historia no se puede contar ni en una columna, ni en un libro ni en una película.

Es increíble porque el señor fue un héroe que se adelantó muchas décadas al momento que le tocó vivir, que luchó contra empresarios y políticos, que abrió todas las brechas que pudo abrir, que inició todos los canales que pudo iniciar, que ayudó a toda la gente que pudo ayudar y cuya creatividad alcanzó muchos ámbitos.

¿Sabía usted que Luis de Llano Palmer hizo la primera comedia musical que se montó en la historia del espectáculo mexicano?

¿Sabía que él compuso canciones para Pedro Infante y Jorge Negrete y que tradujo temas tan famosos como Médico brujo *de Manuel* El Loco *Valdés?*

México entero está en deuda con este abogado, nacido en España, que llegó como refugiado político a nuestro país en 1940.

Inmediatamente fue a pedir trabajo a la radio, le pidieron una idea. ¿Y sabe qué fue lo que propuso? El monje loco.

El señor no sabía nada de radio y ya había creado uno de los más importantes clásicos de la comunicación mexicana.

De ahí brincó a la publicidad, porque en aquel entonces la parte creativa de los medios la realizaban las agencias, y dirigió muchas de las campañas más célebres de todos los tiempos como la de «Mejor mejora Mejoral».

México le quedó chico y se fue a Nueva York, a la televisión, a la NBC, de donde Emilio Azcárraga Vidaurreta se lo trajo en 1950 para iniciar formalmente la televisión mexicana.

Luis de Llano Palmer estuvo detrás de la invención de todo, desde el primer teleteatro hasta la primera telenovela. Lo que pasa es que como lo hacía desde una posición de jefe, los que se llevaban los créditos eran los productores, pero sin él no hubiera habido nada.

A don Luis le tocó crear lo que hoy es El Canal de las Estrellas (Canal 2), diseñar Telesistema Mexicano (la fusión de los canales 2, 4 y 5) e inventar Televisión Independiente de México (TIM, Canal 8).

Nomás para que se dé una idea de lo que el señor era capaz de hacer, ahí, en el viejo Canal 8, él revolucionó el mercado, lanzando títulos como El Chavo del 8, El Chapulín Colorado, Juan Pirulero y Los hermanos coraje.

Desgraciadamente, Telesistema Independiente de México se fusionó con Telesistema para formar Televisa y él se quedó sin nada, pero no por mucho tiempo, porque Luis Echeverría lo mandó llamar para que le diera sentido a la televisión pública nacional, al legendario Canal 13.

Y lo volvió a hacer. Luis de Llano Palmer lo mismo le abrió las puertas a DeporTV que a La novela semanal y a Canasta de cuentos mexicanos.

No, y ni hablemos de lo que hizo en Pronarte, de las generaciones de ejecutivos y de talentos que él preparó o, incluso, de lo que produjo en los años 90 para Emilio Azcárraga Milmo.

La semilla de Luis de Llano Palmer está presente en todos los programas de todos los canales.

¡Qué tan grande no será don Luis que Conaculta Canal 22 le hizo un maravilloso documental producido por Fernando Navarro durante la administración de Enrique Strauss!.

¡Hasta Plácido Domingo lo menciona!

La televisión mexicana está de luto, murió el más grande de todos, don Luis de Llano Palmer. Descanse en paz. Abrazo fuerte a su familia y amigos (web Cueva, 2012).

El 6 de noviembre de 2012 en la *Revista Pantalla.com* el periodista José Antonio Fernández le dedicó el siguiente recordatorio:

Luis de Llano Palmer es uno de los forjadores de la televisión mexicana. Influyó en muchas vidas de forma muy positiva.

Impulsó a cada paso todos los géneros de la televisión, pero tuvo especial cariño por la ficción. Supo siempre apreciar el talento de actores y actrices, directores, productores, escenógrafos, escritores y directores de arte.

Tuvo una vida plena llena de triunfos. Sus colegas siempre le reconocieron como un grande.

Una de las cualidades más valoradas de Luis de Llano Palmer, es que supo siempre dar confianza a todos sus colaboradores. Por esa razón es que en todo momento a lo largo de su vida logró que quienes colaboraban con él fueran altamente creativos. Los estimulaba para que echaran a volar su imaginación con ambición artística y sin temor.

El 30 de diciembre de 2016 en el Informador.mx, el periodista Jaime Almeida escribió un artículo titulado *Deja Luis de Llano un rico legado* en el que decía:

Don Luis de Llano Palmer fue letrista de obras musicales y compuso varios temas que lo llevaron a ser miembro de la Sociedad de Autores y Compositores de México.

Él es de los productores legendarios de México, a quien le tocó una época de gran creatividad. Fue un señor que vio nacer la televisión y aportó formatos nuevos, lo que hace difícil encontrar una persona con una carrera como la de él, donde fue guía y líder de generaciones, además de creativo. Cree Jaime Almeida que no hay que reducir su carrera solo a la televisión, el mundo musical también fue su terreno.

Tras conocerse la noticia de la muerte de Luis de Llano Palmer, Benny y su hermano Alejandro, nietos del productor postearon en su cuenta personal de Twitter un último mensaje para su abuelo (web Gutiérrez, 2012).

Dicen que alquilan un rincón de luna, donde la renta pagas con amor;
nada que hacer nadie que ver,
que tal si juntos nos mudamos hoy.
            (Benny Ibarra de Llano)

Por su parte Alejandro posteó

Buen viaje al gran don Luis de Llano Palmer
¡¡¡ Te vamos a extrañar abuelo!!!
            (Alejandro Ibarra de Llano)

El 14 de enero de 2013, moría su esposa María Rivas en Ciudad de México.

LUIS DE LLANO PALMER ES NOMBRADO CLAVARI MAJOR DE SANT ANTONI

A principios de 2017 mi amiga María Pilar Martínez Vedrí, entonces concejala portavoz del PP en el Ayuntamiento de Betxí, me pidió que le escribiese una pequeña biografía de D. Luis de Llano Palmer para presentarla en la Comisión de Cultura, con el objeto de proponerle como Hijo Predilecto de Betxí a Título Póstumo. Esa biografia también se las mandé por correo electrónico a los concejales portavoces Josep Lluis Doñate Forner del PSOE y a Javier Delgado Huertos de IU. María Pilar la presentó en la Comisión de Cultura, presidida por el concejal de COMPROMÍS, Josep Antoni Meneu i Gaya, y fue aprobada por unanimidad.

Josep Antoni Meneu fue el encargado de iniciar el expediente de honores y distinciones de Luis de Llano Palmer, y el de defender su nominación ante el Pleno del Ayuntamiento.

Casi pasaron dos años desde la propuesta de la Comisión de Cultura al Pleno del Ayuntamiento, debido a que Josep Antoni Meneu tuvo el cometido de contactar con alguno de los descendientes de la familia de Luis de Llano Palmer, ya que se acordó que para el acto de su nombramiento estuviese algún pariente suyo.

El concejal de Cultura contactó con Isabel Franch Orenga, sobrina de Amparo Franch, que tenía comunicación por con Isabel de Llano Rivas, hija de Luis de Llano Palmer y madre de los gemelos Jerónimo y Sebastián García López de Llano.

Pudo contactar con Jerónimo, su hijo, que se alegró mucho de la propuesta y le dijo que vendría él. El problema que se le planteó a Jerónimo fue que las fechas de los actos coincidían con su calendario laboral, problema que logró solucionar y le dijo al concejal Josep Antoni Menu que vendría a los dos actos.[88]

La primera fiesta del año que se celebra en Betxí es la de San Antonio Abad, el 17 de enero, y en su víspera tenemos la Matxà (bendición y pasacalle de los animales). Sabemos que el 10 de mayo de 1625 ya existía la Cofradía de Sant Antoni con sus clavarios (Ferrandis, 1902: XLIII-XLIV). En su recuerdo el Ayuntamiento de Betxí honra a una persona o entidad con el título de Clavari Major, y se le distingue con este honor por sus méritos.

El 11 de enero de 2019 en el Teatro Municipal de Betxi se celebró el acto de nombramiento de Clavari Major 2019 de Sant Antoni a Título Póstumo a D. Luis de Llano Palmer, dicho título lo recibió en representación de la familia de Llano su nieto Jerónimo Garcia Lopez de Llano.

El 11 de enero de 2019 el Ayuntamiento de Betxí, presidido por su alcalde, Alfred Remolar Franch, en un acto celebrado en el Teatro Municipal nombraba a Luis de Llano Palmer, Clavari Major Sant Antoni 2019 a Título Póstumo. En dicho acto estuvo su nieto Jerónimo García López de Llano. Se da la circunstancia que un tío de Jerónimo era embajador, y en una reunión de embajadores en México coincidió con la embajadora de México en España, y le dijo que su sobrino iba a Betxí a recibir un título dado a su abuelo D. Luis de Llano Palmer, la embajadora llamó al Cónsul Honorario de México en València, Sr. D. Pablo Roma, para que asistiese al acto.[89]

---

[88] Según Josep Antoni Meneu Gaya.

[89] Según Jerónimo García López de Llano.

En dicho acto el nieto de D. Luis de Llano Palmer, Jerónimo, dijo:

En nombre de toda mi familia, la familia de Llano, es un privilegio y honor aceptar este nombramiento de Clavari Major a nombre de mi abuelo Luis de Llano Palmer. Mi abuelo hubiera estado muy orgulloso de estar aquí con nosotros el día de hoy recibiendo este homenaje. Aunque siendo honesto, conociendo la gran sencillez y humildad que lo caracterizaban probablemente nos hubiera dicho que no se lo merecía. Como lo hizo varias veces al recibir cualquier tipo de premio o reconocimiento.

La vida de mi abuelo fue una vida de película, o de telenovela. Mi abuelo nació en Betxí en el año 1915 y fue donde comenzó a desarrollar el ingenio que lo caracterizó durante toda su vida.

Mi abuelo salió hacia Francia refugiado de la guerra civil española, donde fue perseguido por la Gestapo. Después logró salir hacia Inglaterra donde pudo meterse en un barco llamado "City of Alba" escondido y haciéndose pasar por enfermero. Llegó a Mobile Alabama en los Estados Unidos. Llegando ahí solamente tenía dos dólares, pero lo único que hizo con ese dinero fue lustrarse sus zapatos, ya estaban muy sucios y como decía él "un caballero nunca puede tener los zapatos sucios". Curiosamente la persona que le lustró los zapatos era otro refugiado español y al decirle que era hijo del general Francisco Llano de la Encomienda, logró juntar algo de dinero con la ayuda de la comunidad española y le pagaron el boleto para llegar a México donde sabía que tenía un tío que vivía ahí. Mi abuelo llegó a México y tocó el timbre de la puerta del teatro donde vivía su tío, y abrió la puerta la esposa de su tío quien le dijo que desgraciadamente una semana antes su tío había muerto. Le dejó quedarse en la parte de arriba del teatro, ya que no tenía donde vivir. Una de sus primeras noches en México lo intentaron matar ya que pensaron que era el único familiar e iba en búsqueda de la herencia, por esa razón no pudo quedarse más en el teatro. Podría quedarme horas enteras hablando de la vida de mi abuelo, pero por cuestiones de tiempo no lo haré. Mi abuelo tuvo la oportunidad de trabajar en la XEQ y en la XEW que eran las estaciones de radio más importantes en esa época en México y después ayudó a fundar el Canal 2 que en ese momento se llamaba Telesistema Mexicano y hoy en día es Televisa, el Canal 8, el Canal 4 y el Canal 22. Fue el creador de la telenovela, ya que al trabajar con el teatro y la radio le permitieron crear la manera de plasmarlo en la televisión. Fue uno de los pioneros de teatro musical en México y podría quedarme horas, pero no lo haré. Sin más antes, quiero agradecer a Alfred Remolar Franch y a Toni Meneu por el nombramiento y por este gran honor que nos dan a la familia; a Pablo Roma, cónsul honorario de México por estar aquí en representación del gobierno mexicano. A José Blasco y a Miguel Badenes, por tener el interés de estudiar las vidas de mi abuelo y de mi bisabuelo y a toda la mesa honorable que nos acompaña el día de hoy. Es para mi un honor saber que aunque mi abuelo dejó su tierra natal para irse al lejano México, siempre conservó su amor por su patria y por su ciudad y supo transmitirlo a su descendencia. Y es por eso que hoy, con mucho orgullo, les puedo decir que soy un mexicano Betxinense, muchas gracias.[90]

---

90 Información escrita, facilitada por Alfred Remolar Franch, del discurso que realizó Jerónimo García López de Llano, en el nombramiento de Luis de Llano Palmer como Clavari Major 2019 de Sant Antoni.

ESPARCIMIENTO DE UNA PARTE DE LAS CENIZAS DE D. LUIS DE LLANO PALMER EN LA MUNTANYETA DE SANT ANTONI

El jueves 17 de enero de 2019, festividad de Sant Antoni, vinieron a la romería de la muntanyeta de Sant Antoni, en representación de la familia de Llano, sus nietos Jerónimo y Sebastián, hijos de su hija Isabel. Luis de Llano quería que una parte de sus cenizas fuesen esparcidas en la cima de la muntanyeta de Sant Antoni mirando a Betxí. Lo que realizaron sus dos nietos junto con los concejales de COMPROMÍS.

Sin saber el cómo y el porqué, el alcalde Alfred Remolar Franch y los concejales de COMPROMÍS, que eran mayoría en el Ayuntamiento de Betxí, quisieron que el acto de esparcir una parte de las cenizas de Luis de Llano Palmer en la muntanyeta de Sant Antoni tuviese un carácter íntimo, por lo que no se informó a los vecinos de Betxí. Yo tuve la suerte de asistir a dicho acto, porque me lo dijo el día anterior el nieto de Luis de Llano, Jerónimo.

17 de enero de 2019, los nietos gemelos de Luis de Llano Palmer, Jerónimo y Sebastián García López de Llano, a punto de esparcir una parte de las cenizas de su abuelo en la muntanyeta de Sant Antoni (Foto Alfred Remolar Franch).

NOMBRAMIENTO DE D. LUIS DE LLANO PALMER COMO HIJO PREDILECTO DE BETXÍ A TÍTULO PÓSTUMO

El 30 de enero de 2019, en el pleno celebrado en el Ayuntamiento de Betxí, Carmen Lázaro Martínez, Secretaria general del Ayuntamiento, leyó el acta para el nombramiento de Hijo Predilecto de Betxí a D. Luis de Llano Palmer:

Vista la solicitud de la Sra. Maria Pilar Martínez Vedrí, en nombre del Grupo Municipal Popular, en fecha 25 de mayo de 2017, para que se nombre Hijo Predilecto de esta villa al Sr. Luis de Llano Palmer.

Vista la partida de nacimiento de dicho señor, por la que efectivamente nació en Betxí en 1915.

Visto el Dictamen de la Comisión de Cultura por la que se inicia el expediente de honores y distinciones. Visto el informe del Sr. Josep Antoni Meneu Gaya, instructor de dicho expediente, por el que concurren méritos suficientes, tal como demanda el Artículo 3.1 del Reglamento de Honores de este Ayuntamiento, con fecha 14 de noviembre de 2018.

Visto el Dictamen de la Comisión de Cultura de 15 de noviembre de 2018, por el que propone nombrar al Sr. Luis de Llano Palmer Hijo Predilecto de Betxí, a título póstumo.

Visto el informe de la Sra. Secretaria General del Ayuntamiento de Betxí, de 24 de enero de 2019. Al Pleno de la Corporación, PROPONE:

Ajuntament de Betxí

CERTIFICADO DE ACUERDO DEL PLENO

Exp.: 700/2017
Asunto: Nombramiento Hijo Predilecto S: Luis Llano Palmer

Carmen Lázaro Martínez, secretaria general del Ayuntamiento de Betxí (Castellón).-

CERTIFICA:

Que el Pleno del Ayuntamiento, reunido en sesión de carácter ordinario celebrada el día 30 de enero de 2019, adoptó, entre otros, el siguiente acuerdo:

7. NOMBRAMIENTO DE HIJO PREDILECTO A D. LUIS LLANO PALMER.-
Alfred Remolar Franch, alcalde presidente del Ayuntamiento de de Betxí
Por Secretaría se da lectura a la propuesta de la Alcaldía que se trascribe:
"Vista la solicitud de la Sra. María Pilar Martínez Vedrí, en nombre del Grupo Municipal Popular, en fecha 25 de mayo de 2017, para que se nombre Hijo Predilecto de esta villa al Sr. Luis de Llano Palmer.
Vista la partida de nacimiento de dicho señor, por la que efectivamente nació en Betxí en 1915.
Visto el Dictamen de la Comisión de Cultura por la que se inicia el expediente de honores y distinciones.
Visto el informe del Sr. Josep Antoni Menzu Gaya, instructor de dicho expediente, por el que concurren méritos suficientes, tal como demanda el Artículo 3.1 del Reglamento de Honores de este Ayuntamiento, con fecha 14 de noviembre de 2018.
Visto el Dictamen de la Comisión de Cultura de 15 de noviembre de 2018, por el que propone nombrar al Sr. Luis de Llano Palmer Hijo Predilecto de Betxí, a título póstumo.
Visto el informe de la Sra. Secretaria General del Ayuntamiento de Betxí, de 24 de enero de 2019.
Al Pleno de la Corporación, PROPONE:
1 Nombrar al Sr. Luis de Llano Palmer Hijo Predilecto de Betxí, a título póstumo.
2 Encargar la elaboración de un pergamino artístico que tendrá inscrito de forma clara, los méritos que justifiquen la concesión, así como la inscripción de Hijo Predilecto.
3 Comunicar este acuerdo a los familiares del Sr. Luis de Llano Palmer.
Alfred Remolar Franch Alcalde-Presidente Ayuntamiento de Betxí
(Documento firmado digitalmente al margen)"
Tras la lectura se abre debate, produciéndose las siguientes intervenciones:
...
A continuación se pone la propuesta a votación, quedando aprobado por unanimidad de los miembros de la Corporación.

Ajuntament de Betxí

a firma electrónica al margen

Vº Bº,   Certifica,
El alcalde presidente   La secretaria general
Alfred Remolar Franch   Carmen Lázaro Martínez

Acta del Ayuntamiento de Betxí nombrando Hijo Predilecto de Betxí a Título Póstumo a D. Luis de Llano Palmer (Biblioteca Municipal de Betxí).

1º Nombrar al Sr. Luis de Llano Palmer Hijo Predilecto de Betxí, a título póstumo.
2º Encargar la elaboración de un pergamino artístico que tendrá inscrito de forma clara, los méritos que justifiquen la concesión, así como la inscripción de Hijo Predilecto.
3º Comunicar este acuerdo a los familiares del Sr. Luis de Llano Palmer.
Tras la lectura se abre debate, produciéndose las siguientes intervenciones:[91]

---

[91] Tanto la traducción al castellano así como la redacción es literal a la intervención de los concejales en el Pleno.

Alfred Remolar Franch: *Iremos en primer lugar al Sr. Meneu que dirá unas palabras.*

Josep Antoni Meneu i Gaya (Concejal de Cultura de COMPROMÍS): *Yo la verdad pienso que hoy estamos ante un momento histórico. ¿Porqué digo que es un momento histórico?, porque un hijo ilustre de Betxí, Luis de Llano Palmer, nacido en el año 1915 es nombrado Hijo Predilecto de Betxí. Yo pienso que lo que estamos haciendo hoy es poner en su lugar, digamos que en un pedestal, a la persona que probablemente haya tenido más importancia de los nacidos en Betxí a lo largo de la historia.*

Lástima que no conociésemos mucho al personaje en cuestión, y que esto se hubiese podido hacer diez, doce, quince años antes, cuando él aún vivía, lo cual le hubiese hecho mucha ilusión. Estamos hablando de un gran hombre, uno de los que más ha llegado a la cima de su vida, y siempre y especialmente en el mundo de la televisión y en el mundo audiovisual.

Tanto en México como en los Estados Unidos, él realizó un gran trabajo y probablemente, lo más importante que nos afectaría como betxinenses, es que siempre llevaba a Betxí en su corazón. Además una cosa curiosa que hemos descubierto apenas hace quince días, es que ha sabido transmitir a sus nietos, porque ahora hablaremos un poco de ellos, es decir, ante lo que representó esta persona, también ha sabido a sus hijos y nietos transmitir esa estima. Si que quiero agradecer a la Comisión de Cultura en su momento, a María Pilar concretamente que me propuso como instructor del expediente, justamente porque ello hizo que me interesara por el tema, y que a partir de ahi, me puse un poco al día de quien era ese personaje, el Sr. Luis de Llano Palmer.

Gracias a los estudiosos, antes con su padre con Miquel Badenes, y luego con él mismo con José Blasco, al que quiero agradecer sus aportaciones y sus estudios y sus investigaciones, y que seguramente a partir de ahora, seguirán en el tema y podrán completar más su interés y su estudio sobre ello.

También esto ha hecho posible ver programas de televisión buscando en internet, en youtube, y estar un poca más al día, uno de ellos lo pudimos ver en el acto de proclamación de Clavari Major, y especialmente este agradecimiento sería porque pude relacionarme primero por emails y después personalmente con dos nietos de él, que son una delicia de jóvenes para mi, de personas adultas como son Jerónimo y Sebastián, dos jóvenes que lo que más me sorprendió, que uno de ellos nunca había estado, pero tenían un saber de Sant Antoni, del Solaig, sabían lo que era la calle Mayor, el horno de Amparito, sabían muchas cosas que le había transmitido en este caso su abuelo, por tanto esta amabilidad, esta estima, este buen humor, ese saber estar de estas personas, realmente va ser para mi, y pienso que para muchas personas que los conoció, creo que va ser realmente muy importante, nos contó anecdotas muy jugosas de la vida personal de su abuelo, que parece ser que fue todo un personaje.

Muy emotivo para mi pienso y los que estuvieron en el lugar fue cuando esparcieron las cenizas de su abuelo, señor don Luis en la ermita de Sant Antoni. Una persona que ha llegado tan alto, que dijo que sus cenizas quería que estuviesen en Nueva York, Port Bou y Betxí, siempre es un motivo de gran satisfacción.

Agradecer a la familia de Avelino y a la familia de Amparito Franch, esa amistad que tuvieron más que nadie, hizo que ese contacto, pensad que esa persona en el año 39 tuvo que huir, una vez terminada la guerra, tuvo que exiliarse. Agradecer ese contacto que se mantuvo, hizo que sus descendientes tuvieran esa relación.

¿Que queda?, pienso yo que dos cosas: hacer este acto más emotivo y más público, y más adelante de gente, pienso que esto deberíamos hacerlo cuando vuelvan algunos de sus descendientes, probablemente alguno de sus nietos, que si no nos han engañado, volverán. Aprovechar ese momento, hacer entrega del que sería, en mi opinión, no he hablado con el alcalde, hacer eso posible, y también pienso que otra cosa que valdría es escampar su figura, es decir que la gente de Betxí conozca quien fue don Luis de Llano Palmer.

Ya sabemos alguna cosa, pero deberemos saber más cosas, por tanto nuestra idea algunas ya están, trabajando los estudiosos. José Blasco sigue trabajando en el tema y poder publicar para que llegue a toda la gente ese conocimiento, una idea que también tengo en mente es poner una placa conmemorativa en la casa donde nació.

Hacer que este acto que estamos haciendo hoy de Hijo Predilecto, que como sabéis es natural de Betxí, este acto hacerlo extensivo a todo el pueblo, hacerlo público y de esta forma conoceremos mejor la figura de D. Luis de Llano Palmer.

Alfredo Remolar Franch (de COMPROMÍS): *Gracias Sr. Meneu, ¿algún portavoz quiere decir alguna cosa?.*

Josep Lluis Doñate Forner (concejal del PSOE): *Quiero intervenir en primer lugar haciendo una pequeña historia, la que ha sido la vida familiar. En primer lugar su padre, el general Llano de la Encomienda, fue una persona muy vinculada al pueblo, aunque no era del pueblo, pero si en su día, por aclamación popular fue nombrado Hijo Predilecto de Betxí, fue anterior a la guerra. Posteriormente, en la época del Alzamiento Nacional, fue la persona que detuvo a Goded, cuando pasó de Mallorca a Cataluña para hacerse cargo del Alzamiento, lo detuvo, cosa que dice mucho de él, y el motivo de que se mantuviese fiel a la República, le supuso que cuando entraron gobiernos franquistas se le quitó el reconocimiento que tenía de Hijo Predilecto, posteriormente fue el Ayuntamiento a posteriori, el ayuntamiento socialista los que volvieron a ese nombramiento, restituir a tal cosa, además de la restitución del nombramiento, se le destinó una calle, todos sabéis donde se encuentra.*

Ahora ha sido el momento de que gracias al esfuerzo y la dedicación de una persona, que se involucró mucho en el tema, el Sr. Francisco Cobeño y a María Pilar que fue la que se encargó de alguna forma, de trasladar ese trabajo del Sr. Cobeño hacia el Ayuntamiento, que se le ha otorgado a este gran personaje de nuestro pueblo ese reconocimiento, a las horas vuelve a ser, afortunadamente, no una iniciativa del Ayuntamiento igual que fue de su abuelo, sino que ha sido una iniciativa popular, que lo hemos recogido los políticos para tirarla adelante, cosa que a mi personalmente, me ha gustado que haya sido de gente del pueblo la que solicitara este nombramiento, cosa que nosotros estamos totalmente agradecidos, por tanto nuestro voto, por supuesto, va a ser favorable, y estamos a la disposición para hacer más extensiva la colaboración de este acto se haga.

Javier Delgado Huertos (concejal de Izquierda Unida): *Suscribo también lo que ha planteado el portavoz de COMPROMÍS, también el portavoz del PSOE y de Izquierda Unida desde el primer momento apoyamos la propuesta de declaración de Hijo Predilecto.*

Es verdad que durante un tiempo ha habido dificultades para ponerse en contacto con la familia, y demás y parecía que se ponía dificultoso para poner en marcha e incluso se llegó un momento a plantear de hacerlo sin la presencia de la familia. Yo creo que debemos felicitarnos de la decisión que se ha tomado, y que una buena prueba de ello es el acompañamiento que hemos tenido en el mes de enero, por parte de los nietos de Luis de Llano, de Jerónimo y de Sebastián. Al mismo tiempo que yo creo, que la familia y sobre todo desde luego los nietos, han recuperado las ganas de volver a Betxí y de disfrutarlo de alguna manera.

Yo creo que por las dos partes ha sido una buena idea, la que hizo María Pilar y la que hizo Blasco fundamentalmente, en la asunción de todos los grupos políticos, y la contraparte digamos, es que la familia se ha visto muy identificada y muy a gusto.

Yo si que quería hacer también un agradecimiento especial a Blasco, porque creo que es la persona que más empeño a puesto para que se haga posible, y yo soy conocedor personalmente de la persistencia y consistencia con la que se lo ha trabajado, así que hay que agradecérselo.

Rafael Cortés Estruch (concejal del PP): *Si, nosotros más que añadir, ratifico las palabras del señor Meneu y el del de Izquierda Unida. Del señor Luis de Llano Palmer pues yo personalmente había leido algo y de hecho me extrañó en su día, que no tuviese más honores (inaudible...), me sorprendió un poquito que no se reconociera esa figura después de leer un poquito su trayectoria. En fin suscribimos su nombramiento.*

Alfred Remolar Franch (de COMPROMÍS): *Gracias a todos, por resumir, yo me quedaré con tres cosas que se han dicho y son importantes, y se han de reseñar: La primera que se le hace Hijo Predilecto, entre otras cosas porque es una iniciativa popular, una iniciativa que nace de la gente para reconocer a Luis de Llano Palmer, por los méritos que hizo a lo largo de su vida. En segundo lugar, yo destacaría el trabajo conjunto que se ha hecho por las diferentes fuerzas políticas de diferente signo político e ideología, para llegar a buen puerto y reconocer el trabajo realizado por D. Luis de Llano Palmer, en este caso agradecer a María Pilar y al equipo de Gobierno, que ha hecho posible ese reconocimiento. Y en tercer lugar, como han dicho, todo este trabajo, toda esa búsqueda de estudios y biografía, pues cuando al final llegan sus nietos y no sabes como son, y te das cuenta que son gente que estiman a Betxí, y que vienen de la otra parte del mundo, que conocen lo que es Betxí, que lengua hablamos, que conocen nuestras tradiciones, nuestra cultura, eso es lo que más se agradece. Lo que más fuerza te da para continuar trabajando conjuntamente, lo que más fuerza te da para seguir reconociendo personas que realmente han tenido su valía personal y autobiográfica, que han hecho grande las páginas de nuestro pueblo.*

Le he mandado un mensaje a Jerónimo que ibamos hacerle Hijo Predilecto a su abuelo, y está muy contento y ha llamado a la parte de su familia de Betxí, y recogiendo su promesa de que regresaría a Betxí en breve y si no pasa nada a fiestas de septiembre, podemos hacerle un homenaje más público.[92]

---

[92] La intervención de los concejales del Ayuntamiento de Betxí, la he obtenido del vídeo que grabé del Pleno del 30 de enero de 2019. La intervención en valenciano la han hecho los de COMPROMÍS y el PSOE, y en castellano la secretaria del Ayuntamiento y los concejales de Izquierda Unida y Partido Popular. La traducción del valenciano al castellano la he realizado yo. Toda la intervención del Pleno la he escrito de oídas.

A continuación se pone la propuesta a votación, quedando aprobado por unanimidad de los miembros de la Corporación. Se acuerda, igual que sucedió cuando nombraron al teniente coronel Francisco Llano Encomienda, que para poder realzar el acto de nombramiento de D. Luis de Llano Palmer como Hijo Predilecto de Betxí a Título Póstumo, buscar una fecha que coincida con un acontecimiento importante.

El viernes 10 de enero de 2020 en el Teatro Municipal de Betxí, se otorgaba el nombramiento de Clavari Major 2020 de Sant Antoni, que recaía ese año en los alcaldes de Betxí en la democracia. Es costumbre en este nombramiento que venga el *Clavari Major* que fue el año anterior, por lo que vino de nuevo el nieto de D. Luis de Llano Palmer, Jerónimo García López de Llano, que hizo el siguiente discurso:

Buenas noches, agradezco a todo el honorable panel, a nuestro querido alcalde Alfred Remolar Franch y a todos ustedes por traerme de nuevo aquí.

Para los que no me conocen soy Jerónimo García López de Llano, nieto de Luis de Llano Palmer. Tengo el honor de dedicarles estas palabras en representación póstuma de mi abuelo Luis quien tuvo el privilegio de ser el Clavari Major de Sant Antoni del año 2019. Para la familia de Llano ha sido un orgullo llevar dicha distinción. Les mando un especial saludo de mi hermano Sebastián quien desde México comparte estas mismas palabras. Podría pasarme días enteros hablando de los logros y retos de mi abuelo, creador del género de las telenovelas y productor y fundador de la Televisión Mexicana. Pero en esta ocasión decidí concentrarme sobre quien era mi abuelo para su familia.

Don Luis de Llano Palmer, como lo conocía la mayoría de la gente era un soñador quijotesco, de los cuales sabemos hoy, quedan pocos. Su pasión por el teatro y la televisión y su creatividad innata lo llevaron a crear mundos increíbles en cada una de sus producciones, transportándonos a mundos maravillosos que logró plasmar en el teatro y la televisión, con gran sentido humanista y con una profunda ética y respeto a los principales valores universales.

Pero para conocer el éxito de una persona hay que observar de donde vino, sus raices, su esencia. Y en el caso de mi abuelo ese lugar tan especial es este, Betxí. Tierra mágica que le permitió crear y desarrollar todos esos mundos fascinantes y profundos valores, ese lugar al que nunca olvidó, al contrario, el que siempre llevó en su corazón.

Uno de los principales legados de mi abuelo, y del que estoy mayormente agradecido fue el transmitir ese amor, admiración y nostalgia a todos sus descendientes. Permitiendo que años después pudiéramos regresar sus nietos a enamorarnos de esta tierra como él mismo lo hizo. Hoy puedo decirles que soy una persona sumamente más feliz al estar cerca de nuestra familia y amigos Betxinenses.

Betxí es y será ese oasis en nuestros corazones del cual nos sentimos muy orgullosos de venir, porque al igual que mi bisabuelo, el General Francisco Llano de la Encomienda quien fue acogido por todos ustedes y nombrado hijo predilecto en ..., y al igual que aquel niño (mi abuelo) quien nació el 14 de octubre de 1915 en la calle Mayor número 27 (aquí al lado), estoy yo, parado frente a todos ustedes, con el corazón explotándome de orgullo y alegria al llamarme un Betxinense mexicano de hueso colorado (para meterle el toque mexicano). Y estoy seguro que en algunos años los que se encontrarán aquí mismo serán mis hijos, sobrinos, y nietos sintiendo ese mismo orgullo que sintieron nuestros antepasados, al decir de aquí venimos y aquí nos sentimos en casa. Y ahora lo prometido es deuda, voy a acabar con la última parte de mi discurso en Valenciano.

Estic segur que el meu iaio es sentiria encara més pagat al saber que els CLAVARIS MAJORS de l'any 2020 són els honorables alcaldes i alcaldessa de la democràcia, quins com el meu besavi, els meus oncles, el meu iaio y com molts més, lluitaren per la democràcia i tindre les primeres eleccions democràtiques en 1979. Es per açò que faig una menció honorífica a estos homes i dones exemplars que han cuidat d'este oasis anomenat Betxí, gràcies Manolo Peirats Blasco, gràcies Josep Antoni Meneu Gaya, gràcies Luciano Monzonís Rei, gràcies Manuel Blasco Balaguer, gràcies María Pilar Martínez Vedri i gràcies al meu benvolgut Alfred Remolar Franch per la seua feina y per donar tant d'amor a este gran lloc.

Visca Luis de Llano Palmer, Visca el Pare San Antoni y Visca Betxí! Moltes gràcies.[93]

---

[93] Información escrita facilitada por Alfred Remolar Franch, del discurso que realizó Jerónimo García López de Llano, en el nombramiento de los Alcaldes democráticos de Betxí como Clavari Major 2020 de Sant Antoni.

Agradecimientos

Quiero agradecer en primer lugar a Eulalia Alcalá Nebot, por la gran información tanto oral como gráfica que me ha proporcionado sobre las vivencias de D. Luis de Llano Palmer en Betxí.

A los nietos Jerónimo y Sebastián, por la deferencia que tuvieron conmigo al llamarme, para concertar una cita y contarme vivencias de su abuelo. Debo agradecerles la gran información gráfica y películas de vídeo que grabó su tío Luis de Llano Macedo a su padre, y que han donado a la Biblioteca Municipal de Betxí.

A Miquel Ángel Badenes Martín por su gran artículo titulado *Un Betxinenc en la literatura*, por hacer el prólogo de este libro así como su revisión; a Vicent Enric Sorribes Roig por su artículo titulado *A proposit d'una fotografía d'un acte del Somatén en 1926,* ambos referidos a don Francisco Llano de la Encomienda. A Josep Antoni Meneu Gaya por la información oral que me ha dado sobre el contacto con la familia de Llano y sobre el proceso que hizo para su nombramiento, y al alcalde Alfred Remolar Franch, por enviarme los dos discursos que hizo el nieto de Luis de Llano, Jerónimo, en el nombramiento de Clavari Major, así como las fotografías del esparcimiento de las cenizas y de la nominación de Clavari Major de Luis de Llano Palmer.

BIBLIOGRAFÍA

AGUILELLA PÉREZ, Mª Teresa - MOLLAR FRANCH, Cristóbal - MIRAVET SORRIBES, Vicente (2000): *Apunts historics de l'escola de Betxí (1867-2000)*, Betxí, C.P. Cervantes-J. Dualde, Gráfiques Lola Guillamón.

AHUMADA BARAJAS, Rafael (1997): *El papel del Estado mexicano como emisor televisivo*, México D.F., Universidad Nacional Autónoma de México.

AIZPURU MURUA, Mikel (2009): *El informe Bursiloff. La Guerra Civil de 1936 en el Frente Norte vista por un traductor ruso*, Irún, Alberdania.

ARREDONDO RAMÍREZ, Pablo (1988): *La televisión mexicana en los Estados Unidos: ¿Extinción o reconversión?*, Lima, Diálogos de la comunicación, n.º 21.

ATIENZA PEÑARROCHA, Antonio (2012): *Africanistas y Junteros: El Ejército español en África y el oficial José Enrique Varela Iglesias*, Valencia, Universidad Cardenal Herrera Ceu, Departamento de Humanidades.

BADENES MARTÍN, Miquel Àngel (2011): *Un betxinenc en la literatura*, Betxí, Festes Majors Setembre 2011 al Santíssim Crist de la Pietat.

BADENES MARTÍN, Miquel Àngel (2015): *Manuel Ferrandis Irles (1865-1920). Un betxinenc de rostre desconegut*, XIII Vila de Betxí, Betxí, Ajuntament de Betxí. Badenes Martín, Miquel Àngel (2016): *Pascual Meneu Meneu (1857-1934), Personalitat, personatge, persona*, Betxí, Ajuntament de Betxí.

CABALLERO ECHEVARRÍA, Fernando (2013): *Intervencionismo español en Marruecos (1898-1928). Análisis de factores que influyen en un desastre militar "Annual"*, Universidad Complutense de Madrid, Facultad de Geografía e Historia. Cabello Carro, Paz (2011): *Toribio Martínez Cabrera, General de Brigada*. 25 generales de la República, Ministerio de la Defensa, págs. 612-673.

CÁNOVAS NAVARRO, Tamara (2010): *L'exili valencià. Valencianos exiliados a América*, Ronda, Eustory, Real Maestranza de Caballería, Premio III Concurso Historia Eustory 2010.

CARDONA ESCANERO, Gabriel (2007): *Las operaciones militares en el País Vasco: Escuela de la Luwaffe*, Universidad del País Vasco, Historia Contemporánea, n.º 35, págs. 411-425.

CASTELLS ARTECHE, José Manuel (2007): *La regulación de la defensa en los estatutos vascos de la Ii República*, San Sebastián, Iura Vasconiae, n.º 4, págs. 437- 456.

CIUTAT DE MIGUEL, Francisco (1978): *Relatos y reflexiones de la Guerra de España (1936-1939)*, Madrid, Forma.

CLARET PÉREZ GANGOSO, Antonio Mª (1991): *El Grande Oriente Español*, Acacia, vol. 1, n.º 1.

DE MORA BAQUERIZO, Juan Miguel (2008): *La Libertad Sancho. Testimonio de un soldado de las Brigadas Internacionales*, Colección Luz de la Memoria, n.º 7. Centro de Estudio y Documentación de las Brigadas Internacionales, Cuenca, Universidad de Castilla la Mancha.

DE MORALES Y MENDIGUTIa, Gabriel (1995): *Efemérides de la Historia de Melilla (1497-1913)*, Biblioteca Gabriel de Morales, Melilla, Publicación del Centro Asociado Uned de Melilla.

DE PAZ SÁNCHEZ, Manuel (2004): *Militares masónes de España. Diccionario biográfico del siglo Xx*, Centro Francisco Tomás y Valiente Uned Alcira-Valencia, Fundación Instituto de Historia Social, págs. 240-241.

ESLAVA GALÁN, Juan (2005): *Una historia de la Guerra Civil que no va a gustar a nadie*, Barcelona, Planeta.

Estado Mayor Central Del Ejército (1981): *Historia de las Campañas de Marruecos*, Tomo III, Madrid, Servicio Histórico Militar.

FELIPE, León (2004): *Poesías completas*, Madrid, Visor Libros.

FERNÁNDEZ, Claudia-PAXMAN, Andrew (2000): *El tigre. Emilio Azcárraga y su imperio Televisa*, México D.F., Raya en el agua-Grijalbo.

FERRANDIS IRLES, Manuel (1902): *Noticias históricas de Bechí*, Castellón, Ayer y Hoy, n.º 43-44.

FONTENLA BALLESTA, Salvador (2017): *La guerra de Marruecos (1907-1927): Historia completa de una guerra olvidada*, Madrid, La Esfera de los libros.

FRANCH FRANCH, Manuel (1996): *Sucedió en Betxí*, Betxí, El autor.

GARCÍA, Manuel (2014): *Memorias de posguerra. Diálogos con la cultura del exilio (1939-1975)*, València, Publicacions de la Universitat de València.

GARCÍA AGUILAR, María del Rocio-RAYMUNDO CUELLAR, Fabiola (2000): *Televisión y Globalización en México*, México D.F., Universidad Autónoma Metropolitana Iztapalapa.

GARCÍA ÁLVAREZ-COQUE, Arturo (2017): *Los militares del Estado Mayor en la Guerra Civil española (1936-1939)*, Facultad de Geografía e Historia, Madrid, Universidad Complutense de Madrid.

GARCÍA GUAL, Arturo (2005): *Entre aquella España nuestra... y la peregrina, guerra, exilio y desexilio*, Valencia, Fundació General de la Universitat de València Patronat Sud-Nord, Universidad Politécnica de Valencia.

GIRONA, Albert-MANCEBO, Mª Fernanda (1995): *El exilio valenciano en América, obra y memoria*, Valencia, Instituto de Cultura Juan Gil-Albert. Universitat de Valencia.

GONZÁLEZ CALLEJA, Eduardo (2005): *La España de Primo de Rivera. La modernización autoritaria 1923-1930*, Madrid, Alianza Editorial.

GONZALO CALVO, (1910): *España en Marruecos (1910-1913). Acciones de España en las regiones de Larache, Alcázar, Ceuta y Melilla, con el relato de la campaña del Rif en 1911-1912*, Barcelona, Casa Editorial Maucci.

GUDÍN DE LA LAMA, Enrique (2006): *Cuatro derroteros militares de la Guerra Civil en Cantabria*, Ayuntamiento de Santoña, Cantabria.

Isabel Sánchez, José Luis (2013): *El Protectorado español en Marruecos. La historia transcendida*, Iberdrola, Bilbao.

La Porte Fernández Alfaro, Pablo (1997): *El desastre de Annual y la crisis de la Restauración en España (1921-1923)*, Tesis doctoral, Madrid, Facultad de Geografía e Historia, Universidad Complutense de Madrid.

Mallench Sanz, Carlos (2014): *L' Aeròdrom de Betxí (1938-1939)*, Betxí, Publicacions de l'Ajuntament de Betxí.

Martínez Bande, José Manuel (2007): *Los años críticos. República, Conspiración, Revolución y Alzamiento*, Madrid, Ediciones Encuentro.

Martínez Reverte, Jorge (2003): La Batalla del Ebro, Barcelona, Círculo de Lectores.

Martínez Saura, Santos (1999): *Memorias del Secretario de Azaña*, Barcelona, Editorial Planeta.

Mejía Madrid, Fabrizio (2013): *Nación Tv, La telenovela de Televisa*, México D.F., Grijalbo.

Miñambres Amezaga, Aitor (2017): 1937 *Encartaciones, Los últimos meses de la Guerra Civil en Euskadi*, Juntas Generales de Vizcaya.

Mola Vidal, Emilio (1924): *Los primeros Regulares: Notas de mis memorias*, Ceuta, Revista de tropas coloniales, n.º 6, págs 3-5.

Montiel Xalapa, Celia del Palacio (2013): *De la telenovela a la webnovela. La fase experimental del formato en el modelo mexicano. Análisis histórico-estructural*, Veracruz, Universidad Veracruzana, Centro de Estudios de la Cultura y la Comunicación.

Mugueza, José María (1978): *De Euskadi al campo de exterminio (memorias de un gudari)*, Bilbao, L Haramburu.

Munté i Mateu, Josep (2017): *El pont de fusta y el refugi de Ginestar (25-31 de juliol de 1938)*, Miscel-lania del Cere, n.º 27, págs. 69-90.

Muñoz Bolaños, Roberto (2011): *Francisco Llano de la Encomienda. General de División: 25 militares de la República*, Madrid, Ministerio de la Defensa, págs. 543-585.

Nájar Rodríguez, Salvador (2007): *El doblaje de voz: Orígenes, personajes y empresas en México*, libro virtual.

Núñez Seixas, Xosé Manoel (2007): *Los nacionalistas vascos durante la guerra civil (1936-1939: Una cultura de guerra*, Universidad del País Vasco, Historia contemporánea, n.º 35, págs. 559-599.

Orte, Valentina (2016): *El cerco a Huesca, I – Siétamo*, Tradición viva, n.º 126, págs. 1-13.

Pareja Sánchez, Norma (2009): *Entretenimiento de calidad y una dieta balanceada, claves del modelo de televisión de servicio público en México: El caso del Canal 11*, México D.F., Revista Mexicana de Ciencias Políticas y Sociales, vol. 51, n.º 206, págs. 119-136.

Parrilla, Miguel (2009): *Tenientes en campaña. Oficiales de trincheras*, Madrid, Militares 88, noviembre 2009.

Ramos Oliver, Francisco (2013): *Las guerras de Marruecos. Aportaciones a cinco siglos de la historia militar de España*, Gijón, Uned Centro Asociado de Asturias, págs. 165-185.

Rojo, Vicente (1939): *¡Alerta los pueblos!: Estudio político-militar del periodo final de la guerras española*, Editor Aniceto López, Buenos Aires.

Romero García, Eladi (2003): *La guerra civil en Cataluña y los caminos de la memoria*, Barcelona, Ebre 38, n.º 1, Universidad de Barcelona, págs. 77-92.

Salgado, Miguel Ángel (2007): *La batalla de Villarreal, 30 de noviembre-24 de diciembre 1936*, Vitoria, Sancho el Sabio, n.º 26, págs. 179-211.

Santos, Félix (1999): *Exiliados y emigrados 1939-1999*, Madrid, Fundación Españoles en el Mundo.

Serrano Sáenz De Tejada, Guillermo (2013): *De la guerra de Marruecos y el combate que no debió ser*. Madrid, Ministerio de Defensa.

Sorribes Roig, Vicent Enric (2007): *A proposit d'una fotografia d'un acte del Somatén en 1926*, Betxí, VII Vila de Betxí, Ajuntament de Betxí.

Solla Gutiérrez, Miguel Ángel (2010): *La república sitiada. Trece meses de guerra civil en Cantabria (Julio de 1936-Agosto de 1937)*, Santander, Publican, Ediciones de la Universidad de Cantabria.

Thomas, Hugh (1976): *Historia de la Guerra Civil Española*, Tomo I, Barcelona, Grijalbo.

Trejo Delarbre, Raúl (1996): *Vidas en el aire. Pioneros de la radio en México*, México D.F., Editorial Diana.

Tusell Gómez, Javier (2007): *Historia de España en el siglo xx, La crisis de los años treinta, República y Guerra Civil*. Tomo II, Barcelona, Taurus.

Valenzuela G, José Ignacio (2013): *Taller práctico de escritura de telenovelas; ocho clases de teoría y ejercicios*, México D.F., Punto de Lectura.

Vargas Alonso, Francisco Manuel (2012): *Euzkadi y el Norte republicano. Las Brigadas Asturianas y Santanderinas en el frente vasco*, Vasconia, n.º 38, págs. 867- 917.

Velázquez Hernández, Aurelio (2012): *La otra cara del exilio. Los organismos de ayuda a los republicanos españoles en México (1939-1949)*, Salamanca, Universidad de Salamanca.

Velázquez Hernández, Aurelio (2015): *La labor de solidaridad del gobierno Negrín en el exilio: el Sere (1939-1940)*, Madrid, Ayer, n.º 97, págs. 141-168.

Zarur Osorio, Antonio (1993): *Gestión estatal y televisión pública en México 1972-1993*, Universidad Autónoma Mexicana Azcapotzalco, México D.F., Gestión y estrategia, n.º 12, diciembre de 1993.

Web

Álvarez Rodríguez, Victor Luis (2019): *Relatos de la aviación del Norte (Historias del "Circo Krone")*. Victor Luis Álvarez en Memoria republicana. http://www.sbhac.net

Bernal, Mario (2003): *Orgullosos de ser De Llano*. El Universal.mx, 15-6-2003. http://www.archivo.eluniversal.com.mx/espectaculos/45621.html

Cabello Madariaga, Lérida (2000): *Exporta México a 128 países sus producciones*. http://www.archivo.eluniversal.com.mx/espectaculos/8794.html

Cueva, Álvaro (Milenio) (2012): *El más grande de todos*, Observatorio y Monitoreo Ciudadano de Medios. http://www.observatoriomediosuia3.wordpress.com/2012/10/26/el-mas-grande-de- todos/

DE LA VEGA, Miguel (1994): *Luis de Llano explica sus videoteatros y narra su historia en la televisión.* http://www.proceso.com.mx, 19 de marzo de 1994.

DE MARÍA Y CAMPOS, Armando (1960): *Estreno de La Pelirroja y debut de Virma González, en el Insurgentes*, Novedades 13 de febrero de 1960. http://www.resenahistoricateatromexico2021.net/indice_atd.php?t_director=N...

Diari de Guerra (2013): *La Dombrosky, el puñal republicano en la ofensiva del Ebro.* http://www.diarideguerra.com>ii-guerra-mundial

DÍAZ DUEÑAS. Javier (2014): *Prólogo entre la crítica y lo crítico 2. Historia de la televisión en México.* http://www.javierdiazduenas.tumblr.com/post/90952912438/prólogo-entre-la-critica- y-lo-crítico-2

El Correo de Pozuelo (17-10-2018): *Héroes caídos por España en la defensa de la posición de* https://elcorreodepozuelo.com>heroes-c

El Faro De Ceuta (2011): *Las Milicias Voluntarias de Ceuta*, 23-1-2011. https://elfarodeceuta,es>las-milicias-voluntarias-de-ceuta

El Faro De Ceuta (2011): *Bautismo de fuego de los Regulares,* 19-6-2011. https://elfarodeceuta.es>bautismo-de-fuego-de-los-reg...

Equipo Nizcor (1955): *Carta de republicanos españoles a Naciones Unidas.* http://www.derechos.org/nizkor/espana/doc/cartarep.html

FIERRO, Gina (2016): *La televisión, ¿un escenario para el teatro?* http://www.carteleradeteatro.mx/2016/la-television-un-escenario-para-el-teatro Fórum Algirós (14-5-2020): *El Valencia C.F. en México.* https://www.youtube,com>watch

GAITX MOLTÓ, Jordi (2015): *La diáspora republicana. El exilio de 1939 más allá de Francia.* http://www.jordigaitx.blogspot.com/2015/.../la-diaspora-republicana-el-exilio-de.ht.. Galarza, Gerardo (25 Ago 1984): *Toda la televisión estatal en manos del director del instituto*, Proceso.com.

http://www.proceso.com.mx/.../toda-la-television-estatal-en-manos-del-director-del-García, José Carlos (2021): *078 El Desastre de Annual*, Memorias de un tambor, Podcast de Historia de España.

https;//memoriasdeuntambor.com

GUTIÉRREZ, Vanesa (2012): *Benny Ibarra y Alex Ibarra se despiden de su abuelo*- revista Quien https://quien.com>espectaculos>2012/10/23>b...

HERNÁNDEZ, Bertha (2019): *El refugiado español que impulsó la naciente televisión.* https://www.cronica,com,mx>notas-el_refugiado_espa...

INFANTE, Augusto Adolfo (2018): *El minuto que cambió mi destino: Julissa.* La Historia Oculta, Sale el Sol.http://www.youtube>watch

LAGUNAS, Icela (2007): *Un de Llano se suicida*, El Universal, 13-9-2007 https://archivo.eluniversal.com.mx>espectaculos

La Jornada, 25 octubre 2012: *Luis de Llano, sin funeral; así lo dispuso.* http://www.jornada.unam.mx/2012/10/25/espectaculos/a10n2esp

LEÓN LUNA, Ariel (2019): *La familia que pasó del exilio a la televisión*, El Universal. http://www.eluniversal.com.mx>espectaculos

LEZAMIZ, Julen (2016): *El patrimonio bancario y artístico cultural vasco durante la guerra civil española. Incautaciones, evacuaciones, embargos y pleitos*, Bilbao,

Departamento de Historia Cotemporánea, Universidad del País Vasco. https://dialnet. uniroja.es>serviet>tesis

LLORENTE TORRES, Paola (2003): *Evolución de la telenovela mexicana a lo largo de tres décadas*, Puebla, Colección de tesis doctorales, Universidad de las Américas Puebla. http://www.catarina.udlap.mx › ... ›

LLORENTE TORRES, Paola Luis Roberto (2012): *Biografías del ayer.* http://www.network54. com/.../Rita+Macedo+utilizó+sus+dotes+histriónicos+para+ ocultar+s...

MEJÍA BARQUERA, Fernando (1998): *Historia mínima de la televisión mexicana (1928-1996)*, México D.F., Seminario Mexicano de Historia de los Medios. http://www. mercadeoypublicidad.com/Secciones/.../DetalleBiblioteca.phprecordid.. Mencey (2006): *Artillería en la Guerra Civil. Piezas.* El Gran Capitán. https://elgrancapitan. org>foro>viewtopic

MORALES, Miguel Ángel (2012): *Bitacora: El Monje Loco.* http://www.miguelangelmoralex-bitacora.blogspot.com/2012/10/el-monje-loco.html

NARVÁEZ ESPINOZA, Aleks (2015): *De refugiados a transterrados: El exilio republicano como español en México (1939-1945)*, Grupo de Trabajo de Historia del siglo XX. http://www.grupodetrabajohistoriasiglo20.blogspot.com/2015/.../de-refugiados-trans...

NÚÑEZ MARTÍNEZ, Enrique (2013): *El melodrama: Lenguaje teatral y lenguaje televisivo*, Tesina, México D.F., Facultad de Filosofía y Letras, Universidad Nacional Autónoma de México. https://repositorio.unam.mx>contenidos>ficha>el-m...

OBREGÓN, Matilde (2012): *Julissa no asistió a la cremación de Luis de Llano Palmer.* http://www.radioformula.com.mx/notas.asp?Idn=279559&idfc=2012

PÉREZ, Carlos A. (1997): *La 43ª División del Ejército Popular Republicano*, El Miliciano n.º 9/10, Belli Ludi. http://www.belliludi.com>historia_43division

PÉREZ DE OLEGUER, Antonio (2016): *El terror rojo en Cataluña Iii-La fobia antimilitarista.* http://www.latradiciodecatalunya.blogspot>el-t

Portal de Archivos Españoles: *Institución - Federación Universitaria Escolar (España)* – Pares http://pares.mcu.es>catalogo>autoridad

Puell de La Villa, Fernando María: *Francisco Llano de la Encomienda*, Real Academia de la Historia. http://www.dbe.rah.es/biografias/26717/francisco-llano-de-la-encomienda Rodríguez Muñoz, Javier (2013): *Los vascos y el Ejército del Norte* - La Nueva España https://www.lne.es>vascos-ejercito-norte-20712173

SALAFRANCA ÁLVAREZ, Juan Ignacio: *Manuel Eixea Vilar*, Real Academia de la Historia. https://dbe.rah.es>biografías>manuel-eixea-vilar

SÁNCHEZ MONTOYA, Francisco (2016): *Historia de Ceuta y el protectorado español. En México la memoria del Psoe ceutí.* El Faro de Ceuta 18-12-2016. http://www. fsanchezmontoya.wordpress.com/

SÁNCHEZ RUIZ, Enrique E (1991): *Hacia una cronología de la televisión mexicana*, Universidad de Guadalajara, México, Comunicación y Sociedad n.º 10-11 sep-abril 1991, págs. 235-266. http://www.publicaciones.cucsh.udg.mx/pperiod/comsoc/ pdf/1011_1991/235262.pdf

SERRA PUCHE, Mari Carmen-Mejía Flores, José Francisco-Sola Ayape, Carlos (2014): *1945, entre la euforia y la esperanza: el México posrevolucionario y el exilio republicano español*, Biblioteca de la Cátedra del Exilio, México D.F., Universidad Nacional Autónoma de México. https://books.google.es>books

Sociedad de Autores y Compositores de México. http://www.sacm.org.mx/biografias/biografias-interior.asp?txtSocio=00756 Stril Kremper, Bernardo (2012): *La muerte de Luis de Llano.* http://www.poblanerias.com › Opinión › Columnas

Taringa. *Historia del doblaje en México.* https://www.taringa.net>+info>historia-del-doblaje-e...

WARMAN, Eddy (2021): *Luis de Llano Palmer, pionero de la radio y televisión mexicana. Entrevista con Luis de Llano.* YouTube Eddy Warman 29 agosto 2021

ZÚÑIGA, J. F. (2009): *Espectáculos. Su suicidio fue su único escándalo.* https://archivo.eluniversal.com.mx>espectaculos

KB-8